ERSTE HALBZEIT

SZENE 1

Mit wehenden Fahnen in die 3. Liga

Wer ist Janek Sternberg?

Janek Sternberg ist nur einer von den über 120 Berufskickern, die von 2014 bis 2019 das Trikot der Roten Teufel über- oder wieder abstreifen. Nur einer von denen, die mit großen Lobpreisungen auf den Betzenberg kommen, doch das Versprechen von sportlichem Glanz nicht erfüllen. Und die den 1. FC Kaiserslautern viel Geld kosten.

Dabei sind Sternbergs Referenzen durchaus passabel: Hamburger SV, Werder Bremen und der ungarische Rekordmeister Ferencváros. Doch der Aufenthalt in der Pfalz ist nur eine kurze Episode. Ihr unrühmliches Ende findet die Liaison zwischen dem FCK und dem Verteidiger im November 2019. Da wird Sternberg schlicht aus dem Kader gestrichen. Damit ist aus Sicht eines FCK-Anhängers alles gesagt zu Sternberg. Zumindest fast.

Gäbe es da nicht diesen einen Moment am 28. Juli 2018. Sternberg links außen in der gegnerischen Hälfte, Pass auf Timmy Thiele, der zieht zum Tor, legt den Ball von der Grundlinie zurück, Sternberg ist mitgelaufen, steht an der Grenze zum Torraum, zieht ab – und bringt den Betzenberg zum Beben. Es ist der Siegtreffer in der 86. Minute zum 1:0 gegen 1860 München. Über 40.000 Fußballfans brechen im Fritz-Walter-Stadion in Jubel aus. Rund 1,25 Millionen Zuschauer sehen die Partie live im ARD-Programm. Reporter sprechen von „Champions-League-Atmosphäre". Dabei ist es nur eine mäßige Drittligapartie.

Doch für die FCK-Fans weckt das Sternberg-Tor zum Sieg gegen die Münchner die Erinnerungen an glanzvolle Zeiten. Etwa an die Saison 1994/95, als beide Traditionsvereine in der 1. Bundesliga aufeinandertreffen. Für die Roten Teufel laufen damals Spieler wie der Schweizer Mittelfeldstar Ciriaco Sforza oder Andreas Brehme, der Torschütze zum 1:0 beim deutschen WM-Finalsieg 1990 gegen Argentinien, auf. Auch Meisterstürmer Stefan Kuntz, Europameister von 1996, und der spätere Nationalspieler Martin Wagner tragen das FCK-Trikot. Die Partie am 2. Dezember 1994 endet 1:1. Für Kaiserslautern gleicht Kuntz aus – natürlich in der Schlussphase, in der 81. Minute, ähnlich wie Sternberg heute.

Es sind diese erlösenden Momente, in denen sich der Mythos FCK offenbart: Das Tor kurz vor dem Abpfiff oder in der Nachspielzeit, wenn die Roten Teufel sich nicht geschlagen geben und das Ergebnis zu ihren Gunsten drehen. Dann bricht sich die große Fußballhistorie des Klubs ihre Bahn in die Gegenwart und entlädt sich im ekstatischen Jubel Tausender. Alle im Stadion verbindet das kollektive Wissen um oft erzählte Legenden. Was waren das für Heldentaten! Der 7:4-Sieg im Ligaspiel gegen Bayern München 1973, das 5:0 gegen Real Madrid 1982 im UEFA-Cup oder das 3:1 gegen den FC Barcelona 1991 im Europapokal der Landesmeister. 1990 und 1996 gewannen die Roten Teufel den DFB-Pokal. 1951, 1953 und 1991 errangen sie die deutsche Fußballmeisterschaft. 1998 gelang ihnen das mit Trainer Otto Rehhagel sogar als Aufsteiger – bis heute unerreicht! Namen von Fußballikonen wie Michael Ballack, Olaf Marschall oder Miroslav Klose sind mit dem FCK verbunden. Auch der schillernde Fußballexzentriker Mario Basler kickte auf dem Betzenberg.

Dabei ist die Figur Fritz Walter, nach dem das Stadion benannt ist, der Fixstern im FCK-Universum. Er hat nicht nur den FCK 1951 und 1953 zur Deutschen Meisterschaft, sondern 1954 auch die Bundesrepublik als Kapitän der Nationalmannschaft zum Gewinn der Weltmeisterschaft, dem „Wunder von Bern", geführt. Vor „seinem" Stadion steht eine Statue, die die Konterfeis der fünf Kaiserslauterer Weltmeister von 1954 zeigt: Fritz und Ottmar Walter, Horst Eckel, Werner Kohlmeyer und Werner Liebrich. Manche Fans pilgern vor wichtigen Spielen zu Walters Ehrengrab auf dem Kaiserslauterer Friedhof, um dort um Beistand aus dem Jenseits zu bitten. Auch vor dem Spiel gegen 1860 München. Durch das späte 1:0 sehen sie ihre Rufe an höhere Mächte erhört.

Der Augenblick, in dem Sternberg das Tor trifft, lässt all die Geschichten und Legenden, die um den Betzenberg kreisen, und vor allem die Hoffnung, in Zukunft hier neue Fußballwunder bezeugen zu können, aufleben. Doch der Blick auf die Tabellensituation des FCK sorgt für eine unsanfte Rückkehr in die Gegenwart. Mit Trophäen und internationalem Glanz hat das Geschehen nichts mehr zu tun. Die Gegner in der Saison 2018/19 heißen Sonnenhof Großaspach, Sportfreunde Lotte oder SV Wehen Wiesbaden.

Gerade sind die Roten Teufel nach einer missratenen Saison als Tabellenletzter aus der 2. Bundesliga abgestiegen. Der so stolze Verein befindet sich am sportlichen Tiefpunkt seiner fast 120-jährigen Geschichte. Nach Jahren des Missmanagements ringt der FCK wirtschaftlich ums Überleben – der Abstieg in die 3. Liga setzt der prekären Finanzlage weiter zu. Doch es soll noch schlimmer kommen: Der Fall ins Chaos steht dem Klub erst bevor.

Echte Fußballwunder gibt es nicht mehr

Eigentlich ist Trainer Michael Frontzeck im Februar 2018 angetreten, um den drohenden Abstieg aus der 2. Bundesliga abzuwenden. Es ist aber ein Himmelfahrtskommando. In der Hinrunde holt der FCK nur elf Punkte. Seit dem zehnten Spieltag belegt er den letzten Tabellenplatz. Der Klassenerhalt käme einem Wunder gleich. Doch die fußballerische Fortune hat die Pfalz verlassen. Echte Fußballwunder gibt es nicht mehr auf dem Betzenberg.

„Sportlich tot“ sei die Mannschaft, sagt der FCK-Aufsichtsratsvorsitzende Patrick Banf später über die prekäre Lage. Banf steht für einen Neubeginn am Betzenberg. Er ist erst seit Dezember 2017 im Amt. Zu den ersten Amtshandlungen der Riege um Banf gehören personelle Weichenstellungen. Zum neuen Vorstandsboss machen sie den bisherigen Finanzvorstand Michael Klatt, als Sportvorstand kommt im Januar 2018 Martin Bader und kurz darauf Frontzeck als Trainer. Dem Coach sei es immerhin gelungen, der Mannschaft „wieder Leben einzuhauchen“, meint Banf. 24 Punkte holt das Team in der Rückrunde. Doch das ändert nichts daran, dass der FCK absteigt.

Und das hängt wohl auch mit fragwürdigen Entscheidungen in der Kaderplanung zusammen. Wie die Verpflichtung des türkischen Nationalspielers Halil Altintop. In der Winterpause 2017/18 kommt er als vermeintlich rettende Verstärkung von Slavia Prag. Schon 2003 bis 2006 spielt Altintop für Kaiserslautern in der Bundesliga. Doch für mehr als nur sporadische Einsätze reicht es beim jetzt 35-jährigen Fußballoldie unter Trainer Frontzeck nicht. Dass FCK-Sportdirektor Boris Notzon ihn bei seiner Verpflichtung als „Wunschspieler im Offensivbereich“ bezeichnet, weckt Zweifel am sportlichen Konzept Notzons.

Altintop reiht sich in die unrühmliche Transferserie. Nicht nur er verlässt nach dem Abstieg im Sommer 2018 den Verein, der komplette Kader bricht auseinander. Denn die Verträge der meisten Spieler, die in der 2. Bundesliga für den FCK aufliefen, haben für die 3. Liga keine Gültigkeit. Das heißt: Für die, die vertragsfrei gehen, kassiert der FCK nicht einmal eine Ablöse. Damit setzt der Abstieg eine Wertvernichtung in Gang. Bei einer Mitgliederversammlung ist einmal die Rede davon, dass auf diese Weise Transferwerte in Höhe von geschätzt sieben Millionen Euro verloren gegangen seien.

Exemplarisch für die Umwälzung steht der schwedische Stürmer Sebastian Andersson. Mit zwölf Toren in 29 Spielen zählt er – trotz Abstieg – zu den torgefährlichsten Spielern der Liga. Im Sommer 2017 kommt er für kolportiert rund 700.000 Euro Ablöse zum FCK. Ausgestattet ist er mit einem Dreijahresvertrag – allerdings ohne Gültigkeit für die 3. Liga. Entsprechend wechselt er nun ablösefrei zum Zweitligisten Union Berlin. Mit den Eisernen steigt er ein Jahr später in die Bundesliga auf und steigert dort seinen Marktwert auf eine mittlere einstellige Millionensumme. Obwohl Kaiserslautern für ihn ein Karrieresprungbrett ist, profitiert der FCK daran mit keinem Cent.

So stehen die FCK-Verantwortlichen nun vor der Herausforderung, für die 3. Liga eine komplett neue Mannschaft zusammenzubauen. Allerdings gewinnen sie dem Aderlass auch etwas Positives ab, denn der Abgang der teuren Zweitligaspieler entlastet das Kaderbudget des FCK, dessen Einnahmen in der 3. Liga gefährlich einbrechen. Gleichwohl retteten dem Verein in den vergangenen Jahren gerade die Verkäufe von Spielern immer wieder die Bilanz. In den Zahlen, die Finanzvorstand Klatt bei der Mitgliederversammlung 2017 vorstellt, sieht das so aus: In der Saison 2016/17 schreibt der FCK zwar einen Jahresüberschuss von 1,2 Millionen Euro. Aber: In das Jahresergebnis ist ein Transferüberschuss von rund neun Millionen Euro eingerechnet.

Dieses Missverhältnis zeigt sich seit Jahren: Von der Saison 2014/15 bis ins Jahr 2017 verbucht der FCK Transfereinnahmen von rund 26,6 Millionen Euro. Für neue Spieler gibt er aber nur 6,3 Millionen Euro aus. Während also Spieler im Saldo für rund 20 Millionen Euro den Klub verlassen, gerät er trotzdem immer tiefer in die roten Zahlen und kann den sportlichen Abwärtstrend nicht durchbbrechen. „Wo sind die 20 Millionen hin?“, fragt ein Vereinsmitglied mit entwaffnender Offenheit bei der Jahresversammlung 2017. Die Antwort bleibt offen.

Wie die miserable Finanzsituation auf die Kaderqualität durchschlägt, zeigen die Beispiele des Torwarts Julian Pollersbeck und des Abwehrtalents Robin Koch. Beide wechseln in die Bundesliga. Vor der Abstiegssaison 2017/18 zieht Pollersbeck, der im Juni 2017 mit der U21-Nationalmannschaft in Polen Europameister wird, zum Hamburger SV. Und wenige Wochen später, nach drei Ligaspielen der Saison 2017/18, wechselt Koch zum SC Freiburg. Dort wird er sogar Nationalspieler. Beim finanziell gebeutelten FCK bleiben zwar lebenswichtige Transfersummen – allein für Pollersbeck geschätzt 3,5 Millionen Euro – hängen. Mit den Abgängen gerät aber die Defensive der Mannschaft ins Wanken. Der Abstieg ist programmiert.

Das Überleben ist eine Frage der Finanzierung

Beim FCK versanden nicht nur Millionen aus Transfergeschäften im täglichen Betrieb – der Verein ächzt auch unter hohen Altlasten. Er hat einen großen Schuldenberg angehäuft, allen voran eine Fananleihe in Höhe von 6,7 Millionen Euro. Das Geld wurde 2013 aufgenommen. Eigentlich hatte die damalige Führungsriege versprochen, es „zweckgebunden" für den Ausbau des Nachwuchszentrums Fröhnerhof einzusetzen. Die Crux: Gebaut ist nichts, das Geld aber ausgegeben, und 2019 steht die Rückzahlung der Anleihe bevor.

Solche Extra-Liquidität war entscheidend dafür, dass der FCK in den vergangenen Jahren die Finanzauflagen der Deutschen Fußball Liga (DFL) bei der Lizenzierung erfüllen konnte. Die Frage liegt auf der Hand: Welche Perspektiven hat der klamme Klub überhaupt noch, wenn er zukünftig nicht mit solchen Zusatzmitteln rechnen kann, wenn ihn Schulden schwer belasten und er gleichzeitig im Tagesgeschäft jährlich Millionen an Liquidität verschleißt? Und wie will er nach dem Abstieg in der 3. Liga, wo es weitaus weniger TV-Gelder gibt, überleben?

Die Finanzlage ist düster. Die Mittel, die die Klubs in der 3. Liga aus der Zentralvermarktung des Deutschen Fußball-Bunds (DFB) erhalten, liegen pro Verein bei rund 1,2 Millionen Euro. Für den FCK ist dies ein Einbruch um rund zehn Millionen Euro im Vergleich zur Saison 2017/18, als er in der 2. Liga vom Vermarktungstopf der DFL profitierte. Der Jahresetat des FCK bricht von rund 40 auf rund 15 Millionen Euro ein. Für den Lizenzspielerkader standen 10,5 Millionen Euro in der zweiten Klasse bereit, diese Summe halbiert sich nun auf etwa fünf Millionen Euro.

Nach dem Saisonende schwört Klatt die Fans auf schwere Zeiten ein. „Die kommenden Monate werden sportlich und finanziell ein Kraftakt für uns. Die Umsätze brechen alleine durch den Abstieg um circa 66 Prozent ein", sagt der Vorstand im Mai 2018. Er versucht, Optimismus auszustrahlen. Die nächste Saison sei gesichert, meint er. Aber darauf, wie lange der FCK in der 3. Liga über die Runden kommt, will sich Klatt nicht festlegen. Das sei „am Ende des Tages immer eine Frage der Finanzierung". Schließlich droht über allem die Fananleihe wie ein Fallbeil am seidenen Faden: Woher will der FCK 2019 mehr als sechs Millionen Euro für deren Rückzahlung nehmen?

Das Zauberwort für die Rettung heißt: Ausgliederung. Der FCK möchte eine Kapitalgesellschaft gründen. In die soll der Profifußballbetrieb ausgliedert werden. Die Idee: So können Investoren gewonnen werden, die rettendes Eigenkapital zuschießen, indem sie Anteile an der neuen Firma kaufen. Eine solche Möglichkeit bietet die bisherige Vereinsform nicht.

Für junge Fußballunternehmen wie RB Leipzig sind mit kommerziellem Interesse ausgestaltete Strukturen längst geübt. Für Traditionsklubs wie den 1. FC Kaiserslautern, der seit knapp 120 Jahren als Verein geführt wird, bedeutet die Transformation ins moderne Fußballbusiness aber einen tiefen Einschnitt. Vor allem für Fußballtraditionalisten stehen kapitalistische Strukturen im Gegensatz zu ihrem Bild eines Sportvereins. Sie empfinden den Einstieg eines Investors oder mehrerer Geldgeber oft per se als unlauteren Eingriff in die „eigene" Gestaltungshoheit.

Um dieses Spannungsfeld wissen die FCK-Bosse. Aus diesem Grund werden sie nicht müde, für ihr Vorhaben zu werben und dessen existenzielle Notwendigkeit zu beschwören. Denn die vereinsinternen Hürden für eine solche Ausgliederung sind hoch. Laut Vereinssatzung müssen der Gründung einer Kapitalgesellschaft für das Profigeschäft mindestens 75 Prozent der Mitglieder zustimmen. Zudem ist angesichts der prekären Finanzlage des Vereins Eile geboten. Also beruft die Vereinsführung eine außerordentliche Mitgliederversammlung ein: Am 3. Juni 2018 sollen die Mitglieder ihr Votum über die Ausgliederung abgeben.

Die Klubmanager starten eine Kampagne, um die Mehrheit für ihr Vorhaben zu organisieren. Sie binden in Fankreisen prominente Unterstützer wie den Stadionsprecher Horst Schömbs ein. Diese sagen markante Sprüche wie: „Es gibt nur eine Möglichkeit, den Verein vor dem mittelfristigen Tod zu bewahren, und die heißt: Ja zur Ausgliederung!" Sogar der ehemalige Meistertrainer Rehhagel gibt dem Projekt seinen Segen. Rehhagel prägte 1995 als Coach des FC Bayern München im damaligen Transferpoker mit Inter Mailand um den Münchner Spielmacher Sforza die Fußballweisheit „Geld schießt keine Tore". Nun wirbt er in Anlehnung daran für die Ausgliederung als notwendigen „Schritt in die Moderne". Rehhagel begründet: „Denn Tradition schießt keine Tore." Und Klatt kehrt das Rehhagel'sche Zitat um: „Am Ende des Tages schießt dann Geld doch Tore", sagt er den Mitgliedern.

Das „Vier-Säulen-Modell"

Um ihr Projekt den Mitgliedern schmackhaft zu machen, sparen die Klubbosse nicht an Superlativen. „Wir wollen den Verein wirtschaftlich absichern!" „Wir wollen langfristig Reserven schaffen!" „Wir wollen erfolgreichen Profifußball!" Die Slogans sind konsensfähige Allgemeinplätze. Wer könnte etwas gegen „langfristige Reserven“ oder „erfolgreichen Profifußball“ haben? Was es aber konkret bedeutet, dass der Profifußball aus dem Verein gelöst und zum Unternehmensgegenstand einer Kapitalgesellschaft wird, machen sie nicht greifbar.

In der offiziellen Lesart des Vereins klingt die vereinfachte Formel zur Ausgliederung so: „Die Investoren versorgen den FCK mit Geld, das nicht zurückgezahlt werden muss. Mit diesem Kapital verfolgen wir drei Ziele: Wir wollen den Verein finanziell absichern, langfristige Reserven ansparen und das Ziel Rückkehr in die Bundesliga verwirklichen.“ Schließlich profitiere ein Investor nur „durch sportlichen Erfolg und den Aufstieg in die erste Liga, denn in der ersten Liga profitiert der FCK von mehr Zuschauern, höheren Fernsehgeldern und Sponsoreneinnahmen und ist dadurch in der Lage, dem Investor eine Dividende zu zahlen“. Beide, Verein und Investoren, hätten also das gleiche Ansinnen: einen erfolgreichen FCK.

„Mit einem klaren Plan wollen wir in Zukunft an unsere Erfolge in der 1. Fußball-Bundesliga anknüpfen“, heißt es in einem Imagefilm. Aber wer in diesen Tagen von einer Zukunft des FCK in der Bundesliga fabuliert, verkennt entweder die Realität oder betreibt Augenwischerei. Zwar steht die Kampagne für die Ausgliederung unter dem Motto „Zusammen Zukunft schaffen“. Doch eigentlich kann es gar nicht darum gehen, Zukunft zu schaffen oder gar Reserven zu bilden. Vielmehr muss es darum gehen, zu überleben, Finanzlöcher zu stopfen und die Vergangenheit – insbesondere die Rückzahlung der Fananleihe im Sommer 2019 – zu bewältigen.

Der Befürchtung von Traditionalisten unter den Fußballfans, die Mitglieder könnten nach der Ausgliederung in der neuen Unternehmensstruktur die Kontrolle über die Geschicke des FCK verlieren, tritt die FCK-Führung konzeptionell entgegen. Zum einen gibt es da die sogenannte 50+1-Regel von DFB und DFL. Die soll die deutschen Klubs vor dem allzu starken Einfluss einzelner Investoren schützen. Sie besagt, dass der Verein bei Investoreneinstieg immer die Stimmenmehrheit, also 50 Prozent plus eine Stimme, in der Gesellschaft behält. Zum anderen soll die Ausgliederung beim FCK in einem sogenannten Vier-Säulen-Modell vonstattengehen.

Die Idee dahinter: Es gibt nicht einen bestimmenden Großinvestor, sondern viele Kapitalgeber. „Wir wollen damit die künftige wirtschaftliche Ausstattung des Vereins auf möglichst viele tragende Säulen stellen“, erklärt Vorstand Klatt. „Davon versprechen wir uns eine gewisse Balance zwischen den Kapitalgebern, um nicht von einem einzelnen

Investor abhängig zu sein." Sogar Fans und Mitglieder können investieren – mehr Basisorientierung geht nicht.

Das Vier-Säulen-Modell geht von vier Investorengruppen aus. Laut offiziellem Zeitplan sollen sich „voraussichtlich ab dem vierten Quartal 2018" Fans und Mitglieder als Eigenkapitalgeber in die Kapitalgesellschaft einbringen können. Die zweite Säule der Einzahler sollen Investoren aus der Region bilden, die dritte Säule stille Gesellschafter und die vierte Säule Großunternehmen oder Finanzinvestoren, sogenannte Ankerinvestoren. Den Firmenwert der neuen Kapitalgesellschaft setzen die FCK-Bosse, wie sie bei der Jahreshauptversammlung im Dezember 2018 berichten, bei 120 Millionen Euro an. Bei einem Bestand von 3,75 Millionen Aktien bedeutet dies 32 Euro pro Aktie. Erstzeichner sollen bis März 2019 einen zehnprozentigen Rabatt erhalten.

„Durch die Einbindung der Fans und regionaler Partner wird es uns gelingen, das, was den Verein einzigartig macht, auch in der Zukunft zu erhalten: unsere Werte, unsere Tradition, ja, eigentlich unsere DNA", sagt Klatt. Schon in die Konzeption des Vier-Säulen-Modells sind Mitglieder einbezogen. Dafür gibt es ein vereinseigenes Gremium, den Arbeitskreis Ausgliederung. Ein Mitglied des Arbeitskreises ist Martin Sester. Der Jurist saß von 2008 bis 2012 im Aufsichtsrat des FCK und gilt als basisorientiert. „Für mich und die weiteren Mitglieder des Arbeitskreises war eine künftige Mitbestimmung der Mitglieder eine grundlegende Voraussetzung", erklärt er. „Die letzte Entscheidungsbefugnis muss immer beim Verein liegen." Dem würde die Ausgestaltung des Vier-Säulen-Modells gerecht.

Konkret geht es bei der neuen Kapitalgesellschaft, in die der Profibetrieb ausgelagert werden soll, um die 1. FC Kaiserslautern GmbH & Co. KGaA. Der FCK als Verein ist zunächst alleiniger Aktionär. Indem er Aktien veräußert, können sich Eigenkapitalgeber in den Fußballbetrieb „einkaufen" und sich an der Kapitalgesellschaft beteiligen. Die Investoren sind Kommanditaktionäre, also nur beschränkt haftende Gesellschafter. Derweil übernimmt das operative Geschäft der 1. FC Kaiserslautern GmbH & Co. KGaA die 1. FC Kaiserslautern Management GmbH. Als sogenannter Komplementär und als persönlich haftende Gesellschafterin führt die GmbH als juristische Person die Geschäfte der Kapitalgesellschaft. Die GmbH bleibt stets im Besitz des Vereins.

„Da sichergestellt ist, dass die geschäftsführende Management GmbH immer zu 100 Prozent dem Verein gehört, ist die Anzahl der Aktien, die wir an Dritte veräußern, nicht relevant", erklärt Sester den Mitgliedern das Konzept. „Durch diese enorm hohe Flexibilität bei der

Ausgabe der Aktien können wir über einen großen Zeitraum hinweg unser Eigenkapital stetig erhöhen. Der Einfluss der Mitglieder wiederum wird vergleichbar sein wie im eingetragenen Verein, da die im Verein gewählten Aufsichtsräte stets und mindestens die Mehrheit im Beirat der Management GmbH stellen werden." Der Beirat fungiert als Kontrollgremium der Management GmbH ähnlich dem Aufsichtsrat des Vereins. Er setzt die Geschäftsführer ein – wie der Aufsichtsrat des Vereins den Vorstand.

Dabei sind die Abstimmungsmodalitäten im Beirat so geregelt, dass kein Weg am Willen der Vereinsvertreter vorbeiführt. Das fünfköpfige Gremium wird nämlich mit Mitgliedern des FCK-Aufsichtsrats besetzt. Investoren haben erst dann einen Anspruch auf einen Sitz im Beirat und können dafür einen Vereinsvertreter verdrängen, wenn sie mindestens 20 Prozent der 1. FC Kaiserslautern GmbH & Co. KGaA erworben haben. Höchstens zwei der fünf Sitze des Beirats können an Investoren vergeben werden. Insofern kommt die Mehrheit im Beirat der Management GmbH stets vom Verein.

Sogar der möglichen Konstellation, dass zwei Investorenvertreter im Beirat mit einem Vereinsvertreter die beiden anderen Vereinsvertreter überstimmen, ist vorgebeugt. Denn Entscheidungen des Beirats bedürfen nicht nur einer Stimmenmehrheit, sondern müssen auch stets von mindestens zwei Vereinsvertretern getragen sein. Über seinen Einfluss auf die 1. FC Kaiserslautern Management GmbH, in der das operative Fußballgeschäft läuft, beziehungsweise seine gesicherte Mehrheit im Beirat der GmbH kann der Verein das Geschehen also unabhängig von der Investorenzusammensetzung der Kapitalgesellschaft maßgeblich beeinflussen.

„Wir haben schon vor der Ausarbeitung unseres Modells gemerkt, dass den Mitgliedern und Fans das Thema der künftigen Mitbestimmung und einer möglichen Beteiligung sehr wichtig ist", meint Klatt. Das Vier-Säulen-Modell setze dieses Anliegen um.

50 Millionen Euro in fünf Jahren

Die Atmosphäre am Sonntag, 3. Juni 2018, erinnert an eine Grillparty. Die Sonne knallt, und das Fritz-Walter-Stadion heizt sich auf. Auf dem Spielfeld steht eine große Bühne. Die FCK-Mitglieder finden sich in der Nordtribüne ein. Auf der Bühne davor sitzen bei brütender Mittagshitze die Aufsichtsräte und Vorstände. Heute stellen sie ihren Plan für die Ausgliederung vor und lassen darüber abstimmen. In einer offiziellen Ankündigung ist von „einer der wichtigsten Entscheidungen in der

Der neue FCK

1. FC Kaiserslautern bisher:

- Die Mitgliederversammlung des **1. FC Kaiserslautern e. V.** wählt den Aufsichtsrat. Der Aufsichtsrat beruft und beaufsichtigt den Vorstand. Dazu gibt es in der Vereinsstruktur weitere Gremien wie den Ehrenrat, den Vereinsrat oder die Rechnungsprüfer sowie die jeweiligen Breitensportabteilungen.

1. FC Kaiserslautern zukünftig:

- Die Mitgliederversammlung des **1. FC Kaiserslautern e. V.** wählt den fünfköpfigen Aufsichtsrat; der beruft und beaufsichtigt den Vorstand. Im Verein verbleiben die Nachwuchsarbeit der Fußballabteilung sowie die Abteilungen anderer Sportarten. Daneben gibt es weitere Gremien wie Ehrenrat, Vereinsrat und Rechnungsprüfer.
- Der Profifußballbetrieb ab der U17 ist in die **1. FC Kaiserslautern GmbH & Co. KGaA** ausgegliedert. Der Verein ist Aktionär; Aktien kann er an Investoren verkaufen. Die Aktionärsversammlung bestimmt ebenfalls einen Aufsichtsrat, der die Geschäfte der KGaA überwacht. Unmittelbar Einfluss auf das Geschehen der Management GmbH (siehe unten) kann er aber nicht nehmen. Der Aufsichtsrat der KGaA besteht aus fünf Mitgliedern, von denen einer vom Verein entsandt wird und vier von der Hauptversammlung der Aktionäre gewählt werden. Die wichtigsten Entscheidungen, die hier getroffen werden, betreffen Kapitalerhöhungen durch die Aktionäre.
- Die **1. FC Kaiserslautern Management GmbH** gehört zu 100 Prozent dem Verein. Sie übernimmt als persönlich haftende Gesellschafterin das operative Geschäft der 1. FC Kaiserslautern GmbH & Co. KGaA. Hier spielt sich der Profibetrieb ab. Der Beirat der Management GmbH ist das entscheidende Kontrollgremium. Er bestellt und kontrolliert die Geschäftsführung der GmbH. Die fünf Beiratsmitglieder sind zunächst vom Aufsichtsrat des 1. FC Kaiserslautern entsandt. Zukünftig können bis zu zwei Beiratssitze an Investoren vergeben werden. Im Beirat entscheiden immer die Vereinsvertreter mehrheitlich.

Vereinsgeschichte" die Rede. Von insgesamt 17.466 Vereinsmitgliedern stimmen bei der außerordentlichen Klubversammlung 2.262 ab.

Man kann nicht behaupten, dass die FCK-Bosse die Finanzlage verschleiern. Aufsichtsratschef Banf stellt die Nöte ungeschminkt dar. Für den Erhalt der Drittligalizenz nach dem Abstieg sei „mehr als ein Kraftakt" nötig gewesen. Dafür habe man eine „Finanzlücke von circa acht Millionen Euro" geschlossen. Dass die Klubführung das Geld überhaupt auftreiben konnte, ist eine immense Managementleistung. Doch die Schulden wachsen. „Es muss allen Mitgliedern bewusst sein, dass wir die Drittligalizenz größtenteils auf Pump, also mit Fremdkapital, erhalten haben", sagt Banf.

Der Aufsichtsratschef spricht von einem strukturellen Defizit in Höhe von zwei Millionen Euro pro Jahr und schätzt, dass dieses nach dem Abstieg in der 3. Liga auf fünf Millionen Euro anwächst. Das bedeutet: Jährlich fehlen fünf Millionen Euro! Zudem steht am 1. August 2019 die Rückzahlung der Fananleihe in Höhe von rund 6,7 Millionen Euro bevor. Mit Blick auf die nächste Lizenzierung für die Saison 2019/20, die im März 2019 ansteht, müsse man inklusive der Rückzahlung der Anleihe rund elf Millionen Euro aufbringen, erläutert Banf auf Nachfrage eines Mitglieds.

Woher das Geld nehmen? Die Ausgliederung, das Finden von Investoren und das Einwerben von Eigenkapital durch den Verkauf von Anteilen an der Kapitalgesellschaft sei dafür sein „Plan A". Aber was, wenn die Mitglieder gegen die Ausgliederung stimmen? „Wir würden, wenn es heute nicht funktioniert, versuchen, eine weitere Fananleihe aufzulegen", beschreibt Banf seinen „Plan B". Er selbst stehe diesem Plan B jedoch „kritisch gegenüber". Denn mit einer neuen Anleihe drehe sich die Schuldenspirale weiter. Sonstige Alternativen? „Ich persönlich habe keinen Plan C."

Der Finanzzustand des Vereins ist erschreckend. Doch die meisten Mitglieder lassen sich ihre gute Laune an dem sonnigen Tag nicht verderben. Im Gegenteil: Sie jubeln, als Sportvorstand Bader ihnen banalen Klubkitsch auftischt. Der FCK sei „einer der größten Vereine", berichtet Bader aus einem Gespräch mit seiner Tochter, in dem er ihr seinen Arbeitsplatz beschrieben habe. „Fast 120 Jahre alt, sechs Titel geholt, vier Meisterschaften, zwei Pokalsiege – in den Neunzigerjahren war es der größte Verein, größer als der FC Bayern!" Einen Vergleich mit dem deutschen Rekordmeister hören die Mitglieder gern: Es brandet tosender Applaus auf.

Ihren bizarren Höhepunkt erreicht die Versammlung, als einer es wagt, das Ausgliederungsvorhaben zu hinterfragen. Er glaube, sagt er, dass es dem Verein selbst mit einem Investor nicht gelingen könne, die wirtschaftliche Trendwende zu schaffen, und dass der FCK spätestens in fünf Jahren „pleite“ sei. Seine unverblümte Offenheit stößt auf Empörung. Das Wort „pleite“ will niemand hören. Laute Pfiffe und Buhrufe unterbrechen ihn. Der Redner appelliert an die Vereinsführung und an alle Mitglieder, auch im Falle einer Insolvenz zusammenzustehen. „Insolvenz“ ist ebenfalls ein Wort, das niemand hören will. Seine Sorgen gehen im lauten Grölen unter, und keiner der Klubbosse gebietet den Krakeelern Einhalt.

So werden die überaus ambitionierten Zielsetzungen weitgehend kritiklos hingenommen. Sage und schreibe 50 bis 60 Millionen Euro an Eigenkapital wollen Banf, Klatt und Co. nach der Ausgliederung einwerben. Das ist ihr „Fünfjahresplan“. Mit den Champions-League-Teilnehmern FC Bayern München oder Borussia Dortmund wolle man sich ja nicht gleich messen, meint Banf. „Mein Ziel wäre es, in fünf Jahren dort zu stehen, wo jetzt Werder Bremen steht.“ Das ist solides Bundesligamittelfeld.

Anstatt bei solch fernen Zielen nachzuhaken, gehen die Fragen einiger Mitglieder in die gegenteilige Richtung. Einer meint sogar, dass ihm 50 Millionen Euro nicht genügen: „Das Geld ist zu wenig.“ Wolle man im Profifußball etwas anfangen, müsse man in anderen Kategorien denken. Er fordert die Vereinsführung daher auf, viel mehr Geld einzutreiben. Das verblüfft nun selbst die Klubbosse, die schon keineswegs tiefstapeln. „Na ja“, sagt Banf darauf, „wir wollen natürlich am liebsten 100 oder 200 Millionen einsammeln.“ Doch realistisch könne man eben nur mit 50 bis 60 Millionen Euro, verteilt auf fünf Jahre, rechnen. Und Klatt erklärt es plastisch: „Du brauchst im Grunde Kerosin für 50 Millionen, damit's dann abgeht wie Schmidts Katze.“

Die Analogie zu Schmidts Katze leuchtet den FCK-Mitgliedern offenbar ein. Anschließend fragt keiner mehr, woher das Geld überhaupt kommen soll. Wer investiert schon 50 Millionen Euro in einen maroden Fußballklub und in ein Vier-Säulen-Modell, das sich damit rühmt, ihm möglichst wenig Einfluss aufs Klubgeschehen zuzugestehen? Zwar mahnt Klatt, die Ausgliederung sei längst nicht die Lösung aller Probleme, sie eröffne lediglich die Perspektive, Eigenkapital einzusammeln. Und Banf sagt: „Jetzt geht die Arbeit für den FCK erst richtig los.“ Doch mahnende Worte wie diese verschwinden hinter plakativen Slogans und der Erzählung von eingeworbenen 50 Millionen Euro für eine prosperierende Zukunft.

So deutet sich eine Kluft zwischen der harten Finanzrealität und der Erwartungshaltung vieler Mitglieder an. Bei der außerordentlichen Mitgliederversammlung stimmen 92,13 Prozent der Anwesenden für die Ausgliederung. Für die Klubbosse ist das ein grandioses Ergebnis: In der schwersten sportlichen Krise der Vereinsgeschichte – nach dem Abstieg in die 3. Liga – folgen ihnen die FCK-Mitglieder nahezu geschlossen.

Vorhang auf für Harald Layenberger

Das klare Votum fürs Vier-Säulen-Modell wirkt wie ein Einschwören auf ein gemeinsames Ziel. So umweht nach der Versammlung tatsächlich eine Aufbruchsstimmung den Betzenberg. Trotz Abstieg wächst die Vorfreude auf die nächste Saison. Scharen gut gelaunter Anhänger pilgern zum öffentlichen Training der Mannschaft. Drei Tage nach der Mitgliederversammlung vermeldet der Klub, die Drittligalizenz endgültig erhalten zu haben. Darüber hinaus geben Klatt und Co. diverse Sponsorendeals bekannt. Maßgebliche und langjährige Partner wie die Firma bfd des ehemaligen Aufsichtsratsvorsitzenden Dieter Buchholz verlängern ihr Engagement. All dies widerspricht dem Eindruck, es beim FCK mit einem niedergeschlagenen Absteiger zu tun zu haben.

Zudem tritt ein neuer Haupt- und Trikotsponsor an: die Layenberger Nutrition Group GmbH. Das im Landkreis Kaiserslautern ansässige Unternehmen stellt diätische Lebensmittel und Fitnessnahrung her. Mit dem Hauptsponsoring hebt sich der Vorhang für Firmenboss Harald Layenberger. Zwei Wochen vor dem Rundenstart, bei der offiziellen Saisonpressekonferenz am 13. Juli 2018, stellt er sich vor. Dabei sitzt er neben den FCK-Vorständen Klatt und Bader auf dem Podium.

Layenberger präsentiert sich als leidenschaftlicher FCK-Enthusiast. Schon sein Vater sei glühender FCK-Anhänger gewesen. „Wir sehen uns in erster Linie hier als Sponsor der Fans“, meint er pathetisch. Es ist dem Firmenchef bei der Pressekonferenz sogar vergönnt, Zahlen zur Lage des Vereins wie den Verkaufsstand der Dauerkarten, der bei für Drittligaverhältnisse gigantischen 10.840 Saisontickets liegt, zu verlautbaren. Hier offenbart sich von Beginn an eine gewisse Ambivalenz: Einerseits ist der neue Hauptsponsor im FCK-Geschehen präsent. Andererseits behauptet Layenberger jedoch, sich keineswegs ins Tagesgeschäft einmischen zu wollen: „Ich bin sicherlich kein Akteur im Verein, also ich bin weder Funktionär noch sonst was.“ Doch wo verläuft die Grenze?

Medienberichten zufolge liegt das Sponsoring bei jährlich rund 400.000 Euro. Interne Korrespondenzen und Vertragsentwürfe, die mir vorliegen, bestätigen diese Größenordnung. Laut diesen Dokumenten soll das Sponsoring außerdem im Fall eines Aufstiegs in die 2. Liga auf über 600.000 Euro und im Falle eines Aufstiegs in die Bundesliga auf über 1,2 Millionen Euro steigen. Der Sponsoringvertrag gilt zunächst für drei Jahre. Dabei gibt es eine pikante Ergänzungsvereinbarung: Falls sich für die Saison 2019/20 oder 2020/21 ein Sponsor findet, der die Summe mindestens verdoppelt, kann der FCK den Hauptsponsor wechseln, und Layenberger bleibt „Exklusivpartner". Entsprechendes müsste der FCK zum 31. Dezember 2018 mit Wirkung für die Saison 2019/20 beziehungsweise zum 31. Dezember 2019 für die Saison 2020/21 schriftlich gegenüber Layenberger anzeigen.

Aus dieser Klausel macht Layenberger keinen Hehl. „Wir sind auch während unserer Vertragszeit bereit, die Brust zugunsten unseres Vereins frei zu machen, wenn ein entsprechend solventer Investor dieses beanspruchen würde und damit eine hohe finanzielle Unterstützung des Vereins gewährleistet", sagt er. Der Firmenboss scheint sich ganz in den Dienst des Klubs zu stellen. Dabei bescheinigt Layenberger dem Vorstand und Aufsichtsrat, bei der Ausgliederung „einen tollen Job gemacht" zu haben. „Der 1. FC Kaiserslautern hat es verdient, an der Spitze endlich wieder eine sportlich kompetente Führung zu haben", lobt er. Der Spielerkader sei „mit sehr viel Weitsicht zusammengestellt". Dies berge die Perspektive, den „sofortigen Aufstieg zu realisieren". Nachdem er das gesagt hat, fügt er aber gleich hinzu: „Ein Sponsor mischt sich grundsätzlich nicht in den sportlichen Bereich ein."

Denn die sportliche Zielmarke zu formulieren, ist Aufgabe des Sportvorstands. „Natürlich ist es das Ziel vom FCK, in die 2. Liga zurückzukehren", sagt Bader. Wenn er auch den „holprigen und langen Weg" relativierend hinterherschiebt, ist die Marschrichtung klar. Entsprechend erwartungsvoll sind die Fans, als am 28. Juli 2018 das erste Saisonspiel auf dem Betzenberg angepfiffen wird: die Roten Teufel gegen die Münchner Löwen. Und dann ist da Janek Sternberg. Mit seinem 1:0 nährt er die Hoffnung auf den Wiederaufstieg. Der FCK startet mit wehenden Fahnen ins Abenteuer 3. Liga.

Das ist der Ausgangpunkt für dieses Buch. Es erzählt von diesem Abenteuer. Dabei erhebt es nicht den Anspruch auf absolute Wahrheit, sondern will so nahe wie möglich an die Wahrheit herankommen – wissend, dass es immer unterschiedliche Positionen und bisweilen überraschend konträre Einschätzungen gibt. Es muss abkürzen, zuspitzen und zusammenfassen. Alle Blickwinkel in Detailschärfe und feinsten Schattierungen einzufangen, ist unmöglich. Insofern ist es *mein* Blick auf die Ereignisse. Es ist meine Erzählung. Übern Fußball. Übern FCK. Und übern Berg.

SZENE 2

Filz und Heuchelei, Fechten und Hauen

„Alle rasieren!"

Joelinton lässt dem 1. FC Kaiserslautern keine Chance. Nach sechs Minuten fällt das erste Tor, das der Brasilianer auf dem Betzenberg gegen die Roten Teufel erzielt. Es folgen zwei weitere. Am Ende geht der FCK mit 1:6 gegen den Bundesligisten Hoffenheim unter. Im Fritz-Walter-Stadion – wo sie früher so oft als Außenseiter die Übermächtigen besiegten. Damit scheiden die Roten Teufel am 18. August 2018 in der ersten Runde des DFB-Pokals aus dem Wettbewerb.

Schon wenige Spieltage nach dem Saisonstart in die 3. Liga dreht sich die viel beschworene Aufbruchsstimmung ins Gegenteil. Allein der Blick auf die Tabelle lässt die Aufstiegsziele der FCK-Manager wie eine Farce wirken. Die Roten Teufel taumeln im Abstiegskampf. Vier geschossene Tore in sechs Spielen, sechs Gegentore, sechs Punkte, Tabellenplatz 15. Wie kann das sein? Der anhaltende sportliche Misserfolg lässt in Fankreisen die Enttäuschung ob des Abstiegs neu aufleben.

Immerhin liegt das Kaderbudget, mit dem der FCK operiert, trotz der eigenen Finanzklemme bei rund fünf Millionen Euro. Für die 3. Liga ist das kein schlechter Wert. Zwar wies Sportvorstand Martin Bader vor dem Saisonstart auf den kompletten Neuaufbau der Mannschaft hin, deren Entwicklung eben Zeit brauche. Doch er sprach gleichzeitig vom Aufstieg und weckte damit Erwartungen. Umso mehr gerät nun die Personalpolitik von ihm und Sportdirektor Boris Notzon in die Kritik. Unter den Fans rumort es.

Und auch beim Zukunftsprojekt Ausgliederung geht es schleppend voran. Die FCK-Führung versprach offenbar zu optimistisch, im dritten Quartal 2018 mit dem „Geldeinsammeln" zu beginnen. Aber ein rettender Investor ist nicht in Sicht. Im vierten Quartal wollte man Fans und Mitgliedern die Möglichkeit eröffnen, in die sogenannte Fansäule zu investieren. Doch nun ist die Rede davon, dass dies erst im Mai 2019 geschehen kann. Der Zeitverzug irritiert nicht nur viele Mitlieder. Er rückt außerdem die Frage, wie sich die Finanzlücke von über elf Millionen Euro für die nächste Saison schließen lässt, in den Vordergrund. Denn schon im Frühjahr 2019 steht die nächste Lizenzierung an.

Dass sich die Finanzlage gefährlich zuspitzt, zeigt die Kehrtwende des Aufsichtsratsvorsitzenden Patrick Banf. Hatte er bei der außerordentlichen Klubversammlung vor wenigen Wochen eine Zwischenfinanzierung noch als unliebsamen „Plan B" abgetan, greift er nun nach diesem Strohhalm. Um überleben zu können, braucht der FCK Liquidität. Anstelle des ersehnten Eigenkapitals stehen die Aufnahme weiterer Schulden und die Auflage einer neuen Fananleihe im Raum. Zusammen mit den fußballerischen Niederlagen bringt all dies den Klubmanagern Kritik ein.

„Einen Versuch ist es wert!" Mit dieser Ankündigung stößt Harald Layenberger in das sich aufheizende Klima. Wenige Tage vor dem Ligaspiel gegen Wehen Wiesbaden am 25. November 2018 setzt der Hauptsponsor eine Facebook-Meldung ab. Konkret sieht der von Layenberger angekündigte „Versuch" folgendermaßen aus: „Suche Layenberger-&-Fans-Logengäste als Diskussionsteilnehmer!" Am Spieltag lädt er zu einer „Diskussionsrunde" ein. „Dazu suchen wir auf der einen Seite, aus dem Lager der Fans: den Enttäuschtesten unter den schon so lange Enttäuschten, den Beständigsten und größten Nörgler unter den ständigen Nörglern, den schwärzesten Schwarzseher unserer Zukunft unter allen Schwarzsehern – oder einfach drei Personen, die so ziemlich alles davon in einer Person verkörpern und auch dazu stehen!"

Layenberger, der angetreten war, um die Fankultur positiv zu beleben, lädt also die größten Nörgler des Klubs zu einer Diskussionsrunde in seine Loge ein: „Alles schlecht beim FCK? Kein Vertrauen mehr? Warum? Sag es uns am Sonntag!" Außerdem stellt der Hauptsponsor in Aussicht, FCK-Funktionäre, an die sich die Kritik richtet, zum „kontroversen Austausch" hinzubitten zu wollen. Seine Ankündigung klingt wie der Slogan für einen Faustkampf auf dem Jahrmarkt: „Fordere doch einfach Deinen Wunsch-Diskussionspartner heraus." Ausgenommen sind so kurz vor dem Spiel natürlich Trainer und Spieler. „Stellt er sich auf Deinen Wunsch hin der Diskussion und damit auf die Seite der Positivdenker, oder fehlt ihm dazu an diesem Tag die Zeit? Wir werden es sehen!"

Layenberger regt via Facebook seine Follower sogar dazu an, in den Kommentaren zu dem Post Personen vorzuschlagen, die an der Diskussion teilnehmen könnten. Ein solch merkwürdiges Format dürfte einmalig unter deutschen Fußballsponsoren sein. Noch dazu, weil es mit den Vereinsgremien offenbar nicht abgestimmt ist. So äußert sich der FCK-Aufsichtsratsvorsitzende Banf erstaunt über die Aktion. Er halte Layenbergers Format nicht für zielführend, meint er. Der Hauptsponsor hingegen bleibt dabei: Er wolle zum positiven Dialog in der Fanszene beitragen, begründet er seinen Plan.

Unabhängig von dem seltsamen Aufruf zur Gesprächsrunde trübt sich an diesem Tag die Atmosphäre weiter ein. Nach dem 0:0 im Spiel gegen Wiesbaden schallen Pfiffe und Buhrufe durchs Stadion. Der Trainer ist angezählt: „Frontzeck raus!", tönt es aus der Kurve. Es ist das dritte Spiel in Folge ohne Sieg. Der FCK strauchelt im Abstiegskampf.

Der wachsende Fanfrust treibt abstruse Blüten – sogar musikalische. Fritz Fuchs ist ein weiterer FCK-Protagonist, der in diesen Tagen über soziale Medien in Erscheinung tritt. Dort kursiert ein Videoclip, der den ehemaligen FCK-Profi singend mit Gitarre zeigt. In der schummerigen Selbstaufnahme klampft Fuchs die Melodie des Songs „I have a dream" der schwedischen Band „ABBA". Dazu besingt er den Niedergang des FCK. „Was ist los mit Lautern, mit unserm FCK?", setzt er an. Es gehe „ja nur bergab".

In verträumter Säuselei und mit ungelenken Reimen endet Fuchs mit einem verspielten Bonmot zwar versöhnlich: „Die Hoffnung liegt auf Bader, dass der nicht baden geht!" Doch kurz darauf findet sein skurriler Clip in Form einer plakativen Überschrift samt Rundumschlag in der *Bild*-Zeitung Widerhall: „Alle rasieren!" Im Interview wirft Fuchs der FCK-Führung Dilettantismus vor und fordert einen Neuanfang. „Es ist einfach nur traurig, was aus diesem Verein geworden ist", wird er zitiert. Trainer Michael Frontzeck, den viele Fans ins Zentrum ihrer Kritik stellen, sei von allen „das ärmste Schwein". Der Coach könne nichts für jahrelanges Versagen in der Chefetage.

Tatsächlich trennt sich der Klub wenige Tage später von Frontzeck. Eine 0:5-Niederlage in Unterhaching kostet ihn den Job. Die Nachfolge Frontzecks tritt der in Kaiserslautern geborene Sascha Hildmann an. Doch worauf lassen sich die Turbulenzen beim FCK zurückführen? Was könnte mit Worten wie „dilettantisch" und „Filz", mit denen die *Bild* Fuchs zitiert, oder der „Heuchelei", die Fuchs besingt, konkret gemeint sein? Eine mögliche Antwort darauf gibt ein Dokument, das in den Führungsgremien des FCK zirkuliert.

Ein vertraulicher Bericht aus dem Inneren des Klubs

„Bericht über die Aufarbeitung von Vorgängen der Jahre 2002–2017", steht auf dem Deckblatt. Es handelt sich um ein 34-seitiges Papier mit

Datum vom 6. November 2018, „Version 1.0". Es fasst das Ergebnis einer Untersuchung zusammen, die der damals neu gewählte Aufsichtsrat um Banf im Februar 2018 angestoßen hatte. Neben dem Vorsitzenden Banf gehören dem Aufsichtsrat Jochen Grotepaß, Michael Littig, Paul Wüst und Jürgen Kind an. Mit der Untersuchung wollen sie diverse Geschäftsvorfälle beim FCK prüfen. Federführend dafür sind „zu Beginn der Arbeiten" laut Bericht Littig und Grotepaß. Später distanziert sich Littig laut eigener Aussage von der Endfassung des Papiers.

Über ein halbes Jahr, genauer vom 28. Februar bis zum 6. September 2018, analysieren sie in den FCK-Archiven alte Aufsichtsratsprotokolle, Finanzzahlen, Schriftstücke und Verträge. Im Ergebnis deckt die Analyse zwar „keine haftungsrelevanten Sachverhalte" auf. Doch sie gibt einen erschreckenden Blick in das Innenleben des Vereins und hinterlässt einen verstörenden Eindruck bezüglich des Finanzwesens.

Offenbar wurden beim FCK sogar Bilanzfehler trotz klarer Hinweise hingenommen. Die Kontrolleure des Klubs behandelten Entscheidungen über hohe Geldsummen wohl nicht mit angemessener Gewissenhaftigkeit. „Es wurden zahlreiche Vorgänge gefunden, bei denen der jeweilige Aufsichtsrat nicht nachhaltig genug geprüft hat oder Unterlagen nicht eingefordert hat und somit ohne Kenntnis der tatsächlichen Tragweite Entscheidungen des Vorstands genehmigt hat", heißt es in dem Papier. „Darüber hinaus sind Vorgänge sichtbar, in denen der Vorstand die Mitglieder bewusst falsch informiert hat." Um die Wahrheit habe es „seitens der Vorstände und Aufsichtsräte" nicht gut gestanden.

Was die fehlerhaften Wirtschaftszahlen betrifft, geht es unter anderem um die Bilanzierung einer „Signing Fee" des Vermarkters Sportfive, also einer Zahlung bei Vertragsabschluss („Signing"). Über Jahre hinweg hatte sich der Ex-Aufsichtsratsvorsitzende Dieter Buchholz mit seinen Nachfolgern, der Riege um Vorstand Stefan Kuntz und Finanzvorstand Fritz Grünewalt, darüber gestritten. Buchholz' Vorwurf: Wäre die Signing Fee ordnungsgemäß in die richtige Abrechnungsperiode gebucht worden, hätte das Jahresergebnis zu „seiner" Zeit ein deutliches Plus ausgewiesen. So schlägt sich die fälschliche, verspätete Buchung der Signing Fee erst im Folgejahr auf die Bilanz nieder, was seine Amtszeit in ein schlechteres und die seiner Nachfolger in ein besseres Licht rückt.

Der Untersuchungsbericht untermauert nun die Vorwürfe des Altfunktionärs Buchholz. Dabei bezieht er sich sogar auf das Schreiben einer Wirtschaftsprüferkanzlei vom 23. Oktober 2009 an den FCK-Vorstand. „Da der eigentliche Vorgang der Verlängerung des Vertrags im Geschäftsjahr 2007/08 erfolgte und die im Verlängerungsvertrag beinhaltete Signing Fee in Höhe von 1,95 Millionen Euro mit Unterzeichnung des Vertrags fällig wurde, müsste dieser Vorgang im Jahresabschluss der Saison 2007/08 erscheinen. Zumindest diese Signing Fee hätte den damals ausgewiesenen Verlust in Höhe von 1,7 Millionen Euro deutlich positiver darstellen können." Eine Korrektur der Zahlenwerke sei nie vorgenommen worden. Demgegenüber sei besonders „pikant", dass die Hinweise von Buchholz sogar bei Mitgliederversammlungen abgewiegelt wurden.

Das Verkäuferdarlehen: „verschwunden"

Der Untersuchungsbericht lässt außerdem erahnen, welche dramatischen Auswirkungen jahrelanges Missmanagement auf den Finanzzustand des Vereins hatte. „Es wurden im Grunde zweckgebundene Mittel für die Liquidität des laufenden Geschäfts verwendet", heißt es. Dabei geht es um das sogenannte Verkäuferdarlehen und die „Betze-Anleihe".

Das Verkäuferdarlehen in Höhe von 3,7 Millionen Euro resultiert aus dem Kauf des Fritz-Walter-Stadions durch die städtische Fritz-Walter-Stadion GmbH. Als der Verein zur Jahrtausendwende schon einmal in finanzielle Turbulenzen geraten war, kaufte ihm die Stadt Kaiserslautern beziehungsweise ihre eigens dafür gegründete Stadiongesellschaft das Stadion ab, um ihn finanziell zu retten. Das Verkäuferdarlehen war Teil des Deals und sollte im Grunde dazu dienen, als Forderung gegenüber der Stadt die Finanzzahlen des Vereins zu stützen. 2008 wurde es, abgezinst um 900.000 Euro, an den FCK ausgezahlt. Die Auszahlung ist mit einer Zweckbindung versehen. Das Geld soll für Investitionen ins Nachwuchszentrum Fröhnerhof (zu 80 Prozent) und ins Stadion (zu 20 Prozent) verwendet werden.

Stattdessen heißt es nun im Untersuchungsbericht: „Aufsichtsratsprotokolle zeigen, dass diese 2,8 Millionen Euro direkt in die Liquidität des laufenden Geschäfts gestellt wurden." Das Schreiben einer Wirtschaftsprüferkanzlei zeige auf, welche Investitionen geplant gewesen seien. Es lasse sich jedoch nicht belastbar „nachvollziehen, wie diese Mittel tatsächlich verwendet wurden", schreiben die Aufsichtsräte in ihrer Analyse. Zwar habe es durchaus Investitionen gegeben. So seien etwa 574.000 Euro für Maßnahmen am Stadion und 903.000 Euro für Maßnahmen am Nachwuchszentrum geflossen. Dennoch bleibe es „wie später auch im Zusammenhang mit der Betze-Anleihe eines der großen Mysterien", was mit dem Rest geschehen sei.

Es sei „offensichtlich, dass das Geld schichtweg im laufenden Betrieb verschwunden ist". Die Crux: Gegenüber der Stadt ist vereinbart, dass der FCK bis zum 30. Juni 2028 die korrekte Mittelverwendung nachweist. Sollte ihm dies nicht gelingen, muss er den Betrag in Höhe von 2,8 Millionen Euro zuzüglich vier Prozent Zinsen pro Jahr an die städtische Stadiongesellschaft zurückgeben.

Die Betze-Anleihe: „weggeknabbert"

Bei der Betze-Anleihe geht es um eine noch viel größere Summe und einen Rückzahlungstermin, der bereits 2019 ansteht. Die Anleihe wurde Anfang 2013 mit einem Gesamtvolumen von 5,953 Millionen Euro ausgegeben. Hinzu kommt ein sogenanntes Private Placement, die „NLZ-Anleihe", mit 738.000 Euro. Die Gesamthöhe der beiden Tranchen, die gemeinhin zusammen als Betze-Anleihe bezeichnet werden, beträgt also 6,691 Millionen Euro. Bei der Emission, als es darum ging, Anleger zu werben, versprachen die FCK-Bosse, das Geld ausschließlich für den Neubau des Nachwuchsleistungszentrums Fröhnerhof zu verwenden. Doch gebaut wurde nichts Nennenswertes.

Entsprechend formuliert der Untersuchungsbericht den naheliegenden Verdacht, dass die 2013 ausgegebene Anleihe eigentlich überhaupt nicht für das Nachwuchszentrum bestimmt war, sondern nur dem Zweck diente, angesichts der prekären Finanzlage frisches Geld zu generieren, um die für die Lizenzierung nötige Liquidität nachzuweisen. Einen endgültigen Beweis für eine solche Motivation erbringt er zwar nicht. Gleichwohl enthüllt das Papier, dass bereits in der Aufsichtsratssitzung vom 13. November 2012 – also wenige Wochen vor der Emission – die Zweckbindung der Betze-Anleihe Gegenstand einer internen Diskussion war.

„Ein Aufsichtsratsmitglied brachte laut Protokoll folgenden Hinweis: Den Verwendungszweck nicht zu konkret zu definieren, um späteren Beanstandungen aus dem Weg zu gehen", heißt es im Untersuchungsbericht. Tatsächlich ist später im Wertpapierprospekt der Betze-Anleihe lediglich von der Absicht, das Geld in das Nachwuchszentrum zu investieren, die Rede, aber nicht ausdrücklich von einer Verpflichtung. Offenbar wurde die Zweckbestimmung der Anleihemittel mit einer vagen Absichtsbekundung bewusst aufgeweicht.

Bezeichnend ist auch, dass schon kurz nach der Emission der Anleihe die geliehenen Gelder verausgabt wurden – jedoch nicht für den versprochenen Zweck. Laut Untersuchungsbericht grübelte der Aufsichtsrat schon am 16. Oktober 2013 darüber nach, wie er die zweckferne Verwendung der Mittel bei der nächsten Jahresversammlung erklären kann: „Der Aufsichtsrat sorgte sich, dass die vorübergehende Inanspruchnahme eines Teils des Geldes zur Liquiditätsdeckung (Löcher stopfen?) bei den Mitgliedern zu Unverständnis führen könnte." Man einigte sich schließlich auf eine spezielle Argumentationslinie.

Dafür fand man einen Begriff: „Cash-Management-System". Verkürzt gesagt meint das: Das Geld der Betze-Anleihe kommt im Tagesgeschäft zwar zum Einsatz – aber nur, um im Sinne eines Cash-Managements „unterjährige Schwankungen" auszugleichen. Die Alternativen zum vorübergehenden Zugriff auf die Anleihemittel seien eine kostspielige Darlehensaufnahme oder die Verkäufe von Forderungen mit Abschlägen. Um die Betze-Anleihe trotz des Zugriffs auf die Mittel abzusichern, gebe es „werthaltige Forderungen" und zu erwartende Zahlungseingänge in der Zukunft wie zum Beispiel TV-Gelder oder Transfereinnahmen. So sei gewährleistet, dass kurzfristig und jederzeit Geld für den Fröhnerhof-Ausbau verfügbar ist. Diese Argumentationslinie sollte den Zugriff auf die zweckbestimmten Gelder im Tagesgeschäft legitimieren.

Dabei war es einigen Aufsichtsräten aber offenbar unwohl. Denn, so fasst es der Untersuchungsbericht zusammen: „Der Vorstand wurde vom Aufsichtsrat zur Einhaltung der folgenden drei Vorgaben aufgefordert: 1. Gelder müssen ins Nachwuchsleistungszentrum investiert werden. 2. Geld aus der Fananleihe muss rechtzeitig zur Verfügung stehen, um den Baufortschritt sicherzustellen. 3. Mit Geldern muss wirtschaftlich gearbeitet werden. Vereinsvermögen/-gelder darf/dürfen nicht verschwendet werden." Der Bericht zieht das Fazit: „Aus heutiger Sicht sind zumindest die Punkte 1 und 2 vom Vorstand nicht eingehalten worden."

Es kam also, wie es kommen musste: Die verfügbare „Extra-Liquidität" aus der Betze-Anleihe schmolz im Tagesgeschäft immer weiter ab. Schon bald konnte auch der Griff auf die „werthaltigen Forderungen" in der Zukunft die Entnahmen der Anleihemittel rechnerisch nicht mehr voll kompensieren. Im Prüfbericht ist es so dargestellt: „Die Gelder der Betze-Anleihe wurden ständig für die Liquidität verwendet. Bei den ‚werthaltigen Forderungen' wurden alle Werte in einen Topf geworfen, die in irgendeiner Form dazu beitragen, den laufenden Betrieb zu finanzieren. So wurde Stück für Stück das Anleihe-Vermögen ‚weggeknabbert'."

Dass das Cash-Management-System auf Dauer nicht funktioniert, muss dem damaligen Aufsichtsrat klar gewesen sein. Zumindest untermauern dies Kennzahlen zur jeweils verfügbaren Liquidität und Protokolle, auf die sich der Untersuchungsbericht bezieht. Von „Extra-Liquidität" konnte keine Rede mehr sein, denn die Betze-Anleihe hielt das tägliche Geschäft am Leben. Spätestens im Dezember 2015 sei klar gewesen, dass bei geplantem Liquiditätsverlauf und einer Rückrunde mit weiter niedrigem Zuschauerschnitt zum Jahresabschluss am 30. Juni 2016 die Restsumme der Anleihe nicht voll abrufbar ist. „Völlig abgesehen davon ist das Verkäuferdarlehen schon nicht mehr nachweisbar", heißt es an anderer Stelle im Untersuchungsbericht.

Die Prüfung kommt zu dem Schluss: Zweckgebundene Finanzmittel in Millionenhöhe sind „wohl irgendwie im operativen Geschäft für Transfers, Gehälter oder andere Dinge draufgegangen". Über den wahren Finanzzustand des Vereins seien Öffentlichkeit, Mitglieder und Anleger getäuscht worden. Beispielsweise wurde auf einer Mitgliederversammlung kurioserweise einmal ein Kontoauszug präsentiert, der die Verfügbarkeit der Betze-Anleihe beweisen sollte. Im Untersuchungsbericht ist von „Augenwischerei" und „Dreistigkeit", mit der „die Mitglieder hinters Licht geführt wurden", die Rede. Juristische Angriffspunkte sieht er allerdings nicht – vor allem, da der versprochene Verwendungszweck der Anleihe im Wertpapierprospekt schwammig formuliert ist.

„Starker Vorstand, schwacher Aufsichtsrat"

Darüber hinaus hinterfragt der Untersuchungsbericht die Kontrolltätigkeit des Aufsichtsrats – unter anderem hinsichtlich diverser Transfergeschäfte. Zwar habe sich „abseits der Gerüchteküche kein Nachweis, dass Gelder aus diesen Transfers nicht ordnungsgemäß geflossen sind", aufgetan. Zudem habe sich die Transferpolitik „im Bereich der unternehmerischen Freiheit des Vorstands" bewegt, und sportliche Unwägbarkeiten seien nicht immer kalkulierbar. Gleichwohl seien „die Vorgehensweise und eingesetzten Geldmittel sehr wohl riskant" gewesen. Dies wecke Zweifel an der Wachsamkeit des Aufsichtsrats, der bei Transfers „mal wirtschaftlich" hätte nachhaken müssen.

Exemplarisch verweist der Bericht auf den „Wertverfall" im Zusammenhang mit den Transfers der Spieler Itay Shechter und Ariel Borysiuk 2011 beziehungsweise 2012. Beide Spieler erfüllten die in sie gesetzten Erwartungen nicht und wurden schnell wieder abgestoßen. Shechter ging sogar zum ursprünglichen Verein zurück, allerdings für eine deutlich geringere Transfersumme von nur 500.000 Euro. Demgegenüber seien „im Zusammenhang mit den Transfers Shechter/Borysiuk Zahlungen im Gesamtvolumen von 5,2 Millionen Euro in einem Zeitraum von nicht ganz zwei Jahren ausgegeben" worden, fasst der Untersuchungsbericht zusammen.

Genauso durchleuchtet die Analyse die Rolle des Vorstands um Kuntz. Sie betrachtet unter anderem die satzungsgemäße Zustimmungspflicht des Aufsichtsrats zu Geschäftsvorgängen, die eine gewisse finanzielle Größenordnung überschreiten. Schon bei der Jahreshauptversammlung 2012 hatte die damalige Klubführung versucht, die Satzung an diesem Punkt zu verändern. Bis dato galt, dass der Aufsichtsrat Geschäften, die einen einmaligen oder jährlichen Gegenstandswert von mehr als 500.000 Euro haben und die mindestens zwei Jahre mit mehr als 20.000 Euro laufen, zustimmen muss. Die Klubbosse wollten dem Vorstand aber größere Freiräume schaffen: Nach ihrem Vorschlag sollte die Genehmigungspflicht nur noch Geschäfte betreffen, die vier Jahre mit mehr als 100.000 Euro laufen oder die den Gegenstandswert von 2,5 Millionen übersteigen. Nachdem die geplante Satzungsänderung bei der Jahreshauptversammlung die Kritik einiger Mitglieder hervorrief, nahm der Vorstand die Abstimmung darüber von der Tagesordnung.

Nun offenbart der Untersuchungsbericht, dass die in der Satzung festgeschriebenen Kontrollmechanismen trotzdem verwässert wurden – an der Mitgliederbasis vorbei. Dies geschah durch eine Änderung der Vorstandsgeschäftsordnung im März 2013. Nach der neuen Geschäftsordnung sind „die zustimmungspflichtigen Geschäfte, solange sie sich im Rahmen der zur Lizenzierung vorgelegten Liquiditätsplanung bewegen, gesammelt und im Nachhinein dem Aufsichtsrat zur Kenntnisnahme und Beschlussfassung" vorzulegen. Dass die Kontrolleure erst im Nachhinein wichtige Geschäfte durchwinken, bewertet der Untersuchungsbericht als „einen Freibrief" für den Vorstand: „Hier zeigt sich, wie frei der Vorstand gegenüber dem Aufsichtsrat agierte und diesen im Grunde zu einem ‚Abnickergremium' degradierte."

Das vertrauliche Untersuchungspapier findet klare Worte: „Verträge im Nachhinein durch den Aufsichtsrat genehmigen zu lassen, kann nicht Sinn und Zweck eines Aufsichtsrats sein und führt das Gremium ad absurdum." Das Machtverhältnis zwischen den Kontrolleuren und dem Vorstand war wohl aus den Fugen geraten. „Offenbar scheute der Aufsichtsrat den Konflikt mit dem Vorstand." Es habe das Motto geherrscht: „Starker Vorstand, schwacher Aufsichtsrat".

Darüber hinaus weckt der Untersuchungsbericht in weiteren Fällen Zweifel daran, dass der Aufsichtsrat seine Kontrollfunktion adäquat erfüllte. So wurde etwa eine Neufassung des Stadionvertrags vom 7. November 2008 mit der Stadt unterzeichnet, ohne dass es für diesen wichtigen Vorgang Protokollvermerke des Aufsichtsrats über den finalen Vertragsentwurf gibt. Dabei geht es hier um die für den Fußballbetrieb essenzielle Spielstätte. Eine weitere Neufassung des Stadionvertrags im Jahr 2015 findet in den Protokollen der Aufsichtsratssitzungen nicht einmal Erwähnung. „Ob dieser Vertrag je vom Aufsichtsrat genehmigt wurde, bleibt offen.“ Das Papier fasst zusammen: „Die Protagonisten haben sich verabschiedet und das Chaos den Nachfolgern hinterlassen.“

Im Dezember 2018 frage ich bei den hauptsächlich betroffenen Akteuren nach. Zu Kuntz, der zu diesem Zeitpunkt U21-Nationaltrainer ist, nehme ich per E-Mail Kontakt über einen Sprecher des DFB auf. Kuntz behauptete stets, den Verein ordentlich übergeben zu haben. Nun lässt er bezüglich des Berichts mitteilen, dass ihm das Papier nicht bekannt sei und er sich daher nicht im Detail dazu äußern wolle. Der DFB-Sprecher verweist „auf mehrere unabhängige Gutachten, die die Rechtmäßigkeit seines Handelns während seiner Amtszeit belegen“. Genauso behauptet der damalige Aufsichtsratsvorsitzende Rombach ebenfalls auf Anfrage per E-Mail, es seien „mittlerweile drei Gutachten unabhängig voneinander erstellt worden, die die Rechtmäßigkeit unseres Handelns bestätigt haben“. Ohnehin seien die Jahresabschlüsse des FCK stets geprüft worden. Die Sichtweisen gehen offenbar auseinander.

Zudem teilt Rombach gegen seine Nachfolger aus. Die hätten allein „mehr als zehn Millionen Euro aus Transfers von Spielern erzielt“, die während seiner Amtszeit verpflichtet wurden. Davon sei kein Geld mehr übrig. „Alles weg … sportliches Destaster … mehr Trainerwechsel und Spielerneuverpflichtungen als zu unserer Zeit, und als Gipfel der Unfähigkeit haben sie mit keinem Spieler Verträge für die 3. Liga geschlossen, so dass alle ablösefrei gehen konnten … das war Vernichtung von Vereinskapital.“ Demgegenüber setze er „große Hoffnung“ in die neue Führung um Klatt, Bader und Banf. Mit Bader habe man „zum ersten Mal seit der Demission von Stefan Kuntz wieder Fußballkompetenz im Vorstand“.

Im „nackten Überlebenskampf“

Vor der Jahreshauptversammlung des Vereins am 16. Dezember 2018 liegen die Untersuchungsergebnisse vor. Zwar findet der Bericht seinen Weg nicht an die Öffentlichkeit, doch im Begleitheft zur Mitgliederversammlung sind aus dem internen Dokument zentrale Aussagen zusammengefasst. Die Vorwürfe der Misswirtschaft, die diese an ehemalige Funktionäre richten, sind deutlich. Doch erstaunlicherweise reagiert kaum jemand darauf. Dass sich die im Berichtszeitraum amtierenden Funktionäre, die teils auch Ende 2018 beim FCK noch Ämter bekleiden, nicht zu Wort melden, ist nachvollziehbar. Aber nicht einmal vom Ehrenrat, dem „moralischen Gewissen“ des Vereins, kommt eine öffentliche Positionierung. Alle schweigen.

Genauso bleibt der Untersuchungsbericht bei der Mitgliederversammlung unerwähnt. Ein Mitglied ereifert sich im Vorfeld sogar auf einer Fanplattform im Internet darüber, dass die von den Aufsichtsräten angestellte Untersuchung eine „völlig unproduktive Verschwendung von Vereinsressourcen" sei. So versandet das brisante Papier in den Archiven. Dass die Führung um Banf, Klatt und Bader keine Energie dafür aufwenden möchte, noch weiter Vergangenheitsbewältigung zu betreiben, ist nachvollziehbar. Schließlich setzt die prekäre Finanzlage des Vereins dem Management andere Prioritäten. Allerdings grenzen sich die Akteure so auch nicht klar von der Verantwortung für jahrelanges Missmanagement ab. Die Lasten der Vergangenheit werden bald zu ihren.

Und die sind immens. Etwa spricht Klatt bei der Mitgliederversammlung vom „nackten Überlebenskampf". Banf beschreibt eine „desolate sportliche Situation" sowie eine „finanziell angespannte und schwierige Lage", in der man die Lizenz nur „auf Pump" erhalten habe. Die Finanzlücke von über elf Millionen Euro für die Saison 2019/20, inklusive der fälligen Rückzahlung der Betze-Anleihe, ist die markante Zahl. „Wir stehen mit dem Rücken zur Wand", sagt Banf. Doch mit seinen Mahnungen dringt der Aufsichtsratsvorsitzende bei den Mitgliedern nicht durch.

Rainer Keßler: Rücktritt, Rücktritt vom Rücktritt, Abberufung

Ganz anders Rainer Keßler. Als der spricht, lädt sich die Versammlung mit Spannung auf. Keßler ist der neue Vorstand des Vereins. Am 28. September 2018 wird er vom Aufsichtsrat in das Amt berufen. Hintergrund ist der Vollzug der Ausgliederung. Mit Gründung der 1. FC Kaiserslautern GmbH & Co. KGaA sowie der Management GmbH müssen sich die Gremien neu sortieren. Die ehemaligen hauptamtlichen Vereinsvorstände Klatt und Bader werden zu Geschäftsführern der Management GmbH, die das Profifußballgeschäft verantwortet. Im Verein hingegen werden die Posten zweier – zukünftig ehrenamtlicher – Vorstände frei. Hier kommt Keßler ins Spiel.

Der Aufsichtsrat ernennt Keßler zum neuen Vorstandsvorsitzenden. Der langjährige Vereinsaktivist Keßler trage „die FCK-DNA in sich", begründet Banf die Personalentscheidung. Den Posten des zweiten Vorstands übernimmt das Aufsichtsratsmitglied Littig kommissarisch. Dafür lässt Littig sein Amt als Mitglied im Aufsichtsrat des Vereins vorübergehend ruhen.

Als Keßler dann bei der Mitgliederversammlung aber in seiner neuen Rolle als Vorstand spricht und seine „persönliche Sicht zur Gesellschafterstruktur" des FCK abgibt, sorgt er für ein Rumoren. Denn vor allem weist er auf den Umstand hin, dass der Verein 100-prozentiger Eigner der Management GmbH ist und im Augenblick noch alle Aktien der 1. FC Kaiserslautern GmbH & Co. KGaA hält. „Der e. V. ist die Muttergesellschaft“, betont Keßler. Davon leitet er für sich als Vorstandsvorsitzenden des Vereins einen Machtanspruch gegenüber den anderen Gesellschaftern ab, damit auch gegenüber Klatt und Bader. „Letztendlich sind mein Kollege Michael Littig und ich nun mal das Gesicht des Gesellschafters der Kapitalgesellschaft.“

Das schickt er voraus, um mit der Geschäftsführung der Management GmbH abzurechnen. „Insofern kann ich es nicht akzeptieren, wenn ich keinen Zugang habe zu Detailinformationen in der Kapitalgesellschaft.“ In diesem Moment ist es still in der Versammlungshalle. „Und, liebe Mitglieder, das hat nichts mit persönlicher Eitelkeit zu tun“, betont Keßler, „das hat aus meiner Sicht etwas zu tun mit Haftung, mit Verantwortung.“

Keßler kritisiert die Investorensuche der amtierenden Geschäftsführer. „Die erste Priorität in unserem Verein muss es sein, Eigenkapital einzusammeln.“ Er legt den Finger in die Wunde, dass beim FCK bislang noch kein Ankerinvestor in Sicht ist. Die Investorensuche sei nicht seine Kernaufgabe, räumt Keßler ein. Ihm gehe es vielmehr um einen stimmigen Informationsfluss zwischen den Vereinsgremien und darum, „in dieser existenziellen Situation alle Hebel in Bewegung zu setzen“. Da könne es nicht sein, dass ihm als Vereinsvorstand der Einblick in eine Liste der Unternehmen, die von der Geschäftsführung als potenzielle Investoren angesprochen wurden, verwehrt werde.

Daher habe er kurz vor der Mitgliederversammlung – in einem Schreiben vom 7. Dezember 2018 – seinen Rücktritt angeboten. „Ich bin heute Morgen hierhergefahren, um meinen sofortigen Rücktritt hier zu verkünden“, sagt Keßler. Bis zu diesem Zeitpunkt lief die Veranstaltung ruhig. Nun geht ein Raunen durch die Mitgliederversammlung. Und Keßler überrascht mit einer weiteren Wende. „Das werde ich jetzt nicht tun“, sagt er und tritt vom Rücktritt zurück. Denn: „Wenn ich jetzt hier zurückgetreten wäre, hätte dieser Verein keinen Vorstand mehr.“ Damit gibt Keßler implizit bekannt, dass auch Littig seinen kommissarisch ausgefüllten Posten als zweites Vorstandsmitglied abgibt und in den Aufsichtsrat zurückkehrt.

Er, Keßler, wolle den Verein „nicht im Stich lassen“. Mancher im Saal lässt sich zu einem lauten „Bravo“ hinreißen. Doch die meisten sind verwirrt von Keßlers Kapriolen. Dies betrifft auch den Aufsichtsratsvorsitzenden Banf. „Mir fehlen die Worte“, sagt er und blättert scheinbar nach Orientierung suchend in seinem Redemanuskript. Dass Keßler im Amt bleiben wolle, freue ihn natürlich. „Auf dem Weg hierher hast du es mir noch anders erzählt.“ Banf versucht, einen versöhnlichen Dreh zu finden. Für den Prozess, in dem sich der FCK befinde und in dem es gelte, die Zuständigkeiten neu zu sortieren, gebe es eben „kein Handbuch“. Da könne es Reibungen geben, meint Banf diplomatisch.

Doch das Tischtuch zwischen beiden ist zerschnitten. Der Aufsichtsrat beruft Keßler nach nicht einmal dreimonatiger Amtszeit wieder ab. Dies teilt der FCK am 22. Dezember mit. Es habe „keine weitere Basis für eine konstruktive Zusammenarbeit“ mehr gegeben. Mit der Abberufung Keßlers und dem Rückzug Littigs ist der Verein ohne Vorstand. Nach dem Jahreswechsel werde man die offenen Führungsposten besetzen, erklärt Banf. Doch welches Bild der Instabilität gibt der FCK so kurz nach der Ausgliederung ab! Wie sollen existenziell wichtige Investoren, Geldgeber und Finanzpartner da Vertrauen fassen?

Banf teilt aus

Nicht nur die Rede Keßlers offenbart bei der Mitgliederversammlung schwelende Konflikte im Führungszirkel. Auch die Wortbeiträge einiger Mitglieder – zuvorderst die ehemaligen Aufsichtsratskandidaten Johannes Remy und Ken Kinscher – lassen Spannungen erkennen. Im Kern geht es dabei um die schleppende Realisierung des Vier-Säulen-Modells und die bislang ergebnislose Investorensuche. Zudem gerät die Abstimmung über eine Satzungsänderung zum Eklat.

Die vorgeschlagene Satzungsänderung hatte zum Ziel, nach der Ausgliederung die Vereinsorganisation zu vereinfachen. Es waren vergleichsweise unspektakuläre Anliegen. Eines zielte auf die quartalsweise Berichtspflicht des Aufsichtsrats über die wirtschaftliche Situation des Vereins in der Vereinszeitschrift ab. Die sollte gelockert werden, da die größten finanziell wirksamen Geschäfte nun ohnehin nicht mehr im Verein, sondern in der Kapitalgesellschaft stattfinden. Doch nicht zuletzt die Rede Keßlers nährt die Skepsis, mit der die Mitglieder den Aufsichtsräten und ihrem Beschlussvorschlag entgegentreten. Sogar führende Protagonisten aus Vereinsrat und Ehrenrat des FCK raten „dringend“ von der Satzungsänderung ab. Daraufhin votieren über 55 Prozent der Anwesenden dafür, den Vorschlag von der Tagesordnung zu nehmen.

So lässt sich Aufsichtsratschef Banf im Nachgang der Versammlung zu einem Interview hinreißen, das am 31. Dezember 2018 auf der Internetseite des Vereins erscheint. Darin nimmt er Stellung zu vereinsinternen Querelen. Banf betont, dass die FCK-Führung transparent mit den Mitgliedern umgehe: „Selten war eine Mitgliederversammlung so offen“, unterstreicht er. „Es betrübt mich, dass am Ende andere Themen die Versammlung geprägt haben wie beispielsweise die Rücktrittsandrohung von Rainer Keßler."

Unter anderem antwortet der Aufsichtsratschef im Interview nachträglich auf dessen Vorwurf, jener habe die Liste mit potenziellen Investoren nicht einsehen dürfen. Banf verweist auf Verhandlungen, in die neben möglichen Investoren und dem FCK gegebenenfalls auch die Stadt und deren Stadiongesellschaft involviert seien. Für die Gesprächsteilnehmer gelte Vertraulichkeit. Es sei normal, dass einzelne Themen eben erst eine gewisse Reife erreichen müssten, bevor alle Gremien eingebunden würden, noch dazu, wenn es sich neuerdings um strukturell voneinander getrennte Gesellschaften – Verein, Management GmbH und KGaA – handele.

Zudem geht er offen auf Konfrontation gegenüber dem Ehrenrat des Vereins. Mit den geplanten Satzungsänderungen, die in der Mitgliederversammlung nicht verabschiedet wurden, habe man in einer existenziell wichtigen Transformationsphase Ressourcen des Vereins entlasten wollen. „Sehr schade finde ich es, dass der Ehrenrat, genau die, die schon seit Jahren im Amt beziehungsweise in der Verantwortung stehen und die wissen, wie es um den e. V. steht, gegen die Satzungsänderung waren beziehungsweise die Mitglieder nicht entscheiden lassen wollten." Dazu schiebt Banf nach: „Für mich ist es unverständlich, dass genau die, die seit Jahren beim FCK in den Gremien waren, sich am meisten gegen Veränderung sträuben."

Keßler und Littig kontern via Facebook

Zur Befriedung der Lage trägt das Interview Banfs nicht bei. Denn die Emotionen der Angesprochenen kochen nun wohl eher hoch, und die internen Spannungen nehmen nicht ab. Dabei zeichnet sich eine neue Art der Kommunikation beim FCK ab: Amtierende und Ehemalige verschaffen sich in diesen Tagen über das Internet und soziale Medien Gehör. So wendet sich am gleichen Tag, an dem Banf sein bemerkenswert offensives Interview über die Vereinswebseite verbreitet, Keßler über seine Facebook-Seite an die FCK-Anhänger.

Es „schmerze" ihn, dass es ihm nicht mehr möglich sei, sich für ihre Belange einzusetzen, meint er. Abermals bezieht er sich auf seine „Pflicht und Verantwortung", die er als Vorstandsvorsitzender des Vereins gehabt habe, „Details zum Finanzierungskonzept und der Investorensuche zu hinterfragen". Gehe demgegenüber aber „die Dialogfähigkeit verloren", sei dies für ihn „nicht akzeptabel". Nach seiner Abberufung bleibe der

Verein „führungslos ohne Plan B“, also ohne Vorstand, zurück. Der FCK brauche dringend eine starke Führungsfigur, bestenfalls einen von der Mitgliederversammlung legitimierten Präsidenten, kritisiert Keßler. Daraus lässt sich lesen, dass aus seiner Sicht Banf oder Klatt dafür nicht taugen.

Kurz nach dem Jahreswechsel, am 2. Januar 2019, meldet sich ebenfalls via Facebook Keßlers ehemaliger Vorstandskollege Littig, der nun wieder Mitglied im Aufsichtsrat des Vereins ist, zu Wort. Er verfasst ein seitenlanges Statement, das er selbst aufgrund der Länge als „unsäglichen Monolog“ betitelt. Darin stärkt er dem scheidenden Keßler den Rücken und lobt ihn, „maximal flexibel, offen und gesprächsbereit“ zu sein. Wenn Littig auch die kollegiale Zusammenarbeit im Aufsichtsrat hervorhebt, muss die Lobeshymne auf den abberufenen Keßler für den Aufsichtsratsvorsitzenden Banf wie ein Affront klingen.

Littig bekennt sich sogar dazu, sich im Aufsichtsrat „für den Fortbestand“ des Engagements von Keßler eingesetzt zu haben. Seinen eigenen Antrieb, sich auf diese Weise öffentlich zu äußern, legitimiert er damit, dass er „von vielen Mitgliedern den Auftrag habe, Position zu beziehen – ganz gleich, wie unangenehm das auch sein kann“. Ohnehin müssten seine Kollegen im Kontrollgremium mit ihm ja „einiges aushalten“. Doch dabei verkennt er – unabhängig davon, ob Keßlers Argumente gerechtfertigt sind oder nicht –, dass es Keßler selbst war, der erst die Mitgliederversammlung als Bühne für einen vermeintlichen Rücktritt nutzte, um im gleichen Atemzug zu verlautbaren, im Amt bleiben zu wollen. Ein Aufsichtsrat, der sich nicht vorführen lassen will, kann bei Lichte betrachtet eine solche Pirouette nicht dulden.

Littigs wortreicher Facebook-Beitrag zeigt vor allem eins: Durch den Aufsichtsrat geht ein Riss. Konträre Meinungen in einem Gremium sind nicht ungewöhnlich. Aber dass Differenzen derart zur Schau getragen werden und ein Gremiumsmitglied die demokratisch beschlossene Abberufung des Vorstands über einen Social-Media-Post in Zweifel zieht, ist es schon. Während es beim FCK sportlich und finanziell brennt, beginnt ein Fechten und Hauen.

SZENE 3

Fritz Walter unterm Hammer

Das Verramschen des Heilands

Das Jahr 2019 steht für den 1. FC Kaiserslautern unter keinem guten Stern. Für die anstehende Lizenzierung fehlen noch immer über elf Millionen Euro. Doch anstatt die Kräfte auf das Ziel zu bündeln, dem Verein eine Zukunftsperspektive zu öffnen, verlieren sich die Klubbosse in Grabenkämpfen. Während es für den Verein ums Überleben geht und rettende Gespräche mit potenziellen Geldgebern höchste Sensibilität erfordern, greifen sich die Akteure in Social-Media-Posts gegenseitig an und führen den FCK so immer näher an den Abgrund.

Für viele Fans wirkt allerdings etwas anderes weit bedrohlicher als die nüchternen Finanzzahlen – nämlich die mögliche Zerstreuung des Fritz-Walter-Erbes. Mitte Januar kündigt das Heidelberger Auktionshaus „Kunst und Kuriosa" die „277. Auktion: Memorabilien-Nachlass der deutschen Fußball-Legende Fritz Walter (1920–2002)" an. Die Sonderversteigerung ist für den 16. Februar angesetzt. Für Fans ein Schock: Dass der Nachlass der Klubikone symbolträchtig unter den Hammer kommt, kündet für sie vom Zerfall des Klubs – mehr als abstrakte Bilanzzahlen. Die Versteigerung wirkt auf sie wie das Verramschen ihres Heilands, der Seele ihres Klubs.

Bislang befinden sich die Stücke Walters, der selbst keine Nachfahren hatte, im Privatbesitz eines Freundes der Familie. Der stellte die Exponate zeitweise dem FCK beziehungsweise dem Fritz-Walter-Museum im Stadion zur Verfügung. Immer wieder gab es Gespräche zwischen den Erben und dem FCK über den Umgang mit den fußballhistorischen Schätzen. Im Hinblick auf die WM 2006 waren darin sogar die Stadt und ihre Stadiongesellschaft eingebunden – offenbar ergebnislos. Nun kommt es zur Versteigerung.

Insgesamt wird der materielle Wert des Nachlasses auf 150.000 bis 200.000 Euro geschätzt. Doch der Erinnerungswert für die FCK-Anhänger lässt sich monetär nicht greifen. Gerade in einer Phase, in der die Existenz des Vereins bedroht ist, klammern sich viele umso mehr an Relikte der glorreichen Vergangenheit. Diese scheinen nun in alle Welt verstreut zu werden. Ist denn niemand bereit, das Konvolut zu sichern?

„Letter of Intent" von Mikhail Ponomarev

Während sich in Fankreisen die Debatte um alte Exponate dreht, brodelt es hinter den Kulissen im FCK-Führungszirkel. Am Anfang steht eine Sitzung des Beirats der 1. FC Kaiserslautern Management GmbH. Das Gremium ist – da es noch keine Investoren gibt, die einen Sitz im Kontrollorgan beanspruchen – noch personenidentisch mit dem Aufsichtsrat des Vereins. In der Sitzung vom 9. Januar 2019 geht es um den Einstieg eines möglichen Geldgebers. Konkret fällt der Name Mikhail Ponomarev. Zu dieser Zeit ist der russische Geschäftsmann auch beim KFC Uerdingen engagiert.

Das Gerücht um Ponomarev kursiert schon länger am Betzenberg. Unter Aufsichtsräten ist spätestens am 15. Mai 2018 von einem möglichen russischen Geldgeber die Rede. Vermutlich geht es schon da um Ponomarev. Parallel kommt im Spätjahr 2018 ein zweiter Name ins Spiel: Flavio Becca, ein Bau- und Immobilienunternehmer aus Luxemburg, der ein Faible für Sport- und Fußballinvestitionen hat. Unter anderem ist er beim luxemburgischen Fußballklub F91 Düdelingen engagiert. Becca soll beste Kontakte zur FCK-Ikone Klaus Toppmöller haben. Dessen Sohn Dino ist Trainer in Düdelingen. Schon in der Vergangenheit soll sich Becca für den FCK interessiert haben.

Die Beiratssitzung vom 9. Januar kreist allerdings nicht um Becca, sondern um Ponomarev. Es liegt ein Letter of Intent (LOI) vor, also eine unterschriebene Absichtserklärung. In dem auf den 8. Januar 2019 datierten einseitigen Dokument stellt Ponomarev seinen Einstieg als Ankerinvestor in Aussicht. Im Rahmen einer langfristigen Kooperation strebe er an, den FCK in der 1. Bundesliga zu etablieren und auf die Teilnahme an internationalen Wettbewerben vorzubereiten. Dafür plant er „den Erwerb von Anteilen in mehreren Stufen", heißt es im Schreiben.

Zunächst gehe es um „25 Prozent der verfügbaren Anteile des FCK zum vom FCK bei der Mitgliederversammlung am 16. September 2018 vorgestellten Preis", also zum Firmenwert von 120 Millionen Euro beziehungsweise gegebenenfalls abzüglich des zehnprozentigen Frühzeichnerrabatts. Abhängig von der Erreichung sportlicher Ziele – „2. Bundesliga, 1. Bundesliga, internationaler Wettbewerb, Champions League" – strebt der Investor „perspektivisch den Erwerb von bis zu 90 Prozent der verfügbaren Anteile an". Dabei will er sich für den Fall, dass die Ziele erreicht sind, eine Option „zum Verkauf von beispielsweise 39 Prozent der Anteile" sichern. Das bedeutet: Ponomarev würde Anteile weiterverkaufen können, jedoch 51 Prozent der Anteile halten. Laut LOI möchte er bis Ende Februar 2019 darüber eine „verbindliche Absprache" treffen.

In der Beiratssitzung wird der mögliche Einstieg Ponomarevs durchaus kontrovers diskutiert. Laut Sitzungsprotokoll ist es vor allem der Aufsichtsratsvorsitzende Patrick Banf, der auf die versprochene Beteiligung von Fans und Mitgliedern im Ausgliederungsmodell des FCK, die dem Einstieg eines dominanten Einzelinvestors entgegenstehen könnte, hinweist. Zudem ist Ponomarevs Engagement beim KFC Uerdingen überschattet von fragwürdigem Geschäftsgebaren und einem offensichtlich großen Machtanspruch des Russen. Er personifiziert in den Augen vieler Fans ein investorengetriebenes Fußballsystem, also einen Gegenentwurf zu traditionsbewussten und auf Vereinsstrukturen bedachten Klubs wie dem 1. FC Kaiserslautern.

Letztendlich beschließt das Gremium trotz aller Vorbehalte, dass die Geschäftsleitung der Management GmbH einen Gesprächsfaden zu Ponomarev aufnehmen und ihn als eine Option ins Portfolio der Finanzierungsmöglichkeiten – genannt sind laut Protokoll „Eigenkapital, Zwischenfinanzierung und Fananleihe" – einbeziehen soll. Schließlich kann in der prekären Lage keiner wählerisch sein. So sagt FCK-Geschäftsführer Michael Klatt bei einer Fansitzung am 20. Januar auf die Frage eines Fans zum möglichen Einstieg von Ponomarev: „Wir sind schlecht beraten, die Türen zuzumachen, wenn wir keine Alternativen haben."

Zwei Fronten im Aufsichtsrat

Umso erstaunlicher ist es angesichts der Einmütigkeit bezüglich des weiteren Vorgehens, dass wenige Tage später medial von angeblich „sehr großen Differenzen" innerhalb des Aufsichtsrats hinsichtlich des Einstiegs eines Großinvestors die Rede ist. Das Protokoll der Sitzung enthält darauf keine Hinweise. Gleichwohl bahnt sich im Aufsichtsrat tatsächlich ein Machtkampf an: Auf der einen Seite solidarisieren sich Michael Littig, Jürgen Kind und Paul Wüst, auf der anderen Seite sind der Aufsichtsratsvorsitzende Banf und Jochen Grotepaß. Plötzlich treibt das Trio die Abwahl Banfs voran.

In der nächsten Aufsichtsratssitzung, am 21. Januar 2019, soll Banf als Vorsitzendem des Gremiums das Vertrauen entzogen werden. Aus dem Aufsichtsrat kann der von den Mitgliedern gewählte Banf nicht gedrängt werden. Jedoch könnten ihn die Kollegen als Vorsitzenden abwählen. Aus dem Sitzungsprotokoll des Aufsichtsrats gehen diffuse

Begründungen dafür hervor. Offenbar ist das Trio mit der Art, wie Banf sein Amt ausfüllt, unzufrieden. So bemängelt Wüst dessen Kommunikation und „mangelnde Selbstreflexion", Kind spricht vom „Vertrauensbruch" zwischen ihm und Banf. Konkret geht es unter anderem um die schleppende Investorengewinnung und die Art der Ansprache regionaler Unternehmen. Zudem kritisiert Wüst eine angebliche „negative Grundeinstellung zu Großinvestoren seitens des Aufsichtsratsvorsitzenden". Alle drei – Littig, Wüst und Kind – sprechen laut Sitzungsprotokoll selbst Rücktrittsangebote aus.

Insbesondere die Kritik bezüglich seiner Person am Investorenprozess weist Banf zurück. Selbstverständlich unterstütze er „die Geschäftsführung mit vollem Engagement", sagt er. Letztendlich sei es aber die Aufgabe der Geschäftsführung, Verträge zu verhandeln. So könne zu konkreten Offerten sowohl durch ihn als auch durch den Aufsichtsrat und den Beirat „erst bei vorliegenden Verträgen eine ernsthafte Bewertung erfolgen". Grotepaß stützt das Argument und unterstreicht den intensiven Einsatz Banfs für den Verein in dieser überaus kritischen Phase. Er weist darauf hin, dass der Beirat hinsichtlich des Großinvestors doch gerade erst am 9. Januar einstimmig das weitere Vorgehen beschlossen habe.

Die Sitzung am 21. Januar gerät hitzig. Vor allem die FCK-Geschäftsführer Klatt und Martin Bader warnen eindringlich, dass „eine öffentliche Austragung von Diskrepanzen innerhalb des Gremiums starken negativen Einfluss auf die Prozesse haben werde" – gemeint sind die Lizenzierung, das Ringen um Investoren und der Aufbau einer Zwischenfinanzierung. Am Ende raufen sich die Aufsichtsräte zusammen. Trotz Stimmenmehrheit gegenüber Banf und Grotepaß vollzieht das Trio sein Ansinnen, Banf zu entmachten, nicht. Nach außen demonstrieren die Klubbosse Geschlossenheit. Aber es ist ein Moratorium: Nach dem 15. März 2019 wollen sie im Aufsichtsrat des Vereins und im Beirat der Management GmbH „eine Rotation des Amts des Vorsitzenden und des Stellvertreters" prüfen.

Doch die mit medialem Getöse begleitete Entscheidung für zumindest vorläufige personelle Kontinuität hat Sprengkraft. Schon vor der Sitzung empört sich Hautsponsor Harald Layenberger via Facebook über Banf. Unter anderem prangert er an, dass Banfs Werbefirma „Rechnungen an FCK-Sponsoren für Leistungen des FCKs" stelle. Demgegenüber investiere „ein Michael Littig selbst in den 1. FCK eine hohe fünfstellige Zahl" und unterstütze den FCK mit einer Sponsorengruppe. Offenbar befeuert der Hauptsponsor den Konflikt innerhalb des Aufsichtsrats, indem er Littigs Engagement lobt und demgegenüber Banf vorhält, in seiner Rolle als FCK-Aufsichtsratschef fragwürdige Geschäfte im FCK-Umfeld zu tätigen. Die Rechnungen sind auch in der Aufsichtsratssitzung Thema, erweisen sich letztendlich aber als unproblematisch.

Als später die Sitzung ohne Abwahl Banfs endet, gerät Layenberger in Wallung. Abermals macht er seiner Laune bei Facebook Luft. Er postet das Foto eines zerknüllten Papiertaschentuchs. „Ich habe den Glauben an die Menschen verloren, die in unserem Verein das Sagen haben und im Aufsichtsrat sitzen", schreibt er dazu. „Ich fühle mich benutzt und weggeworfen wie ein schmutziges Papiertaschentuch, und ich bin traurig, dass die Unehrlichkeit gesiegt hat." Layenberger geht die Aufsichtsräte, die die Abwahl Banfs geplant hatten, aber nicht durchsetzten, hart an. „Denjenigen, die sich wieder einmal selbst verraten haben, wünsche ich dicke eitrige Pickel ins Gesicht, Ihr habt auch die Fans und Mitglieder verraten." Er ist wohl auch deswegen von dem Trio enttäuscht, weil ihn zuvor mindestens einer der drei gebeten haben soll, das Vorhaben, Banf abzusetzen, zu bestärken.

Den Aufsichtsratschef Banf fordert Layenberger dazu auf, ihn aus seinem Hauptsponsorenvertrag „herauszukaufen", und schiebt nach: „Sie wissen, was Sie dafür investieren müssen, dann sind Sie mich los!" Tags darauf rudert Layenberger zwar zurück. Den Aufsichtsräten dicke eitrige Pickel ins Gesicht zu wünschen, sei emotional und „unangebracht" gewesen. Natürlich hoffe er, dass der Schulterschluss des Aufsichtsrats für den FCK positiv ist. „Für die Tonalität" seines Posts entschuldigt er sich. Sein Sponsoring hinschmeißen will er nicht. Aber: „Nichts in der Sache muss ich zurücknehmen, weil alles der Wahrheit entspricht."

Harry Berg rettet den heiligen Gral

Nach diesem Sturm herrscht wenige Tage Ruhe auf dem Betzenberg. Und auch bei Hauptsponsor Layenberger hellt sich die Stimmung auf. Auf seinem Facebook-Profil zeigt sich „Harry Berg", wie er sich hier nennt, am 5. Februar „freudig". Denn er hat einen Coup gelandet: „Ich möchte Euch hier und jetzt persönlich darüber informieren, dass es uns gelungen ist, das Erbe von Fritz Walter zu retten." Layenberger kauft das Konvolut auf. „Es wird nicht zur angesetzten Versteigerung kommen!", schreibt er. Das bedeutet: „Das Erbe von Fritz Walter wird nicht zerschlagen und auch nicht über die gesamte Welt verstreut."

Diese Zeilen treffen den Nerv vieler FCK-Anhänger. Keinem anderen ist es geglückt, das Fritz-Walter-Erbe zu sichern. Layenberger ist nun der Hüter dieses für den FCK-Mythos so heiligen Grals. Als Bewahrer des materiellen Erbes der Vereinsikone nimmt er fortan eine noch wichtigere Rolle innerhalb des FCK-Kults ein. Es sei „durch Nichtstun fast eine Katastrophe für den deutschen Fußball“ entstanden, meint Layenberger in seiner Facebook-Nachricht. Aber die Gefahr sei nun abgewendet: Er verspricht, dass das Konvolut beisammenbleibe und „nichts vom Erbe Fritz Walters an irgendwelche privaten Sammler oder Spekulanten veräußert wird“.

Das sorgt bei vielen Fans für ein Aufatmen. Doch dem Verein ist es im Existenzkampf keine Hilfe. Denn die FCK-Manager ringen unter Hochdruck weiter darum, die für die Lizenz nötigen Millionen aufzubringen. Es ist Ende Februar, und keine Investoren sind in Sicht, obwohl eine spezialisierte Beratungsgesellschaft alle Hebel dafür in Bewegung setzt. Laut einer Präsentation in der Beiratssitzung vom 9. Januar wurden bereits über 300 potenzielle Interessenten angesprochen und exponierte Multiplikatoren wie der Unternehmer Dietmar Hopp oder die ehemaligen rheinland-pfälzischen Ministerpräsidenten Kurt Beck und Rudolf Scharping aktiviert – jedoch erfolglos.

Auch die Figur Ponomarev bleibt im Nebel, die im LOI genannte Frist verstreicht. In der Beiratssitzung vom 25. Februar 2019 berichtet Littig laut Protokoll, „dass der mit ihm in Kontakt stehende russische Investor MP [gemeint: Ponomarev] aktuell die öffentliche Kommunikation verfolge, mit dem FCK in keinem Kontakt zu stehen“. Ein weiterer Termin sei derzeit nicht angedacht. Auf Zurückhaltung lässt auch die Antwort auf eine Anfrage schließen, die ich über den KFC Uerdingen direkt an Ponomarev stelle – sie fällt knapp aus: Ponomarev will laut KFC-Sprecher zur Causa FCK „keine weiteren Interviews geben“. Er habe bereits „klargestellt, dass an diesen Informationen rund um den FCK nichts dran war“. Eine Investition ist nicht in Sicht.

Derweil laufen die Verhandlungen mit dem Luxemburger Immobilienunternehmer Becca an. Sie sind aber längst noch nicht entscheidungsreif gediehen, und auch Gespräche mit regional ansässigen Unternehmern haben noch keine Ergebnisse hervorgebracht. „Wir haben keine Wahl, wir brauchen einen Plan B, und der muss bis Mai stehen“, sagt Aufsichtsratsboss Banf. „Wir müssen sicherstellen, dass wir auf jeden Fall eine Lizenz bekommen.“ Es geht um nichts weniger als das Überleben des Profifußballs auf dem Betzenberg.

Eine denkwürdige Radiosendung

Wenn es noch eines Beweises bedurft hätte, wie zerstritten die Führungsfiguren des FCK in dieser kritischen Phase sind, liefert diesen eine bizarre Radioshow am 19. März 2019. In der Sendung „SWR 4 Klartext“ prallen unter anderem der FCK-Aufsichtsratsvorsitzende Banf, das Aufsichtsratsmitglied Littig – der vordergründig in seiner Rolle als CDU-Lokalpolitiker geladen ist – sowie Hauptsponsor und Fritz-Walter-Nachlassretter Layenberger aufeinander. Die Sendung wird live aus einem Kulturzentrum übertragen – mit einem Publikum, das für teils tumultartige Zwischenrufe sorgt. Darin sitzen auch der ehemalige Weltschiedsrichter Markus Merk und der Ex-FCK-Vorstandsvorsitzende Rainer Keßler. Es ist eine brisante Mischung, und selten wurden persönliche Animositäten öffentlich so genussvoll zelebriert wie an diesem Abend.

Dabei verteidigt Banf auf bisweilen verlorenem Posten den Kurs der FCK-Bosse. Dies tut er leidenschaftlich und inhaltlich schlüssig, aber rhetorisch fahrig. Beim Publikum finden seine Argumente daher nur wenig Akzeptanz. Sein Gremiumskollege Littig hingegen agiert geschickter. Dabei legt er bisweilen eine Dialektik an den Tag, die an Orwell'sche Sprachverwirrung erinnert. Etwa präsentiert Littig einerseits die Banalität, dass alle im Aufsichtsrat „das gleiche Ziel“ hätten, den FCK auf ein tragfähiges Fundament zu stellen. Andererseits spricht er davon, dass das Gremium mit „fünf Alphatieren“ besetzt sei und es daher nicht ausbleibe, dass gestritten werde. Damit sagt er offen, dass es Streit gibt, kann sich aber stets auf seine vorherige Äußerung zurückziehen, dass alle im Kampf für den FCK geeint seien.

Diese Dialektik zeigt sich auch an der in der Sendung zum Streitpunkt stilisierten Frage nach einer Zwischenfinanzierung. Einerseits bewertet Littig es als „positive Option“, Gelder aufnehmen zu können, um das Lizenzierungsverfahren zu meistern. Andererseits sagt er: „Natürlich hat Fremdkapital einen Kostenfaktor, und ich wäre nicht traurig, wenn wir diesen Kostenfaktor vermeiden würden.“ Einerseits beschreibt Littig den von ihm ins Spiel gebrachten potenziellen Investor Ponomarev als „fußballbegeisterten Menschen“, einen, der „vom Typ“ sicher gut für den FCK wäre. Er tausche sich „nicht nur im Kontext FCK“ öfter mit diesem aus. Andererseits relativiert Littig seine Aussagen, indem er sich von den Uerdinger „Auswüchsen“ distanziert, wohl wissend, dass Ponomarevs Engagement beim Ligakonkurrenten KFC Uerdingen in Fankreisen hochumstritten ist.

Littig bleibt oft beliebig. Seine Argumente umschmeicheln sowohl Kritiker als auch Anhänger der Klubführung. Das zeigt sich auch, als eine Publikumsfrage nach der Personalie Michael Klatt aufkommt. Banf bekennt sich klar zum Geschäftsführer, der seine Sache „sehr gut“

mache. Littig hingegen pflichtet dem einerseits bei. Andererseits kommt das vielsagende Aber: Natürlich könne man „nicht zufrieden“ sein damit, dass die Geschäftsführung bislang kein Eigenkapital gewonnen habe. Damit sät Littig Zweifel an Klatt – in einer Phase, in der der Manager wichtige Verhandlungen mit potenziellen Investoren führt und Rückendeckung braucht.

Offen angriffslustig gibt sich derweil Hauptsponsor Layenberger, dessen Sympathisanten im Publikum ihn mit „Harry, Harry“-Rufen begrüßen. Er sagt unverblümt, was ihn an der FCK-Führung „generell stört“, nämlich, dass man „immer wieder Ausreden“ höre. Die Ausgliederung sei „ungeplant“ vonstattengegangen, und augenblicklich herrsche „Uneinigkeit“ darüber, „ob man Fremdkapital aufnimmt“. Layenberger stellt sich auf die Seite derjenigen, die sich für den Einstieg eines Investors aussprechen, aber gegenüber einer Zwischenfinanzierung skeptisch sind. Es ist ungewöhnlich, dass sich ein Hauptsponsor derart zu den Finanzbelangen eines Klubs äußert – noch dazu, weil Layenberger mir auf eine spätere Anfrage schreibt: „Im Allgemeinen halte ich mich aus vereinsinternen Angelegenheiten raus.“

Zumindest in der Radioshow mischt er kräftig mit. Dem Finanzzustand des Vereins und dessen Attraktivität für Anleger erteilt er ein desolates Zeugnis: „Mit dem FCK wird man über die nächsten Jahre kein Geld verdienen, und so viel kann man, glaube ich, nicht reinstecken, dass es sich am Schluss dann lohnt. Man braucht einen Verrückten“ – einen wie Ponomarev vielleicht. Mit Verträgen könne man ja die Position des Vereins gegenüber diesem „verrückten“ Investor absichern, meint Layenberger. Doch welches Bild muss der Verein in den Augen eines möglichen Geldgebers hinterlassen, wenn der Hauptsponsor ihn als kaum lukrativ und Investoren als Verrückte bezeichnet?

Zwar bemängelt Layenberger, dass seitens mancher Fans – auch in der Sendung – laute Kritik am eingeschlagenen Weg des FCK-Managements komme und „Horrorszenarien“ wie der Gang in die Insolvenz gezeichnet würden, dies aber „ohne jegliche Vision“ geschehe. „Es muss eine Vision her“, fordert er. „Auch die Fans müssen einbezogen werden.“ Der Antwort auf die drängende Frage, wie denn nun frisches Geld in die Kasse fließt, kommen die abstrakte Forderung nach einer Vision und der allgemeine Ruf nach einem Investor allerdings nicht näher.

Dem Aufsichtsratsboss wirft Layenberger derweil vor, „nicht ehrlich“ und „nicht auf jeder Seite mit der gleichen Meinung vertreten“ zu sein. Für seinen Frontalangriff auf Banf erntet er Applaus aus dem Publikum. „Sie geben keine Butter bei die Fische“, sagt Layenberger. „Sie haben bei der Mitgliederversammlung ein sehr ehrenhaftes Mitglied zerlegt, den Rainer Keßler." Daraufhin zeigt sich Banf überrascht, schließlich war es doch Keßler selbst, der damals zurücktrat, dann den Rücktritt zurückzog und erst daraufhin nach einer Abstimmung im Aufsichtsrat von seinem Amt abberufen wurde. Doch Layenberger und viele Fans haben eine andere Wahrnehmung: „Die Fanbase nimmt Ihnen das krumm, und ich finde, es ist auch überhaupt nicht in Ordnung." Der Vorgang sei „unanständig".

Im Laufe der Sendung beharken sich Banf und Layenberger immer wieder. Es geht teils um Nickligkeiten. Aber offenbar sind es gerade persönliche Differenzen und Befindlichkeiten zwischen den Akteuren, die die Gesamtentwicklung des Vereins blockieren. Diesen Befund spiegelt eine Wortmeldung aus dem Publikum wider. „Schönen guten Abend, mein Name ist Rainer Keßler", meldet sich der wenige Wochen zuvor abberufene Ex-Vorstand. Keßler legt direkt mit Kritik nach.

Während seiner Amtszeit seien ihm in den Gremien „die Antworten versagt" worden. Dies betreffe wichtige Fragen zur Investorengewinnung. Er selbst habe einen möglichen Investor ins Spiel gebracht, der Dialog mit diesem sei dann allerdings über eine externe Beratungsagentur gesteuert worden. Seine spätere Rückfrage beim Interessenten habe offenbart, dass es wohl Verzögerungen in der Kommunikation gab. So sei für ihn nicht erkennbar, dass die FCK-Verantwortlichen beziehungsweise die von ihnen beauftragte Akquiseagentur jedem Hinweis angemessen nachgehen.

Das weist Banf zurück. Bei manchen Investorengesprächen stelle sich beispielsweise das Problem, dass auch ein Interesse an einer Investition ins Stadion im Raum stehe – da müsse der Verein dann die Stadt als Stadioneigentümerin involvieren. Das mache es schwierig und erfordere mehr Zeit. An dieser Stelle wiederum grätscht Littig ein, schaut demonstrativ in seinen Kalender und brüskiert Banf: Bei einem der von Keßler genannten Investorentermine am 28. November 2018 sei das Stadion „kein Thema" gewesen, behauptet er. Dafür erntet er Applaus und Banf empörte Zwischenrufe aus dem Publikum, scheint es doch nun so, als wolle sich Banf nur aus Fehlern bei der schleppenden Investorensuche herausreden.

„Klarer Plan": Betze-Anleihe II und Crowdlending

Die Stimmung wird auch nach der Radiosendung immer feindseliger. Derweil verfolgen die FCK-Bosse einen zweigleisigen Kurs. Zum einen treiben sie die Suche nach Investoren und Eigenkapital voran. Zum anderen wollen sie die Liquidität des Vereins mit einer Zwischenfinanzierung absichern. In letztere sollen Fans einbezogen werden. Dafür gibt es es zwei Projekte: erstens ein sogenanntes Crowdlending über die Internetplattform Kapilendo und zweitens die „Betze-Anleihe II". Bei einer Pressekonferenz am 27. März 2019 stellen die Geschäftsführer der FCK-Kapitalgesellschaft, Klatt und Bader, sowie der neue Vorstandsvorsitzende des Vereins, Wilfried de Buhr, die Finanzierungsinstrumente vor. Der Aufsichtsrat hatte den beim FCK seit langen Jahren bestens vernetzten Unternehmer de Buhr sowie den ehemaligen Fußballprofi Andreas Buck, der 1998 mit den Roten Teufeln Deutscher Meister wurde, im Februar 2019 zu Vorständen berufen.

Die Betze-Anleihe II hat ein Angebotsvolumen von insgesamt sieben Millionen Euro. Die Verzinsung beträgt fünf Prozent, die Anlagedauer drei Jahre bis 1. August 2022. Der Einstieg ist ab 100 Euro möglich. Zudem ermöglicht es die Betze-Anleihe II, dass die Anleger der ersten Betze-Anleihe ihr Papier verlängern beziehungsweise die „alte Anleihe" in die „neue Anleihe" umtauschen. Je mehr Anleger diese Möglichkeit wahrnehmen, umso geringer fällt die unmittelbare Liquiditätsbelastung des FCK aus. Denn der Klub müsste die Forderungen nicht mit Auslaufen der Betze-Anleihe im August 2019, sondern erst zum Ende der neuen Anleihe am 1. August 2022 bedienen.

Bei der Ankündigung der Betze-Anleihe II wird an blumigem Marketingsprech nicht gespart. Es ist die Rede davon, „nachhaltig eine junge Mannschaft mit vielen Eigengewächsen aufzubauen und Leistungsträger langfristig am Betzenberg zu binden". Doch eigentlich geht es um Folgendes: „Mit diesem Geld stellt der 1. FC Kaiserslautern die Möglichkeit sicher, die Betze-Anleihe 2013/2019 komplett zurückzuzahlen und die Lizenz für die Spielzeit 2019/20 zu erhalten", wie es auf der Internetseite zur Anleihe heißt. Klatt behauptet, der FCK sei „in der glücklichen Position, die Finanzierung des operativen Geschäfts für die nächste Saison gesichert zu haben". Dafür gebe es „Zusagen von institutionellen Anlegern über Fremdkapital". Doch hinter der Rückzahlung der Betze-Anleihe im August stehe ein existenzbedrohendes Fragezeichen.

Parallel zur Betze-Anleihe II bietet der Klub mit dem Crowdlending über die Plattform Kapilendo seinen Fans eine zusätzliche Beteiligungsmöglichkeit an. Es handelt sich im Grunde um eine Geldanlage, die „per Mausklick" online gezeichnet werden kann. Die bürokratischen Hürden sowie die Dokumentationspflichten des Vereins sind weitaus geringer als bei der Anleihe. Der Zinssatz beträgt ebenfalls fünf Prozent und die Laufzeit drei Jahre. Das Anlagevolumen ist auf 2,5 Millionen Euro limitiert, der Einstieg mit 100 bis maximal 10.000 Euro möglich.

Das Werben um die Kleinanleger beim Crowdlending fällt jedoch emotionaler aus als das um die Depotinhaber. „Unser Nachwuchs ist stark! Unser Wille ist groß! Gemeinsam sind wir unzerstörbar!“ Auf Kapilendo läuft ein Imagefilm, der nostalgisch an große FCK-Erfolge wie das 7:4 gegen Bayern München 1973, das 5:0 gegen Real Madrid 1982 und das 3:1 gegen den FC Barcelona 1991 erinnert. Es ist Fußballromantik pur. Doch das enge Zeitfenster der Zwischenfinanzierung bis Ende April zeigt: Der FCK steht massiv unter Druck.

Während das vergleichsweise einfach zu organisierende Crowdlending von der 1. FC Kaiserslautern GmbH & Co. KGaA aufgelegt wird, emittiert der Verein die Betze-Anleihe II. Hintergrund dafür ist, dass die Anleihe einer weitaus umfassenderen Regulatorik unterliegt. Unter anderem verfügt die neu gegründete Kapitalgesellschaft nicht über die nötige Finanzhistorie für die Auflage einer neuen Anleihe. Der Verein hingegen kann diesbezügliche regulatorische Bedingungen deutlich einfacher und vor allem schneller erfüllen. Daher läuft das Kapilendo-Crowdlending über die Kapitalgesellschaft, die Betze-Anleihe II aber über den Verein. Und aus diesem Grund sitzt Vereinsvorstand de Buhr bei der Pressekonferenz neben FCK-Geschäftsführer Klatt auf dem Podium.

Dabei bezeichnet de Buhr die Zwischenfinanzierung als „sinnvollen, klugen Weg, um die Lizenz zu erreichen“. Denn: „Ohne diese Lizenz würden wir nicht existieren.“ Die neue Anleihe sei „bewusst als Kurzläufer angelegt“, schließlich ziele man darauf ab, Eigenkapital zu generieren. „Natürlich hatten wir alle die Hoffnung, dass wir schneller Eigenkapital einsammeln würden können. Wir waren da vielleicht zu euphorisch“, räumt Klatt ein. „Eine Dauerfinanzierung über eine Anleihe oder ein Crowdlending ist nicht unsere Finanzstrategie.“ Durch die kurze Laufzeit und die Möglichkeit der Sondertilgung nach zwei Jahren bleibe man aber flexibel und könne gegebenenfalls vorfällig das Fremdkapital mit Eigenkapital ablösen. Gleiches gilt für das Crowdlending bei Kapilendo: Das kann jederzeit zurückgezahlt werden.

Eine Social-Media-Kampagne flankiert den Start der beiden Finanzprodukte. Dieser gibt unter anderem der ehemalige rheinland-pfälzische Ministerpräsident Beck sein Gesicht. Das Credo: „Wir alle helfen mit!“ Auch FCK-Coach Sascha Hildmann und der Mannschaftsrat um Abwehrspieler Florian Dick sowie die schwedische FCK-Torwartlegende Ronnie Hellström rufen zum Mitmachen auf. Genauso stellt sich der neue FCK-Vorstand Buck hinter die FCK-Geschäftsführung: „Wir haben einen Plan, einen sportlichen und wirtschaftlichen Plan, von dem ich zu 100 Prozent überzeugt bin.“

Sechs Investoren setzen ein Zeichen

Doch in Sachen Zusammenhalt bleibt es nur beim Appell. Denn während in der finalen Phase der Lizenzierung das Klubmanagement darum ringt, die Anforderungen zur Liquidität zu erfüllen, gehen die Grabenkämpfe in die nächste Runde. Ursprünglich hatten die Aufsichtsräte, als in ihrer Sitzung vom 21. Januar die Abwahl Banfs als Vorsitzender zur Debatte stand, ja angekündigt, zum 15. März eine Rotation an der Spitze des Gremiums zu erwägen. Darüber wird in der Beiratssitzung am 4. April 2019 gesprochen.

Hier tritt zunächst der Vorstandsvorsitzende der Fußballinvestitionsfirma Quattrex, Tobias Schlauch, auf. Er spricht über die Bereitschaft von Quattrex, dem FCK bei der Zwischenfinanzierung zu helfen. In der Fußballmarke FCK sieht er „großes Potenzial", heißt es im Sitzungsprotokoll. Eine Eigenkapitalbeteiligung von Quattrex sehe er im Augenblick zwar nicht, sie sei aber „für die langfristige Zukunft nicht ausgeschlossen". Schlauch richtet eindringliche Worte an die FCK-Bosse. „Nur mit Kontinuität und Zusammenhalt" sei die Krise zu überstehen. Es gelte dringend, „mögliche interne Streitigkeiten nicht öffentlich werden zu lassen".

Gleichwohl flammt nach dem Besuch Schlauchs eine Diskussion über die Zusammensetzung der Gremien auf. Dabei bringt Littig laut Protokoll abermals seinen Rücktritt ins Spiel, nimmt davon jedoch wieder Abstand. Nach der Sitzung vermeldet der Klub den nächsten Kompromiss. Demnach sei einstimmig beschlossen worden, dass die Aufgabenverteilung in den Führungsgremien „neu strukturiert" wird. Banf zieht sich vom Vorsitz des Aufsichtsrats im Verein zurück. Er bleibt allerdings weiterhin Vorsitzender des Beirats der 1. FC Kaiserslautern Management GmbH. Auch steht er nach wie vor dem Aufsichtsrat der 1. FC Kaiserslautern GmbH & Co. KGaA vor. Littig hingegen fungiert künftig als Aufsichtsratsvorsitzender des 1. FC Kaiserslautern, also des Vereins. Damit ist er insbesondere für die ehrenamtlich geprägte Vereinsarbeit zuständig, die vorwiegend die Breitensportabteilungen des FCK betrifft.

„Allen Beteiligten war es wichtig, mit dieser Entscheidung Zusammenhalt und Geschlossenheit in einer wichtigen Phase des FCK zu demonstrieren", teilt der Klub mit. Doch in Wirklichkeit sind damit die Kompetenzrangeleien im Hintergrund nicht beendet. Zwar gibt Banf den Aufsichtsratsvorsitz im Verein ab, doch er behauptet abermals seine Schlüsselrolle als Beiratsvorsitzender in der für das Profigeschäft wichtigen Kapitalgesellschaft. So bleibt er führender Kopf in Sachen Zwischenfinanzierung und Investorensuche. Dennoch ist Banf angeschlagen: Wie will er, der 2017 noch unangefochten mit den meisten Stimmen in den Aufsichtsrat gewählt wurde, angesichts all der Turbulenzen um seine Person im Hinblick auf die nächste Mitgliederversammlung seine Zustimmungswerte halten?

Derweil zeichnen sich erste Erfolge auf dem Weg der Investorengewinnung ab. Eine Gruppe regionaler Unternehmer gibt bekannt, als Erste in den FCK investieren zu wollen. Einer aus dem Kreis dieser insgesamt sechs Investoren ist der ehemalige FCK-Aufsichtsratsvorsitzende sowie langjährige Sponsor Dieter Buchholz. Mit dem finanziellen Engagement wolle er „mit gutem Beispiel vorangehen" und „in der aktuell schwierigen Zeit ein Zeichen setzen", sagt er. Konkret geht es um insgesamt 702.720 Euro, mit denen die sechs Geschäftsleute als Privatpersonen oder über ihre Unternehmen Aktien an der FCK-Kapitalgesellschaft erwerben. FCK-Finanzmanager Klatt spricht vom „Vertrauensbeweis": Der Einsatz der regionalen Unternehmer bringe bei der Investorensuche „den Stein nun ins Rollen".

Doch das Engagement der Unternehmer hat noch eine weitere Bedeutung: „Wir erkennen den Wert des Vereins von 120 Millionen Euro an, den die Geschäftsführung aufgerufen hat", sagt Buchholz. Zwar kaufen die Unternehmer ihre Aktien versehen mit dem Frühzeichnerrabatt von zehn Prozent. Dies ergibt rechnerisch auch einen „rabattierten Vereinswert" von 108 Millionen Euro. Doch davon abgesehen manifestieren sie mit ihrem Kauf den bei der Mitgliederversammlung angenommenen Vereinswert und leisten damit dem Klub – unabhängig von ihrer Kapitaleinlage – einen nicht zu unterschätzenden Dienst.

Denn in diesen Tagen werden vermehrt Zweifel am Vereinswert geschürt – sogar aus den Munde einiger Funktionäre. So zitiert etwa die lokale Tageszeitung *Die Rheinpfalz* das FCK-Aufsichtsratsmitglied Wüst am 4. März folgendermaßen: „Der, der uns das Risiko nimmt, muss auch Sonderangebote bekommen." Solche öffentlich kursierenden Zitate bergen natürlich die Gefahr, dass das FCK-Management in Verhandlungen mit potenziellen Geldgebern in eine schwächere Position gerät, sollten diese niedrigere „Einstiegshürden" fordern. Indem demgegenüber die sechs regionalen Unternehmer verkünden, ihre Anteile zum ursprünglich angenommenen Wert kaufen zu wollen, bringen sie zum Ausdruck, dass sie diesen als angemessen akzeptieren. Das stärkt die Verhandlungsposition des FCK-Managements in anderen Investorengesprächen. Neben Buchholz erwerben Peter Theiss, Giuseppe Nardi, Axel Kemmler, Annemarie Becker und Steffen Wick Aktienpakete. Sie alle gehören seit Jahren zum Unterstützerkreis des FCK.

Banf als Schachfigur mit Egotour

Dennoch rumort es in Teilen der Fanszene. Das Vertrauen in das Management leidet unter den öffentlich ausgetragenen Scharmützeln. Die so nicht erwartete Notwendigkeit einer Zwischenfinanzierung – also die Aufnahme von Fremdkapital anstelle des versprochenen Einsammelns von Eigenkapital – sowie das vergebliche Warten auf die Öffnung der Fansäule sorgen für Irritationen. Nicht einmal die Bekanntgabe der ersten Aktienzeichner kann die Lage aufhellen. Im Gegenteil: Die regionalen Investoren geraten in den Strudel der Kritik, sie sehen sich sogar kruden Verschwörungstheorien ausgesetzt.

Dies zeigt sich etwa an emotional aufgeladenen Kommentaren in Internetforen und diversen Medienberichten. Von der bestehenden persönlichen Verbindung zwischen Buchholz, Banf und Grotepaß entspinnt sich ohne weitere Belege die Idee einer mutmaßlichen Parteinahme aller sechs regionalen Investoren für die beiden Aufsichtsratsmitglieder Banf und Grotepaß im vereinsinternen Machtkampf mit Littig, Wüst und Kind. Die Beweislage ist dünn: Dass ein Ex-Aufsichtsratsvorsitzender, Sponsor und im Verein überaus engagiertes Mitglied wie Buchholz Kontakte in die Führungszirkel pflegt und seine Meinung Gewicht hat, ist weder ungewöhnlich noch illegitim. Für einen Skandal taugt es jedenfalls nicht.

Dennoch kommen die Geldgeber, die schlicht den FCK mit ihrem Einsatz unterstützen möchten, nun in die absurde Situation, dass ihnen ein Einmischen ins Klubgeschehen zugunsten von Banf und Grotepaß vorgehalten wird. Einer der Investoren sagt zu jener Zeit mir gegenüber, dass ihn dies schockiere. Er habe dem FCK finanziell helfen wollen, doch plötzlich finde er sich auch medial im Sog eines Machtkampfs wieder, von dem er sich stets distanziert habe. Zuhauf kursieren in Internetforen gehässige Kommentare, die die Investoren in Misskredit bringen. Der Tenor ist: In den Hinterzimmern des Vereins steuern betuchte Unternehmer das Geschehen, und Banf als Aufsichtsratschef ist „nur eine Schachfigur" in dem Spiel.

Polarisierend kommt hinzu, dass etwa im *kicker* die Rede davon ist, hinter Littig stehe ebenfalls „eine regionale Investorengruppe, die wohl bereit ist, dem FCK auf Anhieb deutlich mehr Eigenkapital zur Verfügung zu stellen als Buchholz und Co.". Doch um wen es sich dabei handelt, schreibt das Fußballmagazin nicht. Aus dem Protokoll der Beiratssitzung vom 25. Februar 2019 geht indes hervor, dass Littig behauptet, Kontakt zu potenziellen Geldgebern zu haben, die ungenannt bleiben möchten. Dieser Investorenkreis denke darüber nach, zehn Millionen

Euro aufzubringen. Eine Konkurrenz zu den bisherigen Aktienkäufern ergibt sich daraus jedoch nicht zwingend. Allerdings gibt es laut Sitzungsprotokoll eine merkwürdige Bedingung für das Engagement: Littig selbst müsse ebenfalls mit 100.000 bis 150.000 Euro einsteigen. Konkret zum Tragen kommt diesbezüglich am Ende aber nichts.

Eigentlich könnte für die FCK-Fans der Einstieg der ersten Investoren um Buchholz eine hoffnungsvolle Nachricht sein. Doch stattdessen durchdringen das Misstrauen gegenüber den gewählten Funktionären, die Unterstellung unlauterer Absichten und Verschwörungstheorien von mächtigen Mäzenen, die im Hintergrund Intrigen spinnen, den Diskurs. Durchs Internet wabern Blasen, in denen sich Hirngespinste mit den wirtschaftlichen Sorgen und der Unzufriedenheit über die sportliche Lage verbinden.

Die Auswüchse sind so erschreckend, dass selbst der kultige Torwarttrainer Gerald Ehrmann ins Visier gerät. Der sonst öffentlich zurückhaltende „Gerry" will beschwichtigen: „Ob das ein Dieter Buchholz ist, Giuseppe Nardi oder auch Harald Layenberger: Wir müssen diesen Leuten doch dankbar sein, dass sie dem FCK ihr Geld geben, anstatt sie zu diffamieren." Aber in der aufgeheizten Stimmung wird der Appell für Zusammenhalt zum Gegenstand abfälliger Kommentare. „Leider ist es so, dass Gerry seit Jahren ein treuer Gefolgsmann von Buchholz ist und sich von ihm vor den Karren spannen lässt. Was ist der Appell wert, wenn Gerry-Kumpel Patrick Banf in der Praxis auf das Zusammen pfeift und stattdessen seine Egotour fährt", schreibt einer im Netz.

Beiträge wie dieser zeigen, wie toxisch das Klima ist. Während vor wenigen Wochen noch die Zerschlagung des materiellen Fritz-Walter-Erbes durch eine Auktion im Raum stand, sind die in Lautern oft zitierten Fritz-Walter-Werte – Fairness, Bodenständigkeit und Respekt auf und neben dem Fußballplatz – beim FCK längst unterm Hammer.

SZENE 4

Folgenreiche Autofahrt nach Luxemburg

Unterwegs in den Baumarkt

Die Laune ist gedrückt, als sich FCK-Aufsichtsratsvorsitzender Patrick Banf und die Geschäftsführer Michael Klatt und Martin Bader am 30. April 2019 auf einem Parkplatz treffen. Die miese Stimmung hängt nicht einmal an der 0:2-Niederlage abends zuvor im Auswärtsspiel gegen Wehen Wiesbaden, mit der der FCK am 35. Spieltag in der Tabelle der 3. Liga nur sechs Punkte von einem Abstiegsplatz entfernt ist.

Heute fahren Banf, Klatt und Bader gemeinsam nach Luxemburg. Es soll die entscheidende Verhandlungsrunde mit Flavio Becca sein. Er ist der letzte und einzige potenzielle Ankerinvestor, dessen Interesse am FCK konkret ist. Doch die Vorzeichen, unter denen das Trio ins Großherzogtum reist, könnten schlechter nicht sein. „Wir haben im Auto gesessen und überlegt, ob wir überhaupt losfahren sollen", sagt mir einer der drei im persönlichen Gespräch. „Wir wussten nicht einmal, ob wir überhaupt noch fest im Amt sind."

Die Ereignisse haben sich in den vergangenen drei Tagen überschlagen. Rückblick: Samstagmorgen, 27. April 2019. Banf ist unterwegs, sein Handy klingelt. FCK-Vorstand Wilfried de Buhr ruft an. Das Gespräch läuft etwa so ab: „Patrick, was machen wir denn jetzt?", fragt de Buhr. „Naja, Wilfried, ich weiß nicht, was Du gerade machst. Ich fahre in den Baumarkt." Auf der anderen Seite der Leitung ist es kurz still. Dann fährt de Buhr fort: „Nein, Patrick, ich meine den FCK. Wie geht's denn jetzt weiter?" Banf weiß nicht, wovon de Buhr spricht, bis der rausrückt: Die Aufsichtsräte Michael Littig, Paul Wüst und Jürgen Kind wollen FCK-Sportgeschäftsführer Bader absetzen. Angeblich ist sogar schon eine Lösung für die Nachfolge im Gespräch: der Ex-Spieler und derzeitige Vizevorstand Andreas Buck, unterstützt von Klublegende Hans-Peter Briegel in beratender Funktion.

Dabei ist es Bader, der mit Klatt und Banf wichtige Verhandlungen – zuletzt mit Becca – voranbringt. Die Sondierungen mit Becca laufen vielversprechend und unter höchstem Zeitdruck, denn das Zeitfenster der Lizenzierung, für die der FCK dringend frisches Geld braucht, schließt sich. Gegenüber dem Luxemburger Investor hat jeder seine Rolle: Banf verhandelt auf der strategischen Ebene, Finanzgeschäftsführer Klatt gibt sich als Mann der Zahlen, und Sportgeschäftsführer Bader stimmt mit Becca die sportlichen Perspektiven ab.

Darüber hinaus ist Kaiserslauterns Oberbürgermeister Klaus Weichel stets über den Sachstand informiert. Schließlich könnte eine Investition des Bauunternehmers Becca in den FCK auch neue Entwicklungsperspektiven für das Fritz-Walter-Stadion nach sich ziehen. Die Drähte zwischen Luxemburg und Kaiserslautern laufen heiß. Insofern kann Banf es nicht glauben, dass das Trio um Littig ohne sein Wissen und das des Aufsichtsratsmitglieds Jochen Grotepaß die Entlassung von Bader forciert – noch dazu, wo sich die sensiblen Verhandlungen mit Becca auf der Zielgeraden befinden und eine personelle Zäsur sich negativ auf die vertrauensvollen Gespräche auswirken könnte.

Dabei klingt die Idee, mit der Becca beim FCK einsteigen will, vielversprechend, wie mir einer aus dem Lauterer Verhandlungsteam erklärt. Becca suche Synergieeffekte mit den Luxemburger Klubs, bei denen er engagiert ist. Talente, für die der eine Verein in seinem Kader keinen Platz hat, können im Netzwerk gehalten und entwickelt werden, indem sie an einen der anderen Vereine ausgeliehen werden und Spielpraxis sammeln – und umgekehrt. In ähnlicher Form seien Partnerschaften mit höherklassigen Bundesligisten, für die der derzeit in niederen Ligen spielende FCK wiederum Talentplattform sein kann, im Gespräch. Beispielhaft ist Borussia Mönchengladbach genannt.

Was ebenfalls für Becca spricht, ist die Entschlossenheit, mit der er sich zum FCK bekennt. Trotz aller Widrigkeiten kommen sich die Verhandlungspartner stetig näher. Nicht einmal die von lautem medialen Geklapper begleiteten Querelen im Aufsichtsrat, bei denen es darum ging, Banf abzuwählen, bringen die Verhandlungen ins Wanken. Nur als die Diskussion um den Vereinswert aufbrandet, drohen die Gespräche aus Sicht des FCK-Verhandlungsteams zu verrutschen. Denn mit jeder Äußerung eines amtierenden oder ehemaligen FCK-Funktionärs, die Zweifel an der Höhe der bislang angenommenen 120 Millionen Euro schürt, fällt es natürlich schwerer, diese Zahl gegenüber Becca zu halten.

Während die FCK-Manager Einstiegssummen aufrufen und Parameter der Zusammenarbeit definieren, werden gleichzeitig Funktionäre des Klubs in der Presse dahingehend zitiert, dass diese Vorstellungen so am Investorenmarkt wohl nicht durchsetzbar seien. Dass seine Position durch Wortmeldungen aus den eigenen Reihen geschwächt werde, sei für den Verein „eine Katastrophe", sagt mir der Verhandlungsteilnehmer.

Ein anderes Beispiel für missratene Kommunikation ist ein Interview mit Littig, das auf dem Fanportal der-betze-brennt.de zweigeteilt am 23. und 24. April erscheint – wenige Tage nachdem der Aufsichtsrat eine neue Rollenverteilung gefunden hat. Littig, der zu diesem Zeitpunkt gerade den Aufsichtsratsvorsitz im Verein von Banf übernommen hat, ist in dieser Funktion nach offiziellen Angaben „für den ideellen Bereich, den Nachwuchs und die sportlichen Abteilungen zuständig". Demgegenüber ist Banf als Vorsitzender des Beirats der 1. FC Kaiserslautern Management GmbH und Vorsitzender des Aufsichtsrats der 1. FC Kaiserslautern GmbH & Co. KGaA für „die Belange der ausgegliederten Profiabteilung" zuständig – und Verhandlungspartner Beccas. Doch das Interview wirft die Rollenverteilung über den Haufen.

Denn Littig spricht darin kaum über die Breitensportaktivitäten, sondern vorwiegend über den Profifußball sowie den Investorenprozess und bewertet den Verhandlungsstand mit Becca. Mit den im Interview zitierten Aussagen kratzt er nicht nur an den Grenzen zum Zuständigkeitsbereich Banfs, sondern sorgt nach Aussagen der Verhandlungspartner mir gegenüber auch für Irritationen in den wichtigen Gesprächen mit Becca.

Beispielsweise hinterfragt Littig im Interview freimütig die Einstiegsparameter für Investoren. Darin bringt er seine Einschätzung zum Ausdruck, dass „die Einstiegshürde von 20 Prozent, um einen Platz im Beirat der FCK Management GmbH zu bekommen, ziemlich hoch ist". So hätten es Geldgeber schwer, Einfluss auf Entscheidungsprozesse zu erlangen. Aber wenn selbst FCK-Funktionäre die vom Verein gesetzten „Verkaufsbedingungen" öffentlich anzweifeln und potenziellen Investoren das Bedürfnis nach größerer Entscheidungsbefugnis zubilligen: Was müssen interessierte Geldgeber davon halten?

Es sind noch weitere Aussagen wie diese in dem Interview enthalten, die nicht nur im FCK-Verhandlungsteam ungläubiges Kopfschütteln auslösen, sondern auch im Umfeld Beccas. So sagt Littig zum Beispiel: „Flavio Becca hat sicher viel Potenzial. Was er aber letztendlich tun wird, ist das Ergebnis eines noch langen Prozesses, der Bewertungen, Strategien und Verhandlungen mit einschließt. Das ist alles sehr komplex. Jeder Interessent lotet natürlich seine Verhandlungsposition aus. Und spätestens bei 100.000 Euro hört die Spaßgrenze für jeden auf, das kann keine Liebhaberei mehr sein. Man ist oft auch anderen Rechenschaft schuldig. Da ist alles absolut professionalisiert." Doch woher will

Littig, der beim FCK überhaupt nicht Beccas Ansprechpartner ist, wissen, welche Strategie der verfolgt und wem er Rechenschaft schuldig ist? Das muss sich auch der Luxemburger fragen.

Littig hingegen behauptet via E-Mail vom 29. April 2019 auf meine Nachfrage, „keine Gesprächsinhalte wiedergegeben" zu haben. Das könne er ohnehin nicht tun, schließlich sei er in keinem der Gespräche dabei gewesen. Bei seinen Zitaten handele es sich lediglich um „allgemeine Aussagen über Interessenten im generellen". Zudem unterstreicht er: „Wenn Herr Becca beim FCK investieren möchte, ist er sehr herzlich willkommen." Selbstverständlich müssten die Lösungen „partnerschaftlich zielführend sein". Etwas anderes habe er nicht gesagt. Es gebe also keinen Grund für gegenteilige Darstellungen.

Zwischentöne wie das Interview stiften eine gewisse Unruhe. Dennoch sind die Lauterer Verhandlungsteilnehmer guter Dinge, für den FCK ein positives Ergebnis erreichen zu können. Für Dienstag, 30. April, ist also die finale Sondierung bei Becca in Luxemburg angesetzt, zu der Banf, Klatt und Bader erwartet werden. Dort wollen sie die Grundzüge des Deals festzurren. Für den FCK wäre dies die Rettung. Doch dann erschüttert am Samstag vor dem wichtigen Termin eine neue Kapriole die Verhandlungen, nämlich jene Nachricht, dass Bader entlassen werden soll. Übers Wochenende löst die Personalsache einen medialen Wirbel aus.

Nicht nur Becca zeigt sich entnervt ob der neuen Querelen, hatte er zu Bader in den vergangenen Wochen doch einen vertrauensvollen Draht aufgebaut. Sie gefährden auch die Zusammenarbeit mit anderen für die anstehende Lizenzierung wichtigen Kreditgebern. Darunter ist die auf Sportfinanzierung spezialisierte Firma Quattrex. Schließlich äußerte sich deren Vertreter Tobias Schlauch bereits in der Beiratssitzung vom 4. April besorgt wegen der fragilen Außendarstellung des Klubs. Damals warnte Schlauch vor der Instabilität, die mit personellen Umbrüchen einhergehen kann und die sich genau jetzt abzeichnet.

Am Samstagmorgen erfährt Banf also am Telefon auf dem Weg in den Baumarkt, dass Bader abgesetzt werden soll. Dafür steht offenbar die Mehrheit der drei Aufsichtsräte Littig, Wüst und Kind. Allerdings: Die Personalsache liegt in der Kompetenz des Beirats der Management GmbH. Und die nächste Gelegenheit, sie formal zu beschließen, ist die anstehende Sitzung des Gremiums. So bleibt dem Lauterer Verhandlungsteam bis dahin noch ein wenig Zeit, die Weichen für die Zukunft des FCK zu stellen. Doch wie wollen Banf, Bader und Klatt nun den rettenden Becca-Deal eintüten? Wie wollen sie Becca entgegentreten? Können sie den Verein in den lebenswichtigen Verhandlungen überhaupt schlagkräftig repräsentieren?

Das Becca-Ultimatum

Als die drei am Dienstag gemeinsam im Auto auf dem Weg nach Luxemburg sitzen, fragen sie sich also, ob sich die Fahrt überhaupt lohnt und wie belastbar ihr Verhandlungsmandat ist. Unterwegs diskutieren sie die Optionen, die ihnen noch bleiben, und erörtern die Themen, die in den Verhandlungen zu klären sind.

Unabhängig von der personellen Unsicherheit geht es um die zentrale Frage nach dem Firmenwert, der den „Einstiegspreis" für den Investor Becca bestimmt. Die ständigen Zwischenrufe aus den eigenen Reihen haben die Argumente aus Sicht der FCK-Verhandler schwer beschädigt. Die ursprünglich anvisierten und eingangs durchaus hoch gegriffenen 120 Millionen Euro sind längst nicht mehr realisierbar. Banf wolle 80 Millionen Euro nicht unterschreiten, sagt mir einer der Verhandlungsteilnehmer, und Becca gehe mit einer Größenordnung von 50 Millionen Euro in die Verhandlungen. Man nähere sich einander an, liege aber noch auseinander. Angesichts der anstehenden Lizenzierung steht aber vor allem der FCK unter Zeitdruck, zur Einigung kommen zu müssen.

Um sich von dieser Fragestellung zu befreien, brüten die drei im Auto einen Kompromiss aus. Die Idee ist: Becca gibt eine Bürgschaft beziehungsweise ein Darlehen in Höhe von 2,6 Millionen Euro und sichert dem FCK damit die Lizenz ab. Nach Lizenzerhalt werden die Verhandlungen über den Firmenwert ohne den Zeitdruck des Lizenzierungsverfahrens fortgesetzt. Ist später eine Einigung über den Firmenwert erzielt, wird das Darlehen – also das Fremdkapital – in Eigenkapital, mit dem Becca in den FCK investiert, umgewandelt. Auf diese Weise bliebe der FCK handlungsfähig, und über den Firmenwert ließe sich unabhängig vom aktuellen Zeitdruck sprechen. Es wäre ein Entgegenkommen Beccas, denn der Investor würde die Verhandlungsposition seiner Gesprächspartner verbessern, indem er sie von ihrem unmittelbaren Finanzdruck befreit und gleichzeitig die Risiken eines Kreditgebers auf sich nimmt.

Doch als das Kaiserslauterer Verhandlungstrio in Luxemburg ankommt, droht der Deal zu platzen. Becca zeigt sich verärgert über die jüngsten Turbulenzen um die Besetzung des FCK-Managements – insbesondere hinsichtlich der drohenden Entlassung Baders. Unter diesen Vorzeichen will er nicht weitermachen. Die Fragen, die sich dem Investor stellen, liegen auf der Hand: Wer oder was garantiert ihm, dass auch nur einer der drei Vertrauten zu dem Zeitpunkt, zu dem er das Geld für seine Investition überweist, beim FCK noch im Amt ist? Wer sichert ihm seine Investition dahingehend ab, dass beim FCK nicht plötzlich Leute in Verantwortung kommen, die gegen sein Engagement arbeiten?

Erst sollte Banf abgesägt werden, jetzt steht Bader infrage. Derartige Unruhe mache den Verein kaputt und schrecke auch ihn von einer Investition ab, meint Becca. In diesem Moment droht die gesamte Finanzplanung des FCK-Managements für die nächste Saison zu implodieren. Doch das Gespräch nimmt eine Wendung. Hinschmeißen will Becca nicht. Tatsächlich lässt sich der Investor auf den Vorschlag, zunächst eine Bürgschaft beziehungsweise ein Darlehen in Höhe von 2,6 Millionen Euro zu geben und es erst später in Eigenkapital umzuwandeln, ein. Er verspricht zudem, die Lizenz kurzfristig abzusichern, sollten weitere Mittel nötig sein. Und er ist dazu bereit, in den nächsten fünf Jahren 20 bis 25 Millionen Euro – je nach Ligazugehörigkeit – in den FCK zu investieren. Aber seine Bedingung lautet: nur mit Bader und ohne Littig.

Beccas Mitarbeiter setzen eine Absichtserklärung, einen Letter of Intent (LOI), auf. Darin sind die Bedingungen festgehalten. Der FCK kann über das von Becca garantierte Geld nur verfügen, wenn Littig seine Ämter als Aufsichtsrats- und Beiratsmitglied niederlegt. Gleichzeitig müssen Klatt und Bader über den 1. Juli hinaus Geschäftsführer bleiben. Becca setzt eine Frist bis 8. Mai, innerhalb derer er sich an seine Garantien gebunden fühlt. Es stehen also die Sicherung der Lizenz für den FCK und eine Investition von bis zu 25 Millionen Euro dem dafür geforderten Rücktritt eines demokratisch gewählten Aufsichtsratsmitglieds gegenüber. Die drei Verhandler des FCK unterschreiben die Annahme des LOI. Mit dem Schreiben im Gepäck fahren sie zurück nach Kaiserslautern.

Die Brisanz, die das Papier birgt, ist ihnen klar. Was sollen sie tun? Verwerfen sie das Dokument und damit die mögliche Finanzspritze Beccas, könnten sie gegebenenfalls schuld am Niedergang des FCK sein. Verwerfen sie das Dokument nicht, tragen sie die erpresserische Forderung nach dem Rücktritt eines von den Mitgliedern gewählten Aufsichtsrats in den Verein. Sie kommen nicht umhin, die Vereinsgremien über das Papier zu informieren. Es ist mit großer Empörung zu rechnen. Dem Verein steht eine Zerreißprobe bevor: Ist der Vorschlag Beccas die Rettung oder der unanständige Eingriff eines Geldgebers in die Personalautonomie des Vereins?

Mit der Übergabe des LOI an die Vereinsgremien geben die drei Lauterer Verhandlungsführer einen großen Teil ihres Einflusses auf den

Fortgang des wichtigen Investorenprozesses aus der Hand. Denn das Ergebnis ist nun nicht länger von ihnen abhängig. Was sagen die Gremien? Was sagt Littig? Welche Reaktionen ruft der LOI hervor? Es gerät eine Dynamik in Gang, die niemand steuern kann.

Was macht Michael Littig?

Zwei Tage später – am Donnerstag, 2. Mai – berichten Klatt und Bader also den relevanten Gremien. Es handelt sich um informelle Besprechungen, in denen keine Beschlüsse gefasst werden. Das FCK-Management informiert den Beirat der 1. FC Kaiserslautern Management GmbH sowie den Vereinsvorstand „über den aktuellen Stand der Verhandlungen bezüglich eines möglichen Einstiegs von Flavio Becca als strategischem Partner", wie es anschließend in einer offiziellen Pressemitteilung des FCK heißt. Nicht alle Beiratsmitglieder sind die volle Zeit anwesend.

Hinsichtlich der Zusammenarbeit mit Becca heißt es in der Pressemitteilung weiter: „Der Beirat und der Vorstand begrüßen diese Pläne über eine langfristig und nachhaltig angelegte Kooperation und sehen in der Zusammenarbeit mit Flavio Becca eine große Chance für den 1. FC Kaiserslautern, sowohl was die kurzfristige Absicherung der Lizenz als auch was die zukünftige Entwicklung des FCK betrifft." Eine vorzeitige Entlassung Baders, dessen Vertrag bis zum Jahresende läuft, ist vom Tisch. Die drei anwesenden Beiratsmitglieder Banf, Grotepaß und Wüst sprechen sich überdies dafür aus, dass die FCK-Geschäftsführer Klatt und Bader „die weiteren Details einer Partnerschaft mit Flavio Becca besprechen".

Doch folgt nun Littig der Rücktrittsforderung Beccas, oder bleibt er im Amt? Die Wellen schlagen erwartungsgemäß hoch. Internetforen werden vor allem für Banf, Klatt, Bader und natürlich Becca zum digitalen Pranger. Unter den noch moderaten Kommentaren ist im Zusammenhang mit der Rücktrittsforderung an Littig von „Erpressung" zu lesen, von einer inakzeptablen Einflussnahme, die Becca schon jetzt, obwohl er längst noch keine Investition getätigt hat, auf die Führungsspitze des 1. FC Kaiserslautern ausübt. Gerade solchen kapitalistischen Auswüchsen habe man mit dem Vier-Säulen-Modell, das eine Machtbalance zwischen einem Ankerinvestor und mehreren kleinformatigen Geldgebern inklusive der Fans vorsieht, bei der Ausgliederung doch vorbeugen wollen.

Sogar der 4:0-Sieg des FCK gegen Unterhaching, mit dem das Team von Trainer Sascha Hildmann den Klassenerhalt erreicht, ist beim nächsten Heimspiel im Stadion nur Nebensache. Mit einem großen

Spruchband erinnert die Fankurve an einen Passus in der Vereinssatzung: „Der Mitgliederversammlung obliegt (…) die Wahl der Mitglieder des Aufsichtsrates". Damit ist gemeint: Nur die Mitglieder bestimmen über „ihren" Aufsichtsrat und nicht das Gutdünken eines Kapitalgebers. Folge man der Rücktrittsforderung und zwinge Littig zum Rückzug, breche man die Satzung.

Aber nicht nur die Rücktrittsforderung an Littig sorgt für einen Aufschrei in der Fanszene. Auch der Schachzug, die Lizenz des FCK zunächst mit einem weiteren Darlehen beziehungsweise einer Bürgschaft abzusichern, trifft auf Unverständnis. Bei den 2,6 Millionen Euro handele es sich schließlich „nur" um eine Leihe und nicht um das versprochene Eigenkapital eines Ankerinvestors, lautet in vielen Medien die Kritik. In einer ohnehin prekären Finanzlage drehe eine zusätzliche Kreditaufnahme die Schuldenspirale beim FCK weiter und schaffe eine Abhängigkeit vom möglichen Investor.

In der Empörungswelle geht unter, dass das FCK-Management zur Rettung der Lizenz unterdessen einen weiteren Meilenstein erreicht: Die Strategie der Zwischenfinanzierung geht auf. Am 3. Mai teilt der Klub mit, dass er innerhalb von nur 20 Tagen, vom 10. bis zum 30. April, 3.014.100 Euro zusammengebracht hat. Das Crowdlending über die Plattform Kapilendo bringt dem Klub 1.107.700 Euro. Über die Betze-Anleihe II werden 886.100 Euro neu gezeichnet. Und Inhaber der „alten" Betze-Anleihe tauschen Wertpapiere im Wert von insgesamt 1.020.300 Euro in die neue Anleihe um. Damit übersteigt der Erfolg beider Finanzierungsinstrumente die Erwartung. Ursprünglich erhoffte sich Klatt einen Betrag in Höhe von zwei Millionen Euro. „Damit wäre die Rückzahlung der Anleihe und somit die Lizenz gewährleistet, ohne Spieler verkaufen zu müssen", heißt es auf der Kapilendo-Webseite.

Doch während beide Projekte laut Klatt „besser als erwartet" laufen, sorgen die Personalquerelen für neue, unvorhergesehene Einbußen. Noch in der vergangenen Woche habe der FCK seinen Finanzplan stringent verfolgt: „Unsere Fans hatten uns extremst unterstützt, und unsere Finanzpartner hatten mit uns einen Plan erarbeitet und standen Gewehr bei Fuß", sagt Klatt. „Dann hat es am letzten Wochenende ein Großereignis gegeben, die Geschäftsführung ist infrage gestellt worden" – gemeint ist die mögliche Entlassung Baders. Das habe dazu geführt, dass einige Finanzpartner „unruhig" geworden seien. Einige hätten ihre Zusagen zurückgezogen. „Deswegen ist die Situation ernst, und deswegen bin ich froh, dass wir mit Herrn Becca jemanden haben, der uns auch hier helfen kann." Doch steigt Becca tatsächlich ein? Vor allem: Wie verhält sich Littig?

Pirouetten im Investorenkrimi

Die entscheidende Sitzung am 6. Mai, in die diverse Vereinsgremien involviert sind, dauert bis spät in die Nacht. Im Anschluss daran versendet der FCK eine Presseinformation. Die Meldung geht um 23:37 Uhr ein. „Der 1. FC Kaiserslautern hat auf seiner Sitzung am 6. Mai 2019 über die Situation im Verein tiefgehend diskutiert", heißt es darin. Und weiter: „Im Ergebnis hat Michael Littig seine Ämter nicht zur Verfügung gestellt. Die Entscheidung basierte unter anderem auf dem positiven Votum der heutigen Sitzung der Vereinsgremien Vereinsrat, Ehrenrat, Rechnungsprüfer und Vorstand."

Nicht nur, dass Littig der Rücktrittsforderung Beccas standhält. Im Ringen um die finanzielle Zukunft des Vereins kommt es außerdem zu einer plötzlichen Wende: Es tritt unverhofft eine neue, nicht näher benannte Investorengruppe auf den Plan. Dazu teilt der FCK mit: „Von der Mehrheit positiv begrüßt wurde das Angebot einer regionalen Investorengruppe, Eigenkapital in Höhe von drei Millionen Euro einzubringen, auf der Basis eines zehnprozentigen Aktienanteils und eines Sitzes im Beirat. Weitere Investitionen werden in Abhängigkeit eines Bewertungsverfahrens in Aussicht gestellt, das laut Angebot in der Zweiten Liga von 130 bis 190 Millionen und in der Ersten Liga bis 250 Millionen reichen kann. (...) Damit ist das Angebot von Herrn Flavio Becca nicht mehr existent."

Ist Littig tatsächlich das Kunststück geglückt, eine Investorengruppe aufzutreiben, die mit drei Millionen Euro den FCK in eine sichere Zukunft führt? Geht er damit als Sieger aus dem Machtkampf hervor? Zumindest scheint es so nach schnellem Lesen der Pressemitteilung. Doch wie kommt es überhaupt zu der Investorenofferte? Nach Aussagen Littigs, die er am nächsten Morgen trifft, hat er kurzfristig „nach 16 Uhr einen Anruf bekommen, dass regionale Investoren bereit sind, ein Angebot zu machen". Das sei ihm „so grob mitgeteilt" und „kurz vor 18 Uhr in einem Dokument zur Verfügung gestellt" worden. Er habe „dann nicht mehr und nicht weniger" getan als dieses Kuvert auf der Geschäftsstelle abzugeben. In dem Papier stünden keine Namen, und er werde auch keine nennen.

Aber mit wem soll das FCK-Management verhandeln? Auch am Tag nach der nächtlichen Sitzung bleibt die Gruppe anonym. Haben die Vereinsgremien tatsächlich ein kurzfristig eingereichtes Papier mit dem vagen, ungeprüften Angebot einer völlig unbekannten Investorengruppe dem über Monate hinweg persönlich verhandelten Konzept Beccas vorgezogen? Und wie sieht die langfristige Strategie der Gruppe aus? „Ich muss jetzt auch ein klein wenig spekulieren", sagt Littig dazu am nächsten Morgen in einem Interview mit dem SWR.

Nach seiner Kenntnislage wolle die Investorengruppe mit den drei Millionen Euro zunächst einmal die Liquiditätslücke beim FCK schließen. Littig spricht oft im Konjunktiv: Wenn alles günstig verlaufe, dann sei wohl „Luft für Investitionen in den Kader". Darüber hinaus habe „das Dokument auch eindeutig gesagt, dass weitere Schritte denkbar sind". Aber was heißt das konkret? „Also ganz konkret ist auch in dem Dokument eingeführt worden, unmittelbar in die Planung weiterer Schritte einzusteigen."

Eine Spielidee, wie es in der Fußballsprache heißt, ist daraus jedenfalls nicht erkennbar. Für ungläubiges Erstaunen muss genauso der Blick auf den Unternehmenswert sorgen: Über Wochen verhandelten Banf und Becca ohne abschließendes Ergebnis darüber. Zuletzt rangen sie um eine Größenordnung zwischen 50 und 80 Millionen Euro. Demgegenüber reißt der FCK mit seiner nächtlichen Pressemeldung den eigenen Wertansatz von ursprünglich 120 Millionen Euro mit einem Federstrich auf 30 Millionen Euro herunter. Denn indem der Klub verlautbart, die Investorengruppe wolle drei Millionen Euro für zehn Prozent der Anteile geben und die Gremien begrüßten diesen Vorschlag, folgt daraus, dass die Gremien 30 Millionen Euro als eine dem Vereinswert angemessene Größe erachten.

Flankiert wird diese Wertannahme durch Wortmeldungen ehemaliger Funktionäre wie dem Ex-Vorstand Rainer Keßler und dem ehemaligen Aufsichtsrat Martin Sester. Der Jurist Sester, einst exponiertes Mitglied im vereinseigenen Arbeitskreis Ausgliederung, errechnet unter anderem in der lokalen Tageszeitung *Die Rheinpfalz* und im SWR einen Vereinswert „von ziemlich genau 30 Millionen Euro". Und per Facebook-Post unterbreitet Keßler einen wenig realistischen Vorschlag: Der FCK solle „maximal 30 Prozent verkaufen". Nach Keßlers Vorstellung könnte so eine Zusammenführung aller gelingen: Neben den zehn Prozent an die neue regionale Investorengruppe könnten zehn weitere Prozent Becca angeboten werden. Da auf Basis seiner Rechnung 2,3 Prozent bereits an die regionalen Investoren um Dieter Buchholz, Peter Theiss und Giuseppe Nardi vergeben sind, sollten „die restlichen 7,7 Prozent für Mitglieder und Fans reserviert werden". Das FCK-Management solle dafür die sogenannte Fansäule kurzfristig öffnen. Daraufhin sei „ein Dominoeffekt zu erwarten". Keßler malt sogar sportliche Erfolge aus: „Wir hätten genug Eigenkapital, um einen Aufstieg realistisch anzupeilen."

In weiten Teilen der Fanszene wird die Wende im Investorenkrimi als „Befreiungsschlag" wahrgenommen. Nach dem Motto: „Die Lizenz ist gerettet, und der 1. FC Kaiserslautern ist nicht erpressbar." Aber ist es wirklich so? Und stellt die unbekannte Investorengruppe überhaupt keine Forderungen, die der Position des Vereins zuwiderlaufen? Das Gegenteil ist der Fall. Zwar greifen sie nicht ins Personaltableau ein wie Becca in der Causa Littig. Die anonymen Geldgeber üben aber ebenfalls Druck auf den Verein aus – nicht nur, indem sie den Vereinswert massiv drücken, sondern auch, indem sie entgegen der Mitgliederbeschlüsse für ihre vergleichsweise geringe Beteiligung an der Unternehmung FCK einen Sitz im Beirat der Management GmbH einfordern. Ursprünglich liegt die Einstiegshürde hier bei 20 und nicht, wie von der Investorengruppe gefordert, bei 10 Prozent.

Was die Lage noch prekärer macht: Viele der Finanzzusagen, die Klatt und Bader für die nächste Saison einholen konnten, beruhen auf ihrer bislang verfolgten Strategie. Die FCK-Manager legten der Rettung des FCK eine Reihe von Annahmen zugrunde, an deren Realisierung sie arbeiteten. Ein Teil ihres Finanzpuzzles muss ins andere greifen. Mit dem Umschwung auf das neue Investorenkonzept drohen Finanzzusagen zu kippen. Zu den wichtigsten Finanzpartnen, die auf einen Einstieg Beccas als Sicherheit bauen und von Beginn an ihre Skepsis gegenüber den namentlich unbekannten regionalen Investoren signalisieren, zählt Quattrex.

Und die anonymen Geldgeber kommen weiterhin nicht aus der Deckung. Wichtige Zeit im Lizenzierungsverfahren verrinnt. Schon für Donnerstag, 16. Mai 2019, also nur zehn Tage später, ist die nächste Beiratssitzung angesetzt. Da muss das Gerüst stehen, mit dem der FCK die Lizenz Ende Mai beantragt. Aber nach der aufreibenden Sitzung vom 6. Mai wartet FCK-Finanzboss Klatt vergeblich auf die Namen der unbekannten Investoren. Daher senden er und Bader am 8. Mai ein Schreiben an den Wirtschaftsprüfer, der deren Angebot treuhänderisch an Littig übergeben hatte. Darin bitten die FCK-Geschäftsführer um die formal relevanten Informationen über die Investoren, ihr geplantes Investitionsvolumen und zukünftige Vorhaben.

Die Lage spitzt sich zu. Die Option Becca scheint passé zu sein, und die von vielen Fans umjubelte vermeintliche Alternative zögert sich weiter hinaus. Die sicher geglaubte Lizenz steht schon wieder auf der Kippe. Und die Erosion der FCK-Führung setzt sich fort. Am Montag, 13. Mai, vermeldet der FCK, dass Buck als Vereinsvorstand zurücktritt. Zukünftig wolle er nur noch als sogenannter Markenbotschafter für den Klub tätig sein. In einem Facebook-Post begründet Buck das am nächsten Tag damit, den „Zeitaufwand unterschätzt" zu haben, den die Aufgabe als Vereinsvorstand mit sich bringt. „Mit halber Kraft tätig zu sein, wäre dem Amt (und meinem Vorstandskollegen Wilfried de Buhr) nicht gerecht geworden", schreibt er.

Doch in Wirklichkeit zieht er sich zurück, weil er angesichts der Finanzaufgabe, die vor ihm als Vereinsvorstand liegt, Haftungsrisiken fürchtet. Konkret geht es um Gelder, die vom Verein an die Kapitalgesellschaft gegeben werden sollen. Dabei steht hauptsächlich ein sogenanntes Intercompany-Darlehen im Fokus. Damit soll die Liquidität aus der Betze-Anleihe II vom Verein an die KGaA übertragen werden. Bei einem späteren Mitgliederforum Ende Juli begründet Buck seinen Rücktritt so: „Wenn die Kiste an die Wand fährt, für die ich nichts kann, habe ich keine Lust, dass mein Haus draufgeht und der Staatsanwalt bei mir klingelt, nur weil ich, der Idiot, der irgendwann im Februar eingestiegen ist, als die Kacke schon am Dampfen war, da irgendetwas abzeichnen soll."

Das Geheimnis um die anonymen Investoren

Derweil sickern am Wochenende, fast zeitgleich mit dem Rücktritt Bucks, endlich zwei Namen durch: Hans Sachs, ein lokaler Bauunternehmer und Hotelier, und Klaus Dienes, der Inhaber eines Produktionsbetriebs für Kanister und Behälter, bekennen sich zur Investorengruppe. Es kommt Kontakt zum FCK-Management zustande. Mit Blick auf eine weitere Abstimmung zwischen der FCK-Geschäftsführung, der Unternehmergruppe und der kreditgebenden Firma Quattrex am Dienstagmorgen, 14. Mai, zirkuliert nun ein „Eckdatenpapier FCK 2.0 (Sachs/Dienes)".

Darin bestätigen Sachs und Dienes die bekannten Zahlen: Die Investorengruppe will Eigenkapital in Höhe von drei Millionen Euro einbringen und damit zehn Prozent der Aktien sowie einen Sitz im Beirat der Management GmbH erwerben. Sie verknüpfen dies aber auch mit der Bedingung, dass wesentliche Gläubiger wie Quattrex, Lagardère und Banken ihre Finanzzusagen für die nächste Saison aufrechterhalten. Genau darin liegt allerdings das Problem: Während sich die Gläubiger über Monate gemeinsam mit dem FCK-Management über eine Zukunftsstrategie unter der Prämisse des Becca-Einstiegs austauschten, fehlt nun dieses Vertrauen in die unverhofft aufgetauchten Unternehmer.

Vor allem Quattrex sieht im Ankerinvestor Becca weiterhin einen stabilisierenden Faktor, wohingegen das einseitige Eckdatenpapier der neuen Investoren dem Finanzpartner des FCK zu dünn erscheint. Die Gläubiger stehen also davor, im Falle eines Umschwungs auf die Unternehmergruppe keine neuen Mittel bereitzustellen. Bei Quattrex geht es – wie eine Vortragsfolie aus der späteren Beiratssitzung zeigt – um 2,95 Millionen Euro und bei Lagardère um eine Signing Fee in Höhe von 900.000 Euro. Hinzu kommen Kontokorrentlinien bei Banken in Höhe von zusammen 1,6 Millionen Euro. Sollte einer der Posten ausfallen, täte sich hinsichtlich der für die Lizenzierung nachzuweisenden Liquidität in Höhe von rund 12,5 Millionen Euro eine neue Lücke auf. Becca sagte zu, die Lizenz in jedem Fall zu sichern. Aber würde die neue Unternehmergruppe ebenfalls unvorhergesehen auftretende Lücken schließen?

In den zwei Tagen vor der entscheidenden Beiratssitzung überschlagen sich die Ereignisse. Am Betzenberg spielt sich ein Wirtschaftskrimi ab, denn Becca gibt sich längst nicht geschlagen. Am Mittwoch, 15. Mai, hinterlegt er beim FCK ein neues Dokument. Darin bezieht er sich auf seinen LOI vom 30. April. „Ich bestätige meine Bereitschaft, sowohl kurz- als auch langfristig für den 1. FC Kaiserslautern als Partner zur Verfügung zu stehen", schreibt er. Als Grundvoraussetzung nennt er seine Vertrauensbasis mit Klatt und Bader. Von Littig ist in dem Papier keine Rede. Becca bestätigt hingegen seine Bereitschaft, die nötigen Mittel für die Lizenz bereitzustellen. Konkret: 2,6 Millionen Euro als Bürgschaft, die später in Eigenkapital umgewandelt werden soll, und 20 bis 25 Millionen Euro in fünf Jahren. Quattrex signalisiert zur gleichen Zeit: Finanzhilfe für den FCK kommt nur für das Modell Becca, nicht für die Umsetzung des vagen „Eckdatenpapiers FCK 2.0".

Unterdessen ist die regionale Investorengruppe ebenfalls aktiv. Nachdem sie ihr Eckpunktepapier abgegeben hat, meldet sich Sachs am Mittwoch um 17:10 Uhr, keine 24 Stunden vor der wegweisenden Sitzung, noch einmal via E-Mail beim FCK. Er zeigt sich überrascht, dass die Finanzarchitektur entgegen anderslautender Formulierungen zuvor etwa bei der Auflage des Crowdlendings via Kapilendo nun doch wackelig sein soll und die Verabredungen mit Quattrex nicht festgezurrt sind. Zudem wirft er weitere Fragen hinsichtlich der Finanzzahlen des FCK auf.

Es geht unter anderem um Budgetierungen, Personalkosten und diverse Etatposten. Darüber hinaus fordert Sachs detaillierte Informationen über das Nachwuchsleistungszentrum ein – vom Kaufvertrag über Lageplan, Kostenvoranschläge für neue Plätze, Baugenehmigungen bis hin zu Kenntnissen über Altlasten. Zudem knüpft er an sein Eckdatenpapier an und meint, diesbezüglich seien einige Aspekte, die als „Voraussetzungen für den Erwerb der Beteiligung bei der KGaA" aufgeführt sind, „bisher nicht offengelegt oder hinreichend beantwortet". Die Liste ist lang. Es erscheint wenig aussichtsreich, dies alles über Nacht aufzubereiten. Für Donnerstagmorgen, den Tag der entscheidenden Sitzung, um neun Uhr bitten die Investoren um ein Abschlussgespräch mit dem Aufsichtsrat und dem Beirat der KGaA, dem Vorstand des e. V. und den beiden Geschäftsführern.

Doch nach den verronnenen Tagen der Tatenlosigkeit müssen die kurzfristigen Anforderungen der Investorengruppe bei den FCK-Managern alle Warnsignale schrillen lassen. Sie müssen befürchten, dass der FCK, sollte er sich auf einen Deal mit der bislang kaum bekannten Gruppe einlassen, angesichts der unausgegorenen Verhandlungssituation in eine Lage gerät, in der er die Vorstellungen der Geldgeber nicht vollständig erfüllen kann und einzelne offene Punkte aus der geforderten Informationsliste später als Argument eines Rückzugs der Investoren angeführt werden könnten.

Um 18:43 Uhr antwortet Klatt, ebenfalls via Mail. Darin setzt er die lokalen Investoren darüber in Kenntnis, dass der Kreditgeber Quattrex am späten Mittwochnachmittag für ihr „Projekt FCK 2.0" endgültig eine Absage erteilt hat. „Wir hatten Sie bei unserem letzten Gespräch so verstanden, dass Ihr Angebot nur dann greift, wenn die bisherigen Finanzierungspartner ihre Commitments einhalten. Dies ist nun bedauerlicherweise nicht der Fall", schreibt Klatt und erinnert noch einmal an den „ambitionierten Zeitplan".

Um 21:26 Uhr fügt Sachs in einer weiteren Mail dann den Satz hinzu: „Sollten Sie Quattrex morgen nicht zur Einhaltung der Zusagen (…) bewegen können, stellen wir in Aussicht, die Finanzierungslücke zu schließen." Doch wie belastbar ist diese Aussicht am Abend vor der Entscheidung? Und was ist mit den anderen Finanzpartnern wie Lagardère und einer kreditgebenden Bank, die ebenfalls wackeln könnten – würden die Investoren deren mögliche Ausfälle genauso ausgleichen? Mit dieser Unsicherheit gehen die FCK-Bosse am Donnerstag in die entscheidende Sitzung. Auf der einen Seite steht die skandalbehaftete Offerte Beccas, auf der anderen Seite das nur vage Angebot der lokalen Investorengruppe. Dazwischen muss der Beirat entscheiden.

Dafür legen die Geschäftsführer Klatt und Bader eine Entscheidungsmatrix vor. Auf der Folie vergleichen sie, ergänzend zu ihren Ausführungen hinsichtlich ihres Liquiditätsplans, beide Optionen miteinander. Darüber hinaus stellen sie dar, welcher Finanzanstrengungen es in beiden Fällen bedarf, um die Zwölf-Millionen-Euro-Lücke für die Lizenz zu schließen, und wo sich Risiken auftun. So veranschaulichen sie den Härtegrad und die Belastbarkeit beider Varianten. Als Fazit empfiehlt die Geschäftsführung der Management GmbH dem Beirat, für Becca zu stimmen.

Die Entscheidungsmatrix „Lizenzierung – Bewertung Investorenmodelle“ sieht so aus:

Kriterium	Investor Luxemburg	Regionale Investoren
Regionale Verbundenheit	0	+
Zeitliche Umsetzbarkeit zur Lizenz 2019/2020	+ (Due Diligence abgeschlossen, Kreditvertrag Quattrex und Lagardère liegt vor)	- (Due Diligence begonnen am 13. Mai 2019)
Langfristige Perspektive	+ LOI: 20 bis 25 Millionen Euro in den nächsten fünf Jahren	0 Eckdatenpapier FCK 2.0 enthält keine Angaben zu langfristigen Investitionen
Auswirkungen auf Governance-Modell	+ ein zusätzlicher Stakeholder	- mehrere zusätzliche Stakeholder
Fit zu vorhandenen Partnern	+ Kooperationszustimmung Quattrex und Lagardère liegt vor	- keine Kooperationszustimmung durch Quattrex
Satzungskonformität	-	-
Unternehmensbewertung	0 Letztes Angebot 50 Millionen Euro, finale Bewertung erfolgt nach Lizenz	- 30 Millionen Euro und damit deutlich unter Zielwert

→ *Die Geschäftsführung empfiehlt das Luxemburger Investorenmodell und bittet hierfür um Gremienzustimmung.*

Am Ende ist Beiratsmitglied Wüst das Zünglein an der Waage. Er stimmt mit Banf und Grotepaß für Becca. „Keiner hat sich gegen Michael Littig entschieden“, betont Wüst später. „Natürlich kämpfen wir damit moralisch“, sagt er über die Rücktrittsforderung in Beccas LOI. Inwiefern diese noch Bestand habe, sei aber unklar. Sachlich gehe es nur darum, zwei Modelle aus Sicht des Vereins miteinander zu vergleichen. „Ich habe mich für dieses Modell entschieden, weil ich an dieser Stelle die Lizenz abgesichert sah." Das sei auch eine Frage der persönlichen Haftung. Für die neuen Investoren reiche es angesichts der Fristen für die Lizenzierung schlicht nicht. Wüst hofft jedoch, dass die „Lokalen zurückfinden zu uns und es Möglichkeiten gibt, dass sie sich engagieren".

Doch was bedeutet das Abstimmungsergebnis für Littig? Im Protokoll der Sitzung steht: „Nach kurzem Telefonat zwischen M. Littig und P. Gregorius [Anmerkung des Autors: Bei Patrick Gregorius handelt es sich um einen Vertrauten Beccas] zur Klärung der Frage, ob die Rücktrittsforderung an Herrn Littig weiter Bestand habe oder ob von dieser Abstand genommen werden könne, verlassen die Geschäftsführer für ein Telefonat mit F. Becca den Raum, um diese Thematik erneut mit F. Becca persönlich zu besprechen (…). Die Geschäftsführung und M. Littig tauschen sich hierzu im Nachgang unter sechs Augen aus. M. Klatt berichtet im Anschluss über die Gesprächsinhalte mit F. Becca und M. Littig. F. Becca habe seine Position dahingehend erläutert, dass es sich nicht um persönliche Differenzen handele, allerdings wünsche er sich Ruhe und Kontinuität in den Gremien und mache dies zur Bedingung für seine mögliche Investition. M. Littig spricht seinen Rücktritt von allen Ämtern des e. V., der Management GmbH und der KGaA mit sofortiger Wirkung aus. Er äußert, dass sein Rücktritt nicht durch den Einstieg von F. Becca als Investor bedingt sei, sondern dass er mit der getroffenen Qualität der Beschlussfassung nicht übereinstimme, er aber dem Einstieg des Investors nicht entgegenstehen möchte."

Damit ist für Becca der Einstieg in den FCK frei. Und für den FCK fügen sich wichtige Finanzbausteine zusammen. Zum ersten Mal meldet sich Becca mit einem offiziellen Statement in den Vereinsmedien zu Wort. Er bekennt sich dazu, „langfristig den Verein zu begleiten mit dem Ziel, in die Erste Bundesliga zurückzukehren". Er habe „in der jüngsten Vergangenheit mit den Fans erleben müssen, dass persönliche Eitelkeiten und Grabenkämpfe die Zukunft des Vereins sehr stark gefährdet haben". Doch er hoffe, diese Phase nun überwunden zu haben, und setze auf „Ruhe und Geschlossenheit" als „unabdingbare Voraussetzungen für den sportlichen Erfolg". Gerät der FCK mit Beccas Hilfe also endlich wieder zurück in die Erfolgsspur?

SZENE 5

„Es ist eine Riesenschweinerei!“

„... weil das Freundschaften sind, und es ist schiefgegangen“
Plötzlich springt Michael Littig auf. „Jetzt werde ich richtig sauer!“, brüllt er in den Saal. Es ist das erste Mitgliederforum im Fritz-Walter-Stadion. Circa 200 Klubmitglieder sind gekommen, der Presseraum in der Nordtribüne ist voll. „Ich muss euch was sagen“, ruft Littig in Richtung Podium. „Ich bin bedroht worden! Mir hat ein Freund eine Wohnung in Südafrika angeboten, zu der ich fahren kann! Was weißt du, ob ich bedroht worden bin? Es ist eine Riesenschweinerei!“ Littig ist außer sich. „Ich habe Angst um mein Leben gehabt, ich habe Angst um mein Leben gehabt!“ Dann verlässt er den Saal. Diese Szene bleibt hängen von der Veranstaltung am 28. Juli 2019, mit der die FCK-Bosse eigentlich eine Aussprache initiieren und Gräben zuschütten wollen. Das Vorhaben geht schief.

Zu groß sind die Enttäuschungen, zu schwer die Verletzungen, zu festgefahren die Meinungen. Aufsichtsratsmitglied Paul Wüst wird als „Umfaller“ beschimpft, weil er in der Abstimmung über den Becca-Einstieg nach seinem Gewissen und entgegen der Erwartungen einiger Klubmitglieder votierte. Genauso gilt Wüsts Gremienkollege Jochen Grotepaß vielen als „Wendehals“, weil er, bevor er Aufsichtsrat wurde, aus Fansicht die Funktionäre hart kritisierte. Demgegenüber repräsentiert er nun als Amtsträger demokratisch zustande gekommene Gremienbeschlüsse, die auch unliebsame Entscheidungen enthalten können. Dass er in internen Mails Flavio Becca scharf angeht, dessen Rücktrittsforderung an Littig als unerfüllbar und „verwerflich“ bezeichnet und gegenüber dem Geldgeber das Wesen des Vereins klarmacht, hat im lauten Streit kein Gewicht. So muss sich Grotepaß in der aktuellen Debatte den Vorwurf anhören, „bewusst satzungswidrige Zustände mitzutragen“.

Menschliche Dramen spielen sich ab. Da ist der Frust des zurückgetretenen Aufsichtsrats Littig, den die Geschehnisse merklich mitnehmen. Da ist der amtierende FCK-Vorstand Wilfried de Buhr, der sich nach dem plötzlichen Rücktritt seines ehemaligen Vorstandskollegen Andreas Buck alleingelassen fühlt. Da ist Buck, der sich zu Entscheidungen wie der Unterzeichnung des millionenschweren Darlehensvertrags zwischen dem e. V. und der KGaA, mit dem das Geld der Betze-Anleihe II vom Verein an die Kapitalgesellschaft fließt, gedrängt sah und sich dem Druck des Amts entzog. Ex-Vorstand Rainer Keßler nagt weiterhin an seiner Entlassung und sieht seine mehrfach vorgebrachte Kritik immer noch nicht gewürdigt.

Aufsichtsratschef Patrick Banf ist enttäuscht, weil Keßler eigentlich sein Wunschkandidat für das Vorstandsamt war und er, Banf, sich von dessen Auftritt bei der letzten Klubversammlung überrumpelt fühlt. Und da ist Manager Michael Klatt, der das Schiff FCK durch Turbulenzen steuert und dabei selbst beinahe hingeschmissen hätte, da er zunehmend internen Widerständen entgegensieht. Bei dem Mitgliederforum ruft er Littig entnervt zu: „Du hast mir das Vertrauen entzogen! Du warst einer der Treiber von Unruhe in den Beiratssitzungen! Du hast immer wieder für diese Unruhe gesorgt!"

Das ist nur ein Ausschnitt des Bildes, das sich beim Mitgliederforum zeigt. Als wäre die Lage, in der sich der Verein befindet, nicht prekär genug, ist sie auch noch gespickt mit persönlichen Kränkungen. Aufsichtsratschef Banf, der sich mit Grotepaß, Klatt, Bader und de Buhr auf dem Podium den Fragen der Mitglieder stellt, wirkt hilflos: „Ich merke die letzte halbe Stunde, wir hacken nur aufeinander rum." Banf appelliert an die FCK-Familie: „Wir müssen nach vorne", sagt er. Stattdessen gleitet die Stimmung ab. „Es wurde immer persönlicher", meint Banf, „weil das Freundschaften sind, und es ist schiefgegangen." Es wird immer klarer, dass sich die vereinsinternen Konflikte wohl nur durch einen personellen Neuanfang befrieden lassen.

Managementleistung ohne Wertschätzung

Dabei stehen die Zeichen, nachdem am 16. Mai 2019 die Entscheidung für einen Einstieg des Investors Becca gefallen ist, für den FCK so gut wie lange nicht. Ihre Saison schließen die Roten Teufel auf dem neunten Tabellenplatz der 3. Liga ab. Am 3. Juni teilt der DFB mit, dass „alle Klubs, die sich sportlich qualifiziert hatten, die wirtschaftliche sowie die technisch-organisatorische Leistungsfähigkeit nachgewiesen haben". Die FCK-Manager haben es geschafft: Ihr Liquiditätsplan ist aufgegangen und die Zulassung für die Drittligasaison 2019/20 sicher. „Die Erleichterung ist sehr groß", sagt Klatt. „Jetzt können wir uns auf die neue Saison freuen."

Doch die Streitigkeiten um den Einstieg Beccas überschatten jegliches Geschehen. Ein Beispiel dafür ist eine Wortmeldung Bucks. Als Vereinsvorstand trat er schon zurück. Am 18. Mai verkündet er „genervt" via Facebook seinen Rückzug auch als FCK-Markenbotschafter. Die jüngsten Ereignisse, zuvorderst die Entscheidung für Becca als Investor, hätten dem Verein einen „Bärendienst" erwiesen und machten ihn „fassungslos", schreibt Buck. Im Facebook-Post rechnet er mit der Führungsriege ab.

Nach seiner Lesart hätte die regionale Investorengruppe „Gelder abrufbereit zur Verfügung gestellt" und ein „sportliches Konzept mit weitreichenden Investitionen über die nächsten Jahre" verfolgt. „Hier wäre ein Domino-Effekt weiterer regionaler Unternehmer mit weiteren Investitionen entstanden", meint er. „Nicht einmal ein weiteres Darlehen von Quattrex hätte man benötigt." Mit dem Votum für Becca sei „eine Riesenchance für den Verein vertan" worden. Schließlich habe Becca „bis heute nur eine Absichtserklärung (rechtlich nicht bindend) abgegeben" und ein Darlehen angekündigt. Viele Fragen wie die nach der Höhe des Vereinswerts seien offen, und es gebe kein sportliches Konzept, unterstellt Buck. Gleichzeitig bedeute die Rücktrittsforderung an Littig, dass man im Kreise eines Investors wie Becca „Aufsichtsräte und Beiräte zukünftig abschaffen" könne. Und Finanzpartner wie Quattrex könne man gleich alle für den Verein wichtigen Entscheidungen treffen lassen.

Der Post des ehemaligen Fußballprofis Buck, der mit dem FCK 1998 Meister wurde, findet durchaus Anklang in der Fanszene. Beim Investor trifft er allerdings auf Verständnislosigkeit. „Dieser Kerl ist nicht normal", schreibt Becca am 19. Mai in einer internen Mail, die im FCK-Management zirkuliert. Darauf antwortet Bader: „Wir sollten (…) uns nicht beeinflussen lassen." Das seien „die letzten Zuckungen". Möglicherweise werde Hauptsponsor Harald Layenberger „weiter versuchen, Unruhe zu stiften", schreibt Bader in die Runde. „Aber der große Tanker hat sich in die richtige Richtung gedreht und nimmt Fahrt auf. Dann sind wir nicht mehr aufzuhalten."

Derweil läuft die Saisonvorbereitung solide. Aufsichtsratsmitglied Jürgen Kind übernimmt kommissarisch den nach Bucks Rücktritt offenen Vorstandsposten. Als Nachfolger Littigs zieht Bruno Otter, bei der Mitgliederversammlung 2017 als Nachrücker gewählt, in Aufsichtsrat und Beirat. Die neuen Deals mit Investoren, Sponsoren und Partnern gäben dem FCK „die Möglichkeit, über einen längerfristigen Zeitraum Defizite ausgleichen zu können", sagt Bader. Die Becca-Bürgschaft in Höhe von 2,6 Millionen Euro und das weitere Engagement von Lagardère und Quattrex hätten dafür gesorgt, „dass wir Spieler verpflichten und halten können ohne Spieler verkaufen zu müssen". Zu den Leistungsträgern, die bleiben, gehören Dominik Schad, Christian Kühlwetter, Carlo Sickinger und Torwart Lennart Grill.

Becca habe außerdem signalisiert: „Wenn es nicht aufgehen sollte, habt ihr die Sicherheit, dass ich mit meinen finanziellen Mitteln zur Verfügung stehe", erklärt Bader. Das erleichtere zusätzliche Investitionen in den Kader wie den Transfer von Jannik Bachmann. Es geht um zusätzlich 700.000 Euro. Der FCK kalkuliert für die neue Saison mit einem Gesamtumsatz von 15 Millionen Euro. Das Kaderbudget liegt mit rund 5,5 Millionen Euro in der Größenordnung der vergangenen Saison. Auch dass es der Geschäftsführung gelingt, die Betze-Anleihe in Höhe von 6,7 Millionen Euro zum 1. August abzulösen, ist eine nicht hoch genug einzuschätzende Managementleistung. Im Investorentrubel findet sie jedoch kaum Wertschätzung.

„FYI DIE SIND ALLE VERRÜCKT"

Derweil hält sich Bader hinsichtlich des Saisonziels bedeckt. Vermutlich möchte er nicht – wie im Vorjahr – allzu hohe Erwartungen wecken. Allein aus wirtschaftlichen Gründen müsse „der FCK alles dafür tun, um aus dieser Liga herauszukommen", meint Bader. Doch das vordringlichste Ziel sei nun, „langfristig und kontinuierlich etwas aufzubauen". Mit dem Einstieg Beccas sei man nicht länger „getrieben von Wirtschaftlichkeit". Demgegenüber formuliert Becca höhere sportliche Ambitionen. Es gelte, „so schnell wie möglich" den Aufstieg in die 2. Liga zu realisieren. In Interviews spricht der Investor immer wieder großspurig von Zielen wie letztlich sogar der Bundesliga.

Doch solche Sphären sind derart fern vom Existenzkampf in der 3. Liga, dass sie selbst bei FCK-Fans für Kopfschütteln sorgen. Was seine Außendarstellung betrifft, ist Becca miserabel beraten. Für diese Einschätzung spricht auch, dass der neue Investor keine Kommunikationsarbeit gegen die negative Stimmung betreibt. Er ist kaum präsent an der Fanbasis, besucht keine Fanklubs, wirbt nicht in persönlichen Begegnungen bei Fans und Mitgliedern um Vertrauen. Von einem Interview im Portal der-betze-brennt.de abgesehen, ist Becca für viele nicht greifbar und personifiziert daher eher das abstrakte Bild eines Kapitalgebers, der im Hintergrund agiert, als das eines begeisterten FCK-Enthusiasten. Die Figur Becca wirkt entrückt, bevor sie überhaupt angekommen ist.

Die ausbleibende Kommunikationsoffensive Beccas ist nicht ursächlich für die gereizte Stimmung. Doch sie ist ein nicht unwesentlicher Grund dafür, dass der Raum für oppositionelle Strömungen wächst. Vor allem Beccas einstige Rücktrittsforderung an Littig sorgt weiterhin für Empörung. In diesem Zusammenhang wird der Vorwurf eines Satzungsverstoßes immer lauter. Der leitet sich davon ab, dass laut Vereinssatzung die Mitglieder ihren Aufsichtsrat wählen. Eine Rücktrittsforderung an ein gewähltes Aufsichtsratsmitglied und deren Inkaufnahme stünden also der Satzung entgegen, da sie das Votum der Mitglieder untergraben, so die Argumentation. Es sei daher dringend angezeigt, dass die Entscheider – insbesondere Banf, Klatt und Bader – die vermeintlich satzungswidrigen Vorgänge aufklären. Dies solle im Rahmen einer außerordentlichen Mitgliederversammlung geschehen, so die Kritiker. Damit steht die Forderung nach einer solchen Veranstaltung im Raum.

Im Internet braut sich ein Shitstorm über den Aufsichtsräten Banf, Grotepaß und Wüst, den FCK-Managern Klatt und Bader, Vereinsvorstand de Buhr und Investor Becca zusammen. In aufgebrachten und gehässigen Kommentaren, die zuhauf kursieren, ist ungeschminkt bezüglich der Vorgänge beim FCK die Rede von Untreue, Vetternwirtschaft, Verleumdung, Nötigung und Betrug, Satzungsbrüchen und Lügen. Das SWR-Fernsehen berichtet sogar über eine „Widerstandsgruppe", die den Vereinsausschluss von Banf betreibt. Ein interviewter Vertreter dieser nicht näher benannten Gruppe exponiert sich in dem TV-Beitrag mit der Behauptung, dass das Angebot der regionalen Unternehmergruppe um Hans Sachs „deutlich höher dotiert" gewesen sei als Beccas Offerte. Zu sagen, „dass die 2,6 Millionen von Herrn Becca das bessere Angebot waren", sei „schon dreist". Damit wirft er den FCK-Bossen indirekt vor, die Öffentlichkeit zu täuschen. Als Becca vom SWR-Bericht erfährt, leitet er den diesbezüglichen Link im Mailverteiler an die FCK-Bosse weiter. Dazu kommentiert er knapp: „FYI DIE SIND ALLE VERRÜCKT …. FLAVIO".

Am 17. Juni sprechen der Vereinsrat, der Ehrenrat, die Rechnungsprüfer und Vertreter des Aufsichtsrats über die Einberufung einer außerordentlichen Mitgliederversammlung. Im Ergebnis sehen die Gremien davon aber insbesondere aus zeitlichen Gründen ab. Denn ohnehin steht turnusgemäß eine Jahreshauptversammlung an. Man einigt sich darauf, dieses Mitgliedertreffen eben zum „frühestmöglichen Termin" anzusetzen. Zudem wird die Idee für das Mitgliederforum geboren. Damit „soll die Möglichkeit geschaffen werden, die Vorgänge der Vergangenheit aufzuarbeiten", sagt Vereinsvorstand de Buhr.

„Kopfgeld für ein Aufsichtsratsmitglied"

Doch bei jenem Mitgliederforum am 28. Juli 2019 prallen miteinander unvereinbare Positionen aufeinander. Es macht Differenzen sichtbar, führt aber nicht zum Konsens. Obwohl der FCK tags zuvor mit einem 3:1-Sieg gegen Großaspach am zweiten Spieltag der neuen Drittligasaison erfolgreich war, könnte die Stimmung schlechter kaum sein. Becca lässt auch beim Forum die Möglichkeit aus, im Kreise der Mitglieder persönlich zugegen zu sein. Stattdessen punkten die regionalen Unternehmer Sachs und Klaus Dienes mit Präsenz. Sie nutzen die Gelegenheit, abermals für ihr nicht zum Tragen gekommenes Konzept zu werben.

Dabei liefern sie sich Wortgefechte mit dem Podium und sprechen über ihre Motivation: „Treibstoff war auch das unmoralische Verhalten in der Personalie Littig“, sagt Sachs. Es sei nicht zu akzeptieren, „dass Kopfgeld für ein Aufsichtsratsmitglied ausgesetzt wird“. Sachs erklärt, dass er beim Investorenrennen davon ausgegangen sei, unter „gleichen Bedingungen“ anzutreten, und erst zwei Tage vor der entscheidenden Sitzung am 16. Mai erfahren habe, dass das eingeplante Geld von Quattrex und Lagardère „für Herrn Becca gesichert ist und für uns nicht“. Gleichwohl habe man kurzfristig noch signalisiert, die Finanzlücke schließen zu wollen. Schließlich verweist er darauf, dass Beccas Beitrag ja noch kein Eigenkapital, sondern „nur“ ein Darlehen in Höhe von 2,6 Millionen Euro sei.

Wesentliche Fragen lässt Sachs aber unbeantwortet. „Sie hätten viel früher kommen können“, sagt etwa ein Mitglied. Schließlich sei die prekäre Lage, in der sich der Verein befindet, schon lange bekannt. Sich erst lange bedeckt zu halten und nun Kritik am Nichtzustandekommen des Deals zu üben, sei „nicht ehrlich“. Auch Grotepaß erinnert daran, dass die Geschäftsführung fast eine ganze Woche darum bemüht war herauszufinden, wer sich denn hinter dem anonymen Investorenangebot verbirgt. Wie es hätte gelingen sollen, hinsichtlich der Lizenzfrist des DFB den Investorenprozess in wenigen Tagen durchzupeitschen, sei ihm noch immer „ein Rätsel“, sagt Grotepaß. „Es reicht nicht aus zu sagen: ‚Wir können uns vorstellen, dass wir das geben‘, oder: ‚Hier haben wir einen Zettel, auf dem draufsteht, wir sind in der Lage das zu bezahlen‘, oder: ‚Ich zahl’s mal unter Vorbehalt‘ – das funktioniert nicht, nicht beim DFB.“

Doch es gelingt den FCK-Bossen beim Mitgliederforum nicht, mit ihren Argumenten mehrheitlich zu überzeugen. Das hängt auch damit zusammen, dass immer wieder prominente Kritiker der Klubführung wie der entlassene Ex-Vorstand Keßler auftreten. Ebenso ist Littig auf Konfrontationskurs zur amtierenden Führung. Unter anderem wirft auch er hinsichtlich der Rücktrittsforderung Beccas an ihn Satzungsfragen auf und stellt sogar in den Raum, dass der Vorgang als „Nötigung, Drohung und so weiter“ in den Bereich des Strafgesetzbuchs fallen könnte. Aus seiner Sicht brauche es den „verbindlichen Rahmen“ einer Mitgliederversammlung, um die Geschehnisse der vergangenen Monate aufzuarbeiten. Dort wolle er einen „Deckel draufmachen“ und „diesen Laden endlich wieder auf einer guten Basis nach vorne bringen“. Denn: „Einem Herrn Banf, einem Herrn Klatt, einem Herrn Bader und einem Herrn de Buhr vertraue ich in keinster Weise mehr!“, ruft er.

Als das Mitgliederforum kurz darauf abermals um Beccas Rücktrittsforderung kreist, will Grotepaß zum Ausdruck bringen, dass Becca formal überhaupt keine Handhabe hatte, Littig als gewähltes Aufsichtsratsmitglied zum Aufgeben zu zwingen. Wie sehr Becca an seinem LOI, dessen Frist zum Zeitpunkt von Littigs tatsächlichem Rücktritt auf der Beiratssitzung am 16. Mai ja längst abgelaufen war, noch festgehalten hätte, sei ebenfalls nicht klar gewesen. Daher fragt Grotepaß provokant ins Auditorium: „Hat jemand mit der Pistole hinter ihm [Littig, d. Autor] gestanden und gesagt, tritt zurück?“ Das ist der Moment, in dem Littig aufspringt und lospoltert. Dass er bedroht worden sei, ruft er aufgebracht in den Saal, und dass er Angst um sein Leben gehabt habe. „Es ist eine Riesenschweinerei!“

Es ist der Tiefpunkt der Veranstaltung. Er zeigt: Die Fronten sind verhärtet, die Gräben tief. Nicht einmal die Ankündigung de Buhrs, dass man zum Jahresende den lang gehegten Wunsch der FCK-Anhänger, nämlich einen Aktienkauf für Mitglieder als ersten Schritt zur Öffnung der Fansäule, umsetzen wolle, dreht die Stimmung. „Wir haben hier zwei Lager“, sagt ein Vereinsmitglied am Ende des Mitgliederforums und schiebt nach: „Aus meiner Sicht werden wir nie wieder *ein* Lager werden, solange Sie, Herr Banf, da vorne in der Mitte sind!“

Der Ruf nach einem reinigenden Gewitter auf einer außerordentlichen Mitgliederversammlung wird lauter. Das Vereinsmitglied Johannes Remy tritt auf. Remy spricht nach eigenen Angaben auch für den nicht anwesenden Ken Kinscher. Beide Vereinsmitglieder sind meinungsstarke Schreiber in Internetforen. Sie seien sich einig darin, dass sie „ab heute Nachmittag anfangen, Unterschriften zu sammeln“, sagt Remy. Um eine außerordentliche Mitgliederversammlung zu erzwingen, brauchen sie die Zustimmung von mindestens 600 Mitgliedern. Wenige Stunden später startet die Webseite www.fck-jetzt.de. Darauf wirbt die neue Initiative „FCK Jetzt!“ um Unterschriften. Als Ansprechpartner treten Remy und Kinscher auf. Die Umwälzung am Betze beginnt. Und die von Becca geforderte Ruhe ist weiter entfernt denn je.

SZENE 6

Die Architektur stürzt ein

„Der Fisch stinkt vom Kopf her"

Das Debakel beginnt in der siebten Spielminute. Nach einem verkorksten Schuss vom Münchner Sascha Mölders fischt Torhüter Lennart Grill den Ball von der Linie, doch Dominik Schad stolpert dem Keeper entgegen und flippert den Ball mit dem Knie unglücklich ins Netz. Eigentor. Dann die 48. Minute: Ein harmloser Fehlpass von Benjamin Kindsvater trudelt im Strafraum der Lauterer auf José-Junior Matuwila zu. Der FCK-Abwehrspieler bekommt keine Kontrolle über den Ball, und seine missglückte Annahme wird zum Querschläger ins eigene Tor – vorbei am überrumpelten Grill. Mit stümperhaften Aktionen schlägt sich der FCK selbst. 1:3 verliert er das Duell am 28. September 2019 bei 1860 München und rutscht mit zehn Punkten am zehnten Spieltag auf einen Abstiegsplatz.

Der sportliche Zerfall schreitet voran. Keines seiner Ligaheimspiele – vom spektakulären 2:0-Sieg gegen Bundesligist Mainz im DFB-Pokal abgesehen – hat der FCK in der bisherigen Saison gewonnen. Nicht einmal der Trainerwechsel fruchtet: Mit nur neun Punkten aus acht Spielen und nach einer blamablen 1:6-Niederlage beim SV Meppen am 14. September ist die Entlassung von Sascha Hildmann unvermeidlich. Als Nachfolger stellt FCK-Sportgeschäftsführer Martin Bader wenige Tage später Boris Schommers vor.

Vor allem für Bader, dessen Vertrag zum Jahresende 2019 ausläuft, ist die Tabellensituation ein schlechtes Zeugnis. Schließlich verwies er in der Investorendebatte stets auf sein sportliches Konzept. Nun muss er erleben, wie die von ihm zusammengestellte Mannschaft dem Abstieg entgegentaumelt und die Fankurve „Bader raus!" ruft. Allein das wäre unter gewöhnlichen Umständen schon Grund genug, das Management zu hinterfragen. Doch auch unabhängig vom sportlichen Misserfolg verdichtet sich seit dem Mitgliederforum die Kritik an den FCK-Bossen.

Während die von Ken Kinscher und Johannes Remy personifizierte Initiative „FCK Jetzt!" für eine außerordentliche Mitgliederversammlung trommelt, melden sich zunehmend Altfunktionäre und Ex-Spieler zu Wort, so auch im „Layenberger Fantalk". Für das Format eines lokalen Radiosenders ist FCK-Hauptsponsor Harald Layenberger der Namensgeber. Es findet in einer Fankneipe statt und wird live in Radio und Internet übertragen. Mit vollen Biergläsern auf den Tischen wird darin die Lage beim FCK seziert, bisweilen gespickt mit Plattitüden wie „Der Fisch stinkt vom Kopf her".

Firmenchef Layenberger tritt hin und wieder selbst in der Sendung auf. Dabei sagt er einmal, er befinde sich in einem leidenschaftlichen „Wir-mögen-uns-nicht-Krieg" mit dem FCK-Aufsichtsratsvorsitzenden Patrick Banf. Es ist nicht verwunderlich, dass unter solchen Vorzeichen seitens des FCK keine Offiziellen in die Radioshow kommen. Der Hinweis des Moderators auf nicht angenommene Einladungen vermag es derweil nicht, dem streckenweise recht einseitigen Eindruck, den das Format hinterlässt, eine korrigierende Ausgewogenheit zu verleihen.

Etwa wirft in der Talkrunde vom 7. August der ehemalige Fußballprofi und kurzzeitige FCK-Vorstand Andreas Buck den FCK-Bossen unverblümt Planlosigkeit vor. Er bemängelt das Fehlen „eines Konzepts, eines Plans, wie wir erfolgreich sein werden". Dazu grantelt der einstige FCK-Profi Fritz Fuchs, dass er im Verein „schon seit Jahren eine gradlinige Ehrlichkeit" vermisse. Es müsse endlich „für den FCK gearbeitet werden und nicht in die eigene Tasche". Fuchs nährt Verschwörungstheorien mit Formulierungen wie der, dass beim FCK „Leute hintendran die Fäden ziehen", oder mit der Rede von „Mauschelei".

Letztendlich sind sich in der Radiosendung alle einig: Eine außerordentliche Mitgliederversammlung (AOMV) muss her. „Wir brauchen die Einigkeit, nur die bringt uns Erfolg", sagt Layenberger. Es stünden Fragen im Raum, die zu klären seien. „Das ist auf dem Mitgliederforum nicht in Gänze passiert." So sieht es auch Remy, der im „Layenberger Fantalk" eine Plattform findet, um für das Anliegen der Initiative „FCK Jetzt!" und deren Unterschriftensammlung zu werben. „Wer diese außerordentliche Mitgliederversammlung will, der muss unterschreiben", sagt er. Zu den Kernthemen der Initiative zählt die einstige Rücktrittsforderung Flavio Beccas an das inzwischen ehemalige Aufsichtsratsmitglied Michael Littig, die nach Lesart der Aktivisten mit der Vereinssatzung in Konflikt steht. Mit dieser Einschätzung sieht sich die Initiative nach eigenen Angaben auf einer Argumentationslinie mit dem Ehrenrat des Vereins.

Ein weiterer ihrer Kritikpunkte ist, dass Becca bislang lediglich eine Bürgschaft gegeben, aber noch kein Eigenkapital eingebracht hat. Dies berge die Gefahr, dass der Investor den Klub per Kreditvergabe kontrollieren wolle. Demgegenüber wolle das von der Mitgliederversammlung beschlossene Vier-Säulen-Modell doch gerade den übermächtigen Einfluss eines einzelnen Investors verhindern. In diesem Zusammenhang kritisiert die Initiative, dass sich bislang noch keine Fans und Mitglieder beim FCK ins Investorenportfolio – in die sogenannte Fansäule – einbringen können.

Dass die Klubführung dem Wunsch nach einer AOMV nicht folgt, sondern darauf verweist, dass ohnehin eine turnusgemäße Jahresversammlung ansteht, empfindet die Initiative offenbar als empörend. Die Vereinsführung tue alles dafür, eine AOMV zu verhindern, die eine Abwahl des Aufsichtsrats zur Folge haben könnte, behaupten die Aktivisten.

Nicht zuletzt geht es der Initiative wohl darum, den Aufsichtsrat zu kippen beziehungsweise zumindest ein Vertrauensvotum über die Gremienmitglieder herbeizuführen. So macht sie mit dem Drohpotenzial ihrer Unterschriftensammlung den Vorschlag, die turnusgemäße Wahl des Aufsichtsrats um ein Jahr, nämlich auf die kommende Mitgliederversammlung, vorzuziehen. Remy sagt im Radio: „Wir werden unseren Antrag auf eine außerordentliche Mitgliederversammlung in dem Moment zurückziehen, wo ein solcher Mittelweg als Kompromiss gegangen wird, der im Sinne des Vereins und des zukünftigen Zusammenlebens im Verein ungeheuer wertvoll ist."

Kritik an der Klubführung ist en vogue und gehört in diesen Tagen auch zum Sound im Stadion. So zeigen Fans am 18. August beim Heimspiel gegen Braunschweig große Spruchbanner. Darauf steht: „AOMV – AUFKLÄRUNG" und „AUFKLÄRUNG = RUHE!" Doch die Frage ist, welcher Sachverhalt denn noch einer weiteren Aufklärung bedarf. Selten zuvor wurde über Vorgänge beim FCK öffentlich so dezidiert gestritten wie in den vergangenen Wochen. Die Positionen – auch Kontroversen – sind spätestens seit dem Mitgliederforum hinlänglich bekannt. Was viele Fans mit „Aufklärung" in Wirklichkeit meinen, ist in Dutzenden Internetkommentaren zu lesen: ein Tribunal über die Riege um Banf.

In dieser Gemengelage treten unverhofft einige ehemalige FCK-Protagonisten auf. Darunter ist der einstige Nationalspieler Martin Wagner, der 1998 mit dem FCK Meister und 1996 Pokalsieger wurde. Ihm blute das Herz, schreibt er via Facebook. Viel sei ihm zugetragen worden, was den FCK und seine Führung betrifft. Offene und ungeklärte Fragen gelte es klar und deutlich zu beantworten, damit man in die Zukunft schreiten könne. Genauso wird Ex-Spieler Thomas Dooley, Meister 1991, in Sportmedien zitiert, dass es mit dem FCK doch schon seit Jahren bergab gehe. Doch wo waren Wagner und Dooley in dieser Zeit? Zumindest bei den wichtigen Mitgliederversammlungen spielten sie keine aktive Rolle.

Desgleichen tut sich Axel Roos, mit über 300 Ligaspielen, zwei Meistertiteln und zwei Pokal-Gewinnen einer der verdientesten FCK-Spieler, hervor: „Das ganze Problem, was der FCK im Moment hat, kommt von ganz oben." Da die meisten der Funktionäre nicht aus der Stadt kämen, sei es nicht verwunderlich, dass es mit der Mentalität nicht stimme. Und: „Wenn man in der Führung Sachen erzählt, die vielleicht nicht ganz der Wahrheit entsprechen, dann macht sich der eine oder andere Spieler auch seine Gedanken, und das spiegelt sich auf dem Platz wider", sagt Roos in einer Ausgabe des „Layenberger Fantalks". In ähnlicher Weise ätzt Buck gegen das Management. In Bezug auf den auslaufenden Vertrag Baders sagt er im SWR-Fernsehen: „Es gibt bestimmt sehr gute Alternativen, und den Vertrag nur zu verlängern, weil der Beirat oder die Gremien vielleicht nicht diese Erfahrung haben im sportlichen Bereich oder vielleicht nicht diese Ahnung haben, das finde ich dann schon sehr fahrlässig."

Auf einen weiteren Tiefpunkt steuern die Querelen zu, als Layenberger am 11. August 2019 via Facebook einen Post absetzt. Darin erregt er sich darüber, dass seine Fanloge im Stadion „als ‚Keimzelle des Bösen' bezeichnet wird, dass dadurch Neid und Hass entsteht" und ihm zudem „von offizieller Seite unterstellt wird, nur die Feinde der Vereinsführung einzuladen". Im weiteren Verlauf des längeren Posts bemängelt er überdies, dass beim FCK „zurzeit Tradition, lange gelebte Werte und das Zusammengehörigkeitsgefühl mit Füßen getreten" würden. Exemplarisch weist er darauf hin, dass aktuell sogar „strafbewährte Unterlassungserklärungen" kursieren.

Worum es ihm konkret geht, schreibt Layenberger nicht: In diesen Tagen wehren sich Dieter Buchholz, Patrick Banf und Flavio Becca gegen aus ihrer Sicht beleidigende und unwahre Aussagen. Aber mit ihrem Schachzug, juristisch gegen Vereinsmitglieder vorzugehen, bringen sie sich eher selbst in die Bredouille, als dass er ihnen nützt. Denn ob ihr Anliegen berechtigt ist oder nicht – manche Fans empfinden es als fragwürdig, dass sich potente Unternehmerpersönlichkeiten nicht anders als mit einem „juristischen Maulkorb" zu helfen wissen. In diese Kerbe schlägt Layenberger. Mit seinem Post appelliert er an das Zusammengehörigkeitsgefühl im Verein. Beleidigungen und Unwahrheiten wolle er nicht gutheißen, doch in der FCK-Familie müssten sich Meinungsverschiedenheiten anders regeln lassen als mit teuren Rechtsanwälten.

Die juristischen Auseinandersetzungen treiben weitere Blüten, als Buchholz sich über das Fanforum der-betze-brennt.de zu Wort meldet.

Daraufhin spielt sich seine Konfrontation mit einem Wortführer der im SWR als solche bezeichneten „Widerstandsgruppe" in den Kommentarspalten des Forums öffentlich ab. Im Groben geht es abermals um das verzerrte Bild von Buchholz als Strippenzieher im Hintergrund, der vermeintlich mit Becca über FCK-Angelegenheiten verhandelt. Dazu erklärt Buchholz, er wolle sich „die Verbreitung ehrabschneidender Unwahrheiten" nicht länger bieten lassen und setze sich gegen „Erfindungen, Gerüchte und Unterstellungen" zur Wehr. Das führt zu einer Welle emotionaler Kommentare weiterer Diskutanten. Der Schlagabtausch ist im Grunde nebensächlich, doch er veranschaulicht, wie sehr beim FCK gestritten wird.

Gleichwohl gelingt es der Initiative „FCK Jetzt!" offenbar nicht, die nötige Anzahl an Unterschriften zur Einberufung einer AOMV zusammenzukriegen. Am 28. August teilen Remy und Kinscher über die Webseite der Initiative mit, ihren Antrag vorläufig zurückzustellen. Natürlich tun sie dies nicht, ohne die aus ihrer Sicht fehlende Kooperationsbereitschaft der Vereinsverantwortlichen hinsichtlich ihres Anliegens zu geißeln. Man habe sich einem „permanenten Spiel auf Zeit" gegenübergesehen. „Letztlich ist das komplette Handeln darauf gerichtet, Mitglieder von Informationen abzuschneiden und die Willensbildung im Verein einseitig zu beeinflussen", behaupten Remy und Kinscher auf der „FCK Jetzt!"-Webseite.

„Wie man auf dieser Basis Mitglieder einen will, ist uns schleierhaft. Der Aufsichtsrat hat sich offensichtlich daran gewöhnt, es weder mit der Satzung noch mit der geltenden Rechtslage besonders genau zu nehmen." Mit ihrem Anliegen sehen sich beide als Kämpfer für die gute Sache im Recht. Sie stellen sogar hochtrabend die Option in den Raum, den Verein zu verklagen, um ihre „Rechte als Mitglieder wahrnehmen zu können". Nach reiflicher Abwägung hätten sie sich jedoch gegen eine weitere Eskalation entschieden. Stattdessen rufen sie nun dazu auf, die anstehende Mitgliederversammlung zu besuchen und dort der aktuellen Führung zu zeigen, „wer das oberste Gremium, der Souverän in unserem Verein ist".

„Paul, was hält Dich?"

Während es an der Basis brodelt, sortiert sich die Vereinsspitze neu. Nach dem Buck-Rücktritt beruft der Aufsichtsrat am 19. September Markus Römer und Tobias Frey zu Vorständen. Beide sind lange Jahre Aktivposten im Verein, Römer in der Leichtathletikabteilung, Frey beim Triathlon. De Buhr bleibt Vorstandsvorsitzender. Aufsichtsratsmitglied

Kind, der zeitweise kommissarisch im Vorstand war, kehrt ins Kontrollgremium zurück. Damit ist der Aufsichtsrat mit Banf, Grotepaß, Kind, Wüst und dem für Littig nachgerückten Bruno Otter personell wieder komplett. Im Aufsichtsrat des Vereins tritt Jochen Grotepaß die Nachfolge von Littig als Vorsitzender an. Im Beirat bleibt Banf Vorsitzender.

Doch bald kommt es im Aufsichtsrat des Vereins und im Beirat der Management GmbH abermals zu einem Wechsel: Wüst gibt den Posten als stellvertretender Aufsichtsrats- und Beiratsvorsitzender ab. Er will zwar in den Gremien Mitglied bleiben, aber kürzertreten. Am 25. September erklärt er via Facebook den Mitgliedern seinen Schritt mit „gesundheitlichen Gründen" – insbesondere der „psychischen Belastung, die die Vorgänge der letzten Wochen und Monate zwangsweise bei einem engagierten Mandatsträger auslösen müssen".

In komplexen Entscheidungsprozessen könne man nicht immer jedem alles rechtmachen. So habe es gerade beim FCK zuletzt „viele enttäuschte Mitglieder und Fans gegeben", schreibt Wüst. Der Druck auf die Gremienmitglieder sei immens. „Beschimpfungen und Beleidigungen waren an der Tagesordnung." Dies bringe das Engagement im Ehrenamt an Grenzen. Er habe seine Entscheidungen stets gewissenhaft getroffen. Gleichwohl werde er „plötzlich als Verräter, Umfaller, Versager beschimpft". Dem wolle er sich entziehen. Für die Zukunft des FCK sei es wichtig, wieder mehr Toleranz, Akzeptanz und Respekt walten zu lassen. Mit Becca als Großinvestor sei die Basis für eine finanzielle Stabilisierung gelegt.

Die Meldung, von der sich Wüst wohl einen Befreiungsschlag erhofft, bewirkt das Gegenteil. In die Kommentare zum Post schaltet sich auch Layenberger ein. „Ich bin mit vielen hier der gleichen Meinung, dass Beschimpfungen und Beleidigungen, Verunglimpfungen und Diffamierungen nicht die richtigen Reaktionen sind", schickt er voraus. Gleichzeitig geht er hart mit Wüst ins Gericht. Er wirft ihm vor, „in vielerlei Hinsicht" eine Schuld an der Situation des Vereins zu tragen. Layenberger erinnert an die „Allianz dreier Verwaltungsräte, die mich im Januar inständig baten, eindeutig Stellung zu beziehen und ihnen bei ihrem Vorhaben den Rücken zu stärken, und die mich dann durch ihr Abstimmungsverhalten eiskalt auf die Lichtung gestellt haben und zum Abschuss freigegeben haben".

Damals ging es um die Abwahl von Banf. Hier sei Wüst „der Umfaller" gewesen, wirft Layenberger ihm vor. Daher habe er dem Trio damals „eitrige Pickel ins Gesicht gewünscht". Wüst sei im weiteren Verlauf „mitverantwortlich für die Satzungsverstöße" und habe als „Zünglein an der

Waage“ großen Anteil am Rücktritt Littigs. Layenberger fordert Wüst auf, nicht nur seine Ämter als Vize-Vorsitzender der Gremien niederzulegen, sondern sich komplett zurückzuziehen. „Paul, was hält Dich? Warum machst Du nicht Nägel mit Köpfen?“, schreibt er. „Letztendlich zählt die Ehrlichkeit, und dazu ist es nie zu spät.“

In diesem gereizten Klima finden sich die Roten Teufel abermals im Abstiegskampf wieder. Als Schad am 28. September mit seinem Eigentor gegen 1860 München die nächste Niederlage einleitet, wächst in der Fanszene der Unmut. Auch unter denen, die sich vorwiegend fürs Sportliche und weniger für die Vereinspolitik interessieren, regt sich Protest. Einen Tag später, am 29. September, findet eine Telefonkonferenz statt, die die Architektur, auf der die Zukunftsplanung des FCK beruht, endgültig einstürzen lässt.

Eine verhängnisvolle Telefonkonferenz

Eigentlich hatte der Beirat die Geschäftsführung der Management GmbH damit beauftragt, bis zum 30. September einen unterschriftsreifen Vertrag für den Einstieg Beccas vorzubereiten. Das Papier sollte die Festlegung des Vereinswerts auf 45 Millionen Euro beinhalten. Der Einstieg Beccas sollte mit 3,3 Millionen Euro bemessen sein. Dabei sollten die 2,6 Millionen Euro, die der Investor bereits als Bürgschaft hinterlegt hatte, um 700.000 Euro für die Absicherung weiterer Transfers aufgestockt werden.

Zur Telefonkonferenz am 29. September, in der sich die Beiratsmitglieder austauschen wollen, lädt Banf auch Becca ein. Da es möglicherweise um sportliche Entscheidungen mit finanziellen Auswirkungen gehen könnte, möchte Banf den designierten Ankerinvestor, der kurz vor Vertragsunterzeichnung steht, einbinden. Doch die Konferenz gerät aus dem Ruder, und am Ende teilt der FCK in einer Pressemeldung mit, dass der zum Jahresende auslaufende Kontrakt mit Sportgeschäftsführer Bader nicht verlängert wird. Diese Meinung vertritt der Beirat laut Vereinsmeldung „einheitlich“.

Angesichts der sportlichen Talfahrt ist die Trennung von Bader nachvollziehbar. Doch aus der Telefonkonferenz gehen noch weitere personelle Konsequenzen hervor: Wüst tritt von seinen Ämtern im Aufsichtsrat des Vereins sowie im Beirat der Management GmbH komplett zurück, und auch Jürgen Kind schmeißt hin. Dafür kommen die gewählten Nachrücker Fuchs und Wolfgang Rotberg in den Aufsichtsrat. „Die Beschimpfungen, Denunziationen und Rücktrittsforderungen, denen ich ausgesetzt bin, kann ich aus gesundheitlichen Gründen einfach nicht mehr weiter ertragen“, begründet Wüst seine Entscheidung.

Kind wiederum erklärt seinen Rücktritt in einem Facebook-Post damit, dass er die Entscheidung, Bader nicht umgehend zu beurlauben, sondern ihn noch bis zum Vertragsablauf am Jahresende zu beschäftigen, „nicht mittragen“ könne. „Außerdem macht es für mich nach diversen Vorfällen aus den letzten zwölf Monaten absolut keinen Sinn mehr, mit einem Patrick Banf weiterhin zusammenzuarbeiten.“ Später spricht Kind von einem „völlig zerrütteten Verhältnis“. Darüber hinaus behauptet er, Becca bringe sich mit gewichtiger Meinung ins Vereinsgeschehen ein. Das sei „nicht unproblematisch“. Natürlich hätten Geldgeber „ein gewisses Mitspracherecht“. Doch Becca habe „bisher noch nichts investiert“ und noch kein Eigenkapital gezeichnet – „und dafür ist dann die Einflussnahme schon erheblich“, so Kind.

In Folge der Rücktritte klingen der Beiratsvorsitzende Banf und der Aufsichtsratsvorsitzende Grotepaß in einem gemeinsamen Statement wie verzweifelte Rufer in der Wüste. Hinsichtlich der Entscheidung, Bader nicht sofort freizustellen, sagt Banf, dass es doch wichtig sei, „keine emotionale Kurzschlussentscheidung zu treffen“. Man wolle mit Bedacht die sportliche Leitung neu aufstellen. Es helfe nicht weiter, die Verantwortlichen ohne personelle Alternative wegzuschicken. „Entscheidend ist jetzt, dass die kurzfristige Handlungsfähigkeit des Vereins auch im sportlichen Bereich erhalten bleibt“, sagt Grotepaß. „Wir dürfen als Gremium keine Entscheidungen aus emotionalen Gründen, dem Druck von außen oder gar blindem Aktionismus treffen.“

Doch der Druck von außen auf die Führung ist unermesslich. „Treibt sie aus dem Stadion!“ „Jagt sie vom Berg, und rettet, was uns heilig ist!“ Das sind Kommentare in Fanforen zum neuen Personalchaos in der Führungsriege. Und kurz nach der turbulenten Telefonkonferenz, bei der sich Kind und Wüst von ihren Ämtern verabschieden, treten plötzlich vier weitere Protagonisten als personelle Alternativen hervor. Es sind keine Unbekannten: der Ex-FCK-Vorstand Rainer Keßler, der ehemalige Weltschiedsrichter Markus Merk, der einstige Nationalspieler Wagner und Martin Weimer, ehemaliges Vorstands- beziehungsweise Präsidiumsmitglied beim SC Freiburg.

Aufgrund der aktuell angespannten Situation beim FCK erklären sie sich dazu bereit, Verantwortung zu übernehmen – sollten die Mitglieder bei der anstehenden Jahreshauptversammlung am 20. Oktober den amtierenden Aufsichtsräten das Vertrauen entziehen. Der sportliche Absturz und die existenzgefährdende wirtschaftliche Situation sind für sie die naheliegenden Wahlkampfthemen. Zudem legen sie den Finger in die Wunde des Managements: Sie verweisen darauf, dass das Vier-Säulen-Modell, bei dem viele Fans und Mitglieder weiterhin die Öffnung der Fansäule vermissen, bislang noch nicht realisiert ist. Mit Keßler, Merk, Wagner und Weimer bekommt die Opposition prominente Gesichter.

Das Quartett begibt sich in ein Fahrwasser, in dem es ihm leichtfällt, Zustimmung zu erlangen. Nach dem desaströsen Spiel gegen 1860 München sind beim nächsten Heimspiel am 5. Oktober weitere Protestbanner zu sehen. „DAS BERÜHMTE LAUTRER MODELL – MITSPRACHERECHT OHNE INVESTITION!" und „HÖRT AUF UNS ZU VERARSCHEN!" sind Slogans. Dass die Roten Teufel das Spiel gegen Jena mit 3:1 gewinnen, hellt die Stimmung nicht auf. Im Gegenteil: Am 8. Oktober vermeldet der FCK, dass die Aufsichtsräte und Beiräte Banf, Grotepaß und Otter ebenfalls zurücktreten. Lediglich kommissarisch bleiben sie noch im Amt.

Mit der Entscheidung wolle man „den Weg für einen echten Neuanfang freimachen", erklärt Banf. Der Klub müsse „zu einer von Respekt geprägten Diskussionskultur" zurückfinden. Es zeige sich „eine große Unzufriedenheit bei unseren Mitgliedern", so Otter, „die sich teilweise in persönlich diffamierenden Kommentaren und Angriffen gegen uns niederschlägt". Diese Konfrontation wolle man auflösen.

Da mit Otter, Fuchs und Rotberg das Kontingent an Nachrückern, die frei werdende Posten besetzen könnten, ausgeschöpft ist, wird für die laufende Amtsperiode, die noch ein Jahr dauert, formal eine Nachwahl von mindestens drei Aufsichtsräten erforderlich. Um entsprechende Bewerbungsfristen einzuhalten, wird dafür die eigentlich am 20. Oktober vorgesehene Mitgliederversammlung auf den 1. Dezember verschoben. Wenige Tage später, am 22. Oktober, vermeldet der Verein, dass Manager Michael Klatt „auf eigenen Wunsch zum 31. Dezember 2019" ebenfalls den Klub verlässt. Damit löst sich nach dem Aufsichtsrat des Vereins und damit verbunden dem Beirat der Management GmbH auch deren Geschäftsführung vollständig auf.

Derweil bringt sich das Quartett um Keßler und Merk in Stellung …

SZENE 7

Das Team Merk und die „schnelle Eingreiftruppe“

„Unser größtes Problem ist die Zeit“

„Mein Elternhaus steht 300 Schritte hinter der Westtribüne.“ Und unmittelbar nach der Geburt – „ich war zwei Stunden alt“ – habe ihn sein Vater, das FCK-Urgestein Rudi Merk, bereits im Verein angemeldet. Das Fritz-Walter-Stadion sei also wie sein „Kinder- und Jugendzimmer“, schwärmt Markus Merk. Und dann war da vor wenigen Wochen dieser Mittwochabend. Rainer Keßler habe ihn gefragt, ob er nicht das Gesicht eines Teams sein kann, das beim FCK Verantwortung übernehmen und den Klub retten will. „Ich saß zu Hause und habe gesagt: Ja. Ich würde es mir irgendwann nie verzeihen, es nicht versucht zu haben.“

Man kann nicht sagen, dass Merk am Pathos spart. Der ehemalige Weltschiedsrichter beherrscht es, seine Zuhörer zu fesseln. Zwar wirkt sein Sprachduktus bisweilen pastoral und übertrieben bedeutungsschwanger. Doch damit lädt Merk seine Botschaften emotional auf. Der Zahnarzt ist an große Bühnen gewöhnt: Als Weltschiedsrichter leitete er Spiele mit globalen Fußballstars, als TV-Experte waren seine Kommentare in Fußballsendungen gefragt, und mit Motivationsvorträgen inspirierte er Topmanager. Merk hat nicht nur Geschichten zu erzählen, sondern er weiß auch, *wie* das geht.

Nun tritt er also als Gesicht des „Teams Merk“ auf, jener Gruppe, die Ex-Vorstand Keßler zusammengetrommelt hat. Fünf Kandidaten sind sie, die den Aufsichtsrat des FCK besetzen wollen. Die Außendarstellung des Teams ist ganz auf das Aushängeschild Merk zugeschnitten. Und die Medien springen darauf an, finden sie für ihre Berichterstattung in dem charismatischen Ex-Schiedsrichter doch eine schillernde Figur mit internationaler Reputation. Im Vorfeld der anstehenden Mitgliederversammlung beim FCK nutzt Merk diesen Nimbus. In den Talkshows regionaler Sender betreibt er regelrecht Wahlkampf für sein Team.

Darin hat jeder eine bestimmte Rolle: Neben dem als strategisches Mastermind auftretenden Keßler und dem Kommunikator Merk ist da der ehemalige Nationalspieler Martin Wagner, der fürs Sportliche und den Fankontakt zuständig ist. Dann gibt es den Banker Martin Weimer, einst Präsidiumsmitglied beim SC Freiburg, der als Finanzexperte fungiert. Und schließlich hat Keßler für seine Sache noch den Schweizer Wirtschaftsrechtsprofessor Jörg Wilhelm gewonnen, der fürs Juristische steht. Das Team vereine unterschiedliche, für den Klub überlebenswichtige Kompetenzen, und die Gruppe engagiere sich ehrenamtlich, keiner spekuliere auf einen bezahlten Posten, erklärt Merk. „Es ist nicht geplant, dass wir aktuell und in Zukunft irgendeine Position aus dem Aufsichtsrat heraus besetzen."

Doch für alle fünf aus der Merk-Gruppe ist kein Platz im Aufsichtsrat. Zwar sind in den vergangenen Wochen die gewählten Mitglieder des Gremiums komplett zurückgetreten, aber mit Fritz Fuchs und Wolfgang Rotberg gibt es noch zwei verbliebene gewählte Nachrücker. Während Rotberg ankündigt, sich bei der Mitgliederversammlung erneut der Wahl zu stellen, bleibt Fuchs im Amt. Das heißt: Es kommt nicht zu einer Neuwahl des kompletten fünfköpfigen Aufsichtsrats mit einer vollen Amtsperiode von drei Jahren, sondern lediglich zu einer Nachwahl für die vier offenen Posten. Entsprechend dauert die laufende Legislaturperiode fort, und die Amtszeit für das neue Ensemble bleibt bei einem Jahr.

Außerdem können, da Fuchs im Amt bleibt, aus dem fünfköpfigen Team Merk höchstens vier in den Aufsichtsrat kommen. Dabei konkurrieren sie mit Rotberg und dem zusätzlichen Kandidaten Christian Bettinger um die Wählergunst. Jedoch hat das Team Merk, um trotzdem komplett in den Aufsichtsrat einziehen zu können, eine Lösung parat. Dafür will es einen Passus der Vereinssatzung nutzen. Die sieht nämlich vor, dass die gewählten Aufsichtsratsmitglieder weitere Personen ins Gremium berufen können. Entsprechend kündigt Merk an, dass diejenigen Teammitglieder, die in den Aufsichtsrat gewählt werden, unmittelbar den oder die anderen nachberufen. „Es ist kein Klüngel", sagt er, „sondern es geht darum, dass wir alle Kompetenzen bündeln müssen."

Damit ist es bereits vor der Wahl höchstwahrscheinlich, dass das Team Merk in Zukunft die Geschicke des FCK bestimmt. Mit dieser Sicherheit schmiedet das Quintett Pläne. Schon Wochen vor der Mitgliederversammlung führen sie strategische Gespräche und setzen ihre Agenda. „Unser größtes Problem ist die Zeit", sagt Merk. „Wir brauchen eine starke Geschäftsführung." Das sei die „primäre Aufgabe". Schließlich scheiden die FCK-Geschäftsführer Michael Klatt und Martin Bader zum Jahreswechsel aus. Es droht ein Vakuum. Dem wolle man entgegenwirken. „Wir haben einen Nachfolger", stellt Merk für den Fall der Mandatserteilung ans Team Merk in Aussicht. Es handele sich um einen erfahrenen Fußballmanager, der sportliches und kaufmännisches Know-how in einer Person vereine.

Es gehe darum, den „Verein schnellstmöglich handlungsfähig zu machen". Eine „mobile und schnelle Eingreiftruppe" soll am 2. Dezember, also unmittelbar nach der Mandatserteilung, die Geschäftsstelle umkrempeln. Mithilfe externer Wirtschaftsprüfer will Merk die Finanzlage des Klubs analysieren. Möglicherweise täten sich hier „Punkte, die wir noch gar nicht überschauen können", auf. Nebulös sagt er an die Fans gerichtet: „Ihr verlangt Ehrlichkeit – wer Ehrlichkeit verlangt, der muss unter Umständen aber auch die Wahrheit ertragen können."

Aber was erwartet er, bei der Finanzprüfung zu finden? Dass beim FCK in der 3. Liga ein jährliches Millionendefizit klafft, weiß, wer die Mitgliederversammlungen des Klubs regelmäßig besucht. „Es ist nicht unser Ziel, persönlich nach hinten zu kehren", sagt Merk. „Aber wenn es rechtlich, fachlich und sachlich notwendig ist, haben wir im Sinne der Mitglieder die Verantwortung, das zu tun." Damit segelt er durchaus im Fahrwasser derjenigen, die der amtierenden Klubführung gravierendes Fehlverhalten vorwerfen.

Das Team Merk inszeniert sich als tatkräftig. Sogar in Sachen Investorensuche ist es im Vorfeld der Mitgliederversammlung aktiv. Ende November findet ein Treffen mit dem potenziellen Ankerinvestor Flavio Becca in Luxemburg statt. „Es war ein bewegender Tag für Rainer Keßler, mich und insgesamt für unser Team", sagt Merk dazu. Er spricht von einem „unfassbar atmosphärisch guten Gespräch", „einem offenen Meinungsaustausch" und der „Basis, dass die Türen geöffnet sind". Konkret habe man nichts verabredet, doch man wolle sich „nach der Mandatserteilung mit Flavio Becca und seinem Team wieder treffen". Weiterhin sei alles möglich.

Doch Becca muss aufhorchen, wenn Merk kritisiert, dass es noch keinen Ankerinvestor gibt, der dem FCK verbindlich Eigenkapital zusagt. Das klingt wie ein Seitenhieb auf den Luxemburger Geldgeber, der bislang eine millionenschwere Bürgschaft gab, aber mit deren Umwandlung in Eigenkapital zögert. Genauso muss ihn die Aussage aufhorchen lassen, dass das Team Merk auch „mit regionalen Investoren und mit Investoren, die niemand bis heute kennt", im Gespräch sei. Damit stellt Merk weitere Finanziers in Aussicht. Wie bei Becca gelte bei „allen anderen Investoren", dass man nach der Mitgliederversammlung die Gespräche vertiefe. Kann es sich das Team Merk tatsächlich erlauben, die bislang exponierte Stellung des rettenden Geldgebers Becca als eine Option unter vielen abzuqualifizieren?

Für den Klub ist das Quintett in der gegenwärtigen Situation vor allem eins: alternativlos. Aber bei genauerem Hinhören klingen viele der Vorhaben, die von Merk eloquent vorgetragen werden und die die Sehnsucht der Fans nach heilsamer Erlösung stillen, abenteuerlich. Hat es das Team Merk tatsächlich geschafft, im Hintergrund und ohne Mandat potente Geldgeber für einen Einstieg beim FCK zu interessieren, was der hauptamtlichen Geschäftsführung sowie einer eigens darauf spezialisierten Beratungsgesellschaft über Monate nicht gelungen ist? Viele Fans und Mitglieder wollen an diese Aussicht glauben wie an ein Heilversprechen.

Dabei spielt das Team Merk die Klaviatur der von der Ausgliederung enttäuschten Mitglieder. Man fühle sich dem Vier-Säulen-Modell, für das die Mitglieder votierten, vorbehaltlos „verpflichtet". Es umzusetzen, sei der aktuellen Geschäftsführung „in ewiger Zeit nicht gelungen", keilt Merk gegen Klatt und Co. Dabei geht es zum einen um den Einstieg eines Ankerinvestors und die Gewinnung von Eigenkapital, zum anderen um die Beteiligung der Fans an der Finanzarchitektur des FCK. Merk legt den Finger in die Wunde und ist sich dabei des Applauses vieler FCK-Anhänger sicher: „Nach den Versprechungen im letzten Jahr sollte im November die Fansäule geöffnet werden, dann im Mai. Bis heute ist nichts geschehen." Wenn Fans und Mitglieder Geld geben und sich für ihren Klub engagieren wollten, müsse man dieses Potenzial doch abrufen.

„Herr Becca braucht den FCK nicht?"

So punktet Merk – noch dazu, weil die Tage vor der Mitgliederversammlung von neuen Turbulenzen überschattet sind, die die Empörung über die aktuelle Führung in den sozialen Medien weiter hochjazzen. Etwa ereifert sich das ehemalige Aufsichtsratsmitglied Michael Littig via Facebook Mitte Oktober „als wahrnehmender Fan" über die Terminierung der Mitgliederversammlung. Hinter dem Umstand, dass diese sich aufgrund der Rücktritte von Klubfunktionären und der damit verbundenen Fristen für die Wahl ihrer Nachfolger auf den 1. Dezember verschiebt, vermutet Littig Kalkül: „Tatsache ist, dass letztendlich mit wirklich allen Mitteln die notwendige Aufbereitung verzögert wird", raunt er.

Littig äußert sogar den „Verdacht, dass bewusst verzögert wird mit dem Ziel, die Handlungsalternativen zu minimieren" und so den Gesamtzustand des Vereins in eine für einen Investor „geeignetere" Situation zu bringen. „Skandalös ist, dass es wohl noch immer keine verbindliche vertragliche Vereinbarung mit dem angeblichen Investor gibt", schreibt er. Dennoch erhalte Becca zunehmenden Einfluss aufs Vereinsgeschehen. Es sei „unerträglich", dass sich das finanzielle Engagement Beccas immer weiter hinauszögere. „Besteht tatsächlich eine Option oder Chance, dass die angeblich vereinbarten Millionen doch nicht fließen?"

Wenige Tage später stimmt Ex-Vorstand Andreas Buck in den Tenor ein. Sei im Zusammenhang mit dem Einstieg Beccas vor fünf Monaten sogar von der Champions League geträumt worden, sehe sich der FCK nun mit einem „Scherbenhaufen" konfrontiert, so Buck. „Der Investor gab noch kein Eigenkapital, und wir stehen kurz vor einem Abstiegsplatz!" Von der Hand zu weisen ist dieser Befund nicht – er zeigt sich am Tabellenstand. Littig fasst es mit Blick auf die Entscheidung pro Becca so zusammen: „Es ist schlicht unglaublich, dass dieser Eiertanz für Dritte als seriöse Entscheidungsgrundlage herhalten durfte." So trägt Becca selbst mit seinem Zögern durchaus zur negativen Wahrnehmung seiner Person bei.

Dass außerdem die Aktionäre der FCK-Kapitalgesellschaft, zu denen neben dem Verein auch die Investorengruppe um Dieter Buchholz, Peter Theiss und Giuseppe Nardi gehört, mit Patrick Gregorius einen Mitarbeiter Beccas in den Aufsichtsrat der KGaA berufen, bringt das Fass zum Überlaufen. Während die Wahl Gregorius' der nachvollziehbaren Idee folgt, den erwarteten Großinvestor Becca in dieser entscheidenden Phase in den Investorenzirkel einzubinden, kommt es daraufhin in der Fanszene zum Aufschrei. Denn der Einbezug des Becca-Mitarbeiters in das Kontrollgremium bestärkt den Anschein, Becca würde seinen Einfluss auf die Geschehnisse beim FCK immer weiter ausbauen – ohne die versprochene Investition zu tätigen.

„Die Machtspiele und Intrigen beim 1. FC Kaiserslautern steuern auf einen neuen Höhepunkt zu", heißt es beispielsweise in einem Onlinebeitrag des *kicker* vom 25. Oktober. In der „Frage, warum eine solch weitreichende Entscheidung ohne Legitimation der Mitglieder getroffen wurde", wittert das Fußballmagazin einen Skandal. Doch in Wirklichkeit sind die Aktionäre der KGaA bei der Wahl des Aufsichtsrats ihrer Gesellschaft frei und nicht an das Votum der Mitgliedsversammlung im e.V. gebunden, die für die Besetzung dieses Gremiums formal überhaupt keine Rolle spielt. Neben Gregorius ziehen letztlich Aktionär Theiss und FCK-Vorstand Wilfried de Buhr in den Aufsichtsrat der Kapitalgesellschaft ein.

Dabei findet sich plötzlich auch de Buhr im Zentrum der Kritik wieder. Der *kicker*-Artikel unterstellt ein „Schachern um Posten". Der als Vorstand ehrenamtlich arbeitende de Buhr versuche „nach *kicker*-Informationen mit der Unterstützung des kommissarischen Beiratsvorsitzenden Patrick Banf, den am Jahresende frei werdenden Posten des kaufmännischen Geschäftsführers von Michael Klatt zu ergattern". Ein konkreter Beleg für diese Behauptung ist im *kicker* nicht zu lesen. Gleichwohl trifft die Erzählung in Fanforen auf fruchtbaren Boden, denn sie bestärkt den schwammigen Eindruck, beim FCK werde gemauschelt. Die Entrüstung darüber zeigt sich online.

„OHNE WORTE. Mafiosis, Mafiosis, Mafiosis. Und damit kommt die Becca-Bande noch zu gut weg. Schäm' Dich, de Buhr. Schämt Euch alle, die diesem Pseudomilliardär die Tür geöffnet haben. Ihr könnt mich alle mal, kreuzweise, von oben bis unten. Hütchenspieler haben mehr Ehre im Leib!"
Userkommentar im Fanforum www.der-betze-brennt.de, 25. Oktober 2019

Es zieht ein Shitstorm auf, der selbst die Betreiber der Internetforen herausfordert. Sie müssen immer wieder eingreifen, um derbe Beleidigungen zu löschen. Einen bizarren Höhepunkt erreichen die Wirren, als der User Jim2910 im Onlineforum der-betze-brennt.de plakativ versucht, die Diskussion zugunsten Beccas zu beeinflussen. Er ist schnell als Becca-Mitarbeiter Gregorius enttarnt. Der Username Jim2910 deutet auf seinen zweiten Vornamen und sein Geburtsdatum hin. Sein zum Scheitern verurteilter Versuch, im Fanforum debattenprägend zu wirken, offenbart abermals einen erschreckenden Dilettantismus in Sachen Kommunikationsarbeit im Kreise Beccas.

Gregorius' Vorstoß geht spätestens dann schief, als sich das ehemalige Aufsichtsratsmitglied Martin Sester einschaltet. In Bezug auf die offene Drohung Gregorius', Becca brauche den FCK nicht und dem Investor sei anzuraten, sein Engagement zu beenden, fordert Sester den Luxemburger Geldgeber unverblümt zum Rückzug auf. „Herr Becca braucht den FCK nicht? Schön, dann mag er sich bitte zurückziehen. Der FCK braucht übrigens auch Herrn Becca nicht", kommentiert Sester den Post von Gregorius. Schließlich habe man mit Becca keinen, der investiert, sondern nur einen, der sagt, er wolle investieren. Dennoch beeinflusse er etwa mit der Platzierung seines Mitarbeiters im Aufsichtsrat der Kapitalgesellschaft und nun offenbar mit Drohungen das Klubgeschehen. Dass da Unruhe aufkomme, sei doch nicht verwunderlich, schreibt Sester und weiß damit große Teile der Onlinecommunity hinter sich. Gregorius hingegen hat sich und Becca mit seinem stümperhaften Auftritt isoliert.

„Auf die Barrikaden gehen. Das können wir tun. Endlich mal klarmachen, dass wir uns die ganzen Intrigen nicht mehr gefallen lassen. Die Mannschaft steht jede Woche vorm Block und wird beschimpft. Es wird höchste Zeit, dass

sich diese Wut endlich mal gegen die wirklich Verantwortlichen entlädt. Am Mittwoch gibt es dazu Gelegenheit. Schleudert eure Wut endlich den Vorständen und Räten entgegen und nicht der Mannschaft."

Userkommentar im Fanforum www.der-betze-brennt.de, 28. Oktober 2019

„IHR VERRÄTER VERSCHENKT UNSEREN VEREIN!"

Am FCK-Vorstand geht der Aufruhr nicht vorbei. Mit einem gemeinsamen Statement am 27. Oktober versuchen die drei Vorstände de Buhr, Tobias Frey und Markus Römer zu retten, was zu retten ist. Eindringlich weisen sie in einer gemeinsamen Pressemitteilung „die Unwahrheiten und falschen Behauptungen" des *kicker*-Artikels zurück. „Unwahr und falsch ist, dass Patrick Gregorius direkten Einfluss auf Entscheidungen der 1. FC Kaiserslautern GmbH & Co. KG hätte", heißt es unter anderem in dem Statement. „Richtig ist, dass Entscheidungen ausschließlich von der 1. FC Kaiserslautern Management GmbH getroffen werden. Herr Gregorius hat als eines von fünf Mitgliedern des Aufsichtsrats der KG keinen direkten Einfluss."

Außerdem stellt sich der Vorstand geschlossen hinter seinen Vorsitzenden de Buhr und gegen das „Schachern um Posten", wie im *kicker* behauptet. „Unwahr und falsch ist, dass der Vorstandsvorsitzende Wilfried de Buhr versuchen würde, den am Jahresende frei werdenden Posten des Kaufmännischen Geschäftsführers Michael Klatt zu ergattern. Richtig ist, dass Aufsichtsrat und Ehrenrat in ihrer Sitzung am 24. Oktober 2019 Fritz Fuchs und Wilfried de Buhr gebeten haben, sich um den Nachfolgeprozess von Martin Bader und Michael Klatt zu kümmern. Im Hinblick auf die mannschaftliche Weiterentwicklung (Wintertransfers/Termin 31. Januar 2020) und den langwierigen neuen Lizenzierungsprozess (Termin 29. Februar 2020) wurden beide gebeten, sich ehrenamtlich einzubringen, um den Zeitraum zwischen Weggang der Geschäftsführung und Einarbeitung ihrer Nachfolger zu überbrücken."

Doch die Dynamik lässt sich nicht mehr einfangen, im Gegenteil: Das Dementi des Vorstands treibt sie nur noch weiter an. Ken Kinscher und Johannes Remy melden sich tags später mit der Initiative „FCK Jetzt!" zu Wort und fordern „zur Klarstellung auf". In einem offenen Brief an den FCK-Vorstand, den Ehrenratsvorsitzenden und das verbliebene Aufsichtsratsmitglied Fritz Fuchs thematisieren sie unter anderem das Prozedere der Wahl zum Aufsichtsrat der Kapitalgesellschaft sowie die noch immer nicht realisierte Beteiligung der Fans an der Kapitalgesellschaft durch eine Öffnung der sogenannten Fansäule. Als am selben Tag auch noch Vorstand Frey via Facebook seinen Rücktritt verkündet, schlagen die Wellen noch einmal höher.

Frey begründet seinen Rückzug damit, „dass ich bereits in dieser Zeit Vorkommnisse erleben musste, die leider mit meinen Werten nicht vereinbar sind". Ein Stein des Anstoßes ist die umstrittene Sitzung der Aktionäre der Kapitalgesellschaft. „Insbesondere wurde ich als Vorstandsmitglied nicht schriftlich durch Übersendung einer Einladung nebst Tagesordnung über die Versammlungen der 1. FC Kaiserslautern Management GmbH und/oder Hauptversammlung der 1. FC Kaiserslautern GmbH & Co. KG informiert", schreibt Frey. „Dies hat zur Folge, dass ich zu keiner Zeit schriftlich informiert war, dass eine Wahl eines Aufsichtsrates terminiert wurde." Er selbst habe nicht an der Sitzung teilnehmen können und sei erst im Anschluss daran informiert worden, „dass weitreiche Entscheidungen getroffen" worden seien. Insofern sieht er sein Vertrauensverhältnis zu den Akteuren gestört, was ihn zum Rücktritt veranlasse.

Tatsächlich gab es wohl formale Unzulänglichkeiten bezüglich der Einladung. Wie de Buhr später auf der Mitgliederversammlung erklärt, habe – vor dem Amtsantritt Freys – ein elektronischer Hinweis auf den betreffenden Sitzungstermin vorgelegen. Eine schriftliche Einladung in Papierform sei allerdings nicht erfolgt. Um die angereisten Aktionäre nicht vor den Kopf zu stoßen, habe der Vorstand – Römer und er, Frey nahm an dem Termin nicht teil – jedoch entschieden, der Sitzung dennoch beizuwohnen und sie nicht in Zweifel zu ziehen. Kaum einer blickt noch durch die Wirren, wer wen wann warum eingeladen hat oder nicht.

„Jetzt ist die Verarsche auf dem Gipfel der Unzumutbarkeit angekommen. Wir haben diese Woche zwei Heimspiele und ausreichend Zeit und Möglichkeiten, Antworten von de Buhr, Banf, Grotepaß und Konsorten einzufordern. Wir werden diese Ganoven nicht aus dem Stadion lassen, bevor wir nicht Antworten auf unsere Fragen erhalten haben. Das Schurkenspiel muss endlich ein Ende haben. Es ist Zeit, die Mistgabeln auszupacken."

Userkommentar im Fanforum www.der-betze-brennt.de, 29. Oktober 2019

Die Wut der Fans offenbart sich im Fritz-Walter-Stadion. Während der Drittligist FCK am 30. Oktober 2019 den Zweitligisten 1. FC Nürnberg im Elfmeterschießen besiegt und so spektakulär ins Achtelfinale des DFB-Pokals einzieht, stehen für manche Fans andere Themen im Vordergrund. „BECCA, HAU AB!", steht auf einem Protestbanner im Stadion. Und auf einem anderen im Duktus der Reaktion des FCK-Vorstands auf den *kicker*-Artikel: „UNWAHR UND FALSCH IST, DASS MAN EUCH DIESE INTRIGEN UND KLÜNGELEIEN DURCHGE-

HEN LÄSST!" „RICHTIG IST, DASS DE BUHR, BECCA UND SEINE GEFOLGSCHAFT ABHAUEN SOLLEN!" Zur Partie gegen Hansa Rostock am 24. November lassen Aktivisten dann sogar Papierschnipsel in Form von Geldscheinen von den oberen Rängen auf die VIP-Plätze Beccas regnen. „HIER NOCH DAS GELD FÜR DEINE MITSPRACHE", steht auf einem Banner. Und: „4-SÄULEN AM ARSCH, IHR VERRÄTER VERSCHENKT UNSEREN VEREIN!"

„Der FCK gehört euch!"

Die Stimmung ist aufgeladen, als kurz darauf, am 1. Dezember, die lang erwartete Mitgliederversammlung stattfindet. Dass sich der FCK unter Trainer Boris Schommers sportlich mit drei Siegen in Folge zwischenzeitlich wieder stabilisiert hat, mildert die Wucht der Vorwürfe, mit der viele Mitglieder die Klubbosse erwarten, nicht ab. In der mehr als achtstündigen Veranstaltung fällt ein großer Zeitanteil auf die Aussprache, die sich viele erhofft haben. Die Klubfunktionäre treffen dabei auf ihre lautesten Kritiker, und für das Team Merk ist es ein Leichtes, sich krönen zu lassen.

Von der Klubführung treten der Aufsichtsratsvorsitzende Jochen Grotepaß, der Beiratsvorsitzende Patrick Banf, die Vereinsvorstände de Buhr und Römer sowie formal als Gäste die Geschäftsführer der Management GmbH, Klatt und Bader, auf. Als Banf das Stocken der Fansäule begründet, rumort es. Er verweist auf haftungsrechtliche Risiken und bürokratische Hürden. Dabei geht es verkürzt gesagt um Probleme bei der Ausgabe von Aktien vor dem Hintergrund, dass die Kapitalgesellschaft neu gegründet und ohne längere Finanzhistorie eine Zulassung durch die Bundesanstalt für Finanzdienstleistungsaufsicht (Bafin) erschwert ist. Riskant ist überdies die sportlich und wirtschaftlich fragile Situation: Wer übernimmt in existenziell kritischer Phase schon die Verantwortung für die Ausgabe von Unternehmensanteilen an Kleinaktionäre? Dennoch liege es im Interesse aller, „schnellstmöglich die Fansäule zu öffnen" und das Vier-Säulen-Modell zu realisieren, betont Banf. Dass dies nicht gelungen sei, sei „ein herber Rückschlag". Zahlreiche Mitglieder stören seine Rede mit höhnischem Gelächter und spöttischen Zwischenrufen.

Doch Banf bleibt davon unbeeindruckt. Die Rahmenbedingungen seien so gesetzt, dass „der neu gewählte Aufsichtsrat die Fansäule schnellstmöglich öffnen kann", sagt er. De Buhr ergänzt, dass sich ein Konzept „in den finalen Genehmigungsläufen unserer Fachjuristen und der Bafin" befindet, um den Mitgliedern die Möglichkeit des Aktienkaufs „noch in diesem Jahr" zu eröffnen. Als Banf die Managementleistung des

Teams Bader-Klatt und de Buhrs für das Abwenden der Insolvenz, die Rückzahlung der Betze-Anleihe und den Lizenzerhalt lobt, kommt es zu Pöbeleien und lauten Buhrufen.

„Die Insolvenz konnte durch die intensive und vertrauensvolle Zusammenarbeit zwischen Michael Klatt und mir in letzter Sekunde verhindert werden", erklärt de Buhr und berichtet, im Verein selbst habe es tatsächlich Stimmen und die Aufforderung an ihn gegeben, eine Insolvenz in Kauf zu nehmen und zum Neuaufbau anzusetzen. „Die Schuldenfreiheit sollte durch Insolvenz erreicht werden." Doch der Vereinsvorstand und die Geschäftsführung der Management GmbH hätten jegliche Anstrengungen, wie die Auflage der neuen Anleihe, unternommen, um die Zahlungsunfähigkeit zu verhindern. Die Arbeitsintensität habe ihn im Ehrenamt an seine Kapazitätsgrenzen gebracht.

Dieser Einsatz wird zumindest von den lautstarken Krakeelern unter den Mitgliedern nicht honoriert. Fast unbeachtet bleibt auch, dass Banf beim Werben um Eigenkapital eine Positivnachricht verkündet: Die bereits aktiven Investoren um Dieter Buchholz, Giuseppe Nardi, Peter Theiss und Axel Kemmler haben angekündigt, ihr Engagement auf drei Millionen Euro aufzustocken – und zwar nicht allein. Sie wollen dies gemeinsam mit Klaus Dienes tun, der zuvor Teil der über Littig ins Spiel gebrachten lokalen Geschäftsleute war. Doch dass die Erfolgsmeldungen vom Schulterschluss zwischen den Geldgebern und von der neuen Investition ins Leere laufen, hat auch damit zu tun, dass eine Hauptfigur fehlt. In der ersten Reihe ist zwar ein Stuhl für Becca reserviert – der bleibt aber unbesetzt. So verpasst der Luxemburger abermals eine entscheidende Gelegenheit zur Kommunikation mit den Mitgliedern.

Stattdessen überlässt er die Bühne anderen – wie den Ex-Vorständen Buck und Keßler oder den ehemaligen Aufsichtsratsmitgliedern Sester und Littig. Buck kritisiert unter anderem aufs Neue, dass Becca „immer noch kein Geld investiert", sondern nur eine Bürgschaft gegeben hat. Über sein eigenes, kurzes Engagement als Vorstand sagt Buck: „Ich hätte nicht gedacht, dass es so übel zugeht in diesen Gremien. Ich bin auf ein Team getroffen, bei dem bewusst gegen die Satzung verstoßen wurde und auch aufgefordert wurde, das zu tun." Dass er de Buhr mit seinem Rücktritt in prekärer Situation im Stich gelassen habe, will er so nicht stehen lassen: „Wer mich spielen sehen hat, der weiß, dass ich Eier habe."

Keßler wiederholt seine bekannten Zweifel am Prozess der Investorensuche. Sester legt im Hinblick auf die Versammlung als offenen Brief ein fünfseitiges Papier vor, das unter anderem auf den Einfluss Beccas auf wichtige FCK-Gremien oder die Öffnung der Fansäule abzielt. Littig hält eine 40-minütige, umjubelte Rede, in der er die jüngsten Entwicklungen beim FCK durch seine Brille reflektiert und an den Entscheidungen der Klubbosse erwartungsgemäß kein gutes Haar lässt. In Sachen Becca sei „faktisch kein Versprechen bisher realisiert", merkt er an. „Es liegt der Verdacht nahe, dass die Tochter einem Heiratsschwindler erlegen ist." Zudem könne man annehmen, „dass diese gesamte Aktion nur ein Ziel hatte: den FCK und wichtige Akteure zu schwächen, den Verein zu spalten, und das ist leider auch gelungen". Letztendlich ruft er emotional ins Auditorium: „Der FCK gehört euch!" Applaus.

„Kein Amigobusiness, kein Gemauschel!"

Es ist klar, wem die Sympathien der Mitglieder an diesem Tag gehören. Die Abstimmung über die Entlastung der Funktionäre bezüglich des vergangenen Geschäftsjahrs bis zum 30. Juni 2019 spiegelt das wider. Den Aufsichtsräten Banf und Grotepaß verweigern die Mitglieder mit über 92 Prozent der Stimmen erwartungsgemäß die Entlastung. Die anderen im Geschäftsjahr amtierenden Aufsichtsräte – Paul Wüst, Jürgen Kind, Bruno Otter und Littig – erzielen zwar jeweils ein durchwachsenes Ergebnis, werden aber letztendlich mit rund 65 bis 75 Prozent der Stimmen entlastet.

Das Votum über die Vereinsvorstände zeigt ein ähnliches Bild. Während Klatt und Bader als Geschäftsführer der FCK Management GmbH bereits von den zuständigen Gremien entlastet sind, müssen sie sich für die Zeit vor der Ausgliederung, in der sie noch als Vereinsvorstände angestellt waren, dem Votum der Mitglieder stellen. Darin zeigen sich ebenfalls die Turbulenzen der vergangenen Monate. Zu Klatt sagen 78 Prozent der Mitglieder Nein, zu Bader 66 Prozent. De Buhr stellen über 80 Prozent ein negatives Zeugnis aus. Die anderen im Berichtszeitraum amtierenden Vorstände – Littig, Keßler, Buck und Kind – erfahren die Entlastung.

Das macht es für Merk und Co. leicht, das Ruder zu übernehmen. Entsprechend selbstbewusst tritt das Team an. „Nach der desaströsen sportlichen Talfahrt der vergangenen Jahre und dem jährlichen, sich wiederholenden Kampf ums wirtschaftliche Überleben wurde in diesem Jahr die Situation beim FCK getoppt durch eine öffentlich ausgetragene Schlacht um die Macht im Aufsichtsrat", stellt sich Keßler vor. Dies habe ihn dazu bewogen, ein Team zusammenzustellen, um die Trendwende herbeizuführen. Mit dem Weltschiedsrichter Merk habe er die „letzte unverbrauchte Ikone beim FCK“ dafür gewonnen, „das neue Gesicht des FCK“ zu sein. Das zentrale Anliegen: „Wir brauchen wieder ein Investorenklima.“ Und Merk ruft den Mitgliedern in seiner pastoralen Art zu: „Der größte Wert des Vereins, das seid ihr!“

Den exotischsten Auftritt des Abends legt jedoch der Rechtsprofessor Wilhelm hin. Seine Ansprache beginnt er mit einem Adventsvers:

„Advent, Advent, der Betze brennt!
Niemand unser Team schon kennt.
Gemeinsam handeln macht uns stark,
wir räumen auf im Betzepark!“

Im Team Merk, dem „Turnaroundteam“, wie er es nennt, ist Wilhelm nach eigenen Angaben für die Themen Recht und Compliance verantwortlich – und offensichtlich auch für das Ressort Attacke. Denn der Jurist teilt aus – gegen „Hobbyunternehmer, selbsternannte Fußballmanager oder investorengesteuerte Aufsichtsräte“. Dies begreifen viele im Publikum als Anspielung auf amtierende Funktionäre und quittieren die Phrasen mit zustimmendem Grölen.

Wilhelm wird deutlicher: „Die Ergebnisse einer solchen Führungsriege können Sie sportlich im Tabellenstand und betriebswirtschaftlich in der Bilanz ablesen“, keilt er gegen die Amtsinhaber und schleudert ins Auditorium: „Wären diese ihrer Aufgabe gewachsen gewesen, müssten wir nicht am ersten Adventssonntag zusammenkommen, um ein Krisenteam einzusetzen.“ Zudem erteilt er der Vorstellung eines Aufsichtsrats, „der willfährig allen möglichen Interessen dient, nur nicht denen des FCK und seiner Mitglieder“, eine Absage. Die Reaktion auf die markigen Worte, die zur allgegenwärtigen Kritik passen, sind Jubel, Klatschen, Johlen.

Um den „Turnaround“ zu schaffen, brauche es die „*richtigen* Investoren und Sponsoren“, meint der Professor. Denn: „Ein Investor, der sein Geld in einen finanziell maroden, schlecht gemanagten und intransparent organisierten Verein steckt, wird ein solches Investment wohl eher dazu nutzen, sich in der Organisation in eine Einflussposition zu bringen, aus der heraus es ihm leichtfällt, das Unternehmen zu zerschlagen und sich seine Filetstück einzuverleiben!“ Und er poltert: „Solche Investoren brauchen wir am Betze nicht, und seien Sie versichert, wir haben im Team Merk genügend Finanz- und Rechtsexpertise, um die Bösen von den Guten zu unterscheiden!“

Auch brauche man keine „Sponsoren, die sich eine Spielwiese für ihr unternehmerisches Ego suchen und darüber hinaus noch eine Hidden Agenda verfolgen, die den Zwecken des Vereins zuwiderläuft". Genauso wenig brauche man Aufsichtsräte, die eigene Interessen verfolgen oder „falschen Sponsoren und Investoren" dienen. Während viele Fans laut jauchzen und lärmen, tauschen anwesende Geldgeber aus dem Kreis der regionalen Investoren während der Rede Wilhelms Blicke aus, als trauten sie ihren Ohren nicht. Langjährige Partner des FCK – und im Übrigen auch der abwesende Becca – müssen glauben, sich in den abfälligen Worten, die wie eine Dampfwalze durch den Saal rollen, wiederzuerkennen.

Mit ihm als Mitglied werde der Aufsichtsrat „kein Fehlverhalten, kein Amigobusiness, kein Gemauschel und vor allen Dingen keine sachfremden Interessen dulden", ruft Wilhelm. Viele Mitglieder applaudieren frenetisch. Und am Ende werden von den insgesamt sieben Kandidaten Merk mit 1.545 Stimmen, Weimer mit 1.194 Stimmen, Wilhelm mit 1.190 Stimmen und Keßler mit 1.041 Stimmen gewählt. Zusammen mit dem im Amt gebliebenen Fuchs, der sich von teils lautstarken Rücktrittsforderungen aus dem Kreis einiger Mitglieder nicht aus der Ruhe bringen beziehungsweise aus dem Amt drängen lässt, ist der Aufsichtsrat damit komplett. Bei der ersten Sitzung des Gremiums macht das Team Merk seine Ankündigung wahr: Es beruft Wagner als zusätzliches Mitglied in den Aufsichtsrat.

Dort übernimmt Keßler den Vorsitz. Merk wird sein Stellvertreter und fungiert als Sprecher des Aufsichtsrats. Die fünf Sitze des Beirats der Management GmbH besetzt das komplette Team Merk ohne Fuchs. Die Spitze des Beirats teilen sich Merk und Keßler ebenfalls, hier übernimmt Merk den Vorsitz. Wilhelm rückt in den Aufsichtsrat der Kapitalgesellschaft. In den Tagen nach der Mitgliederversammlung tritt außerdem die angekündigte „schnelle Eingreiftruppe" in Form einer Wirtschaftsprüfungsgesellschaft an, um die Finanzen am Betzenberg zu analysieren. Und unmittelbar nach ihrer Wahl stellen Merk und Co. die erste personelle Weiche: Sie installieren einen neuen Geschäftsführer. Es ist Soeren Oliver Voigt, der zuvor lange Jahre Manager bei Eintracht Braunschweig war.

Auch im Vorstand des Vereins kommt es nach der Jahreshauptversammlung zur Umbesetzung. Die übrig gebliebenen Vorstände de Buhr und Römer treten am 13. Dezember zurück. Kurz darauf beruft der Aufsichtsrat fünf Nachfolger. Wolfgang Erfurt, pensionierter Polizeipräsident und ehemaliges Mitglied im FCK-Ehrenrat, übernimmt den Vorsitz, und der ehemalige Vorstand Frey kehrt als dessen Stellvertreter ins Gremium zurück. Hinzu kommen Gero Scira, ein Kopf des Unterstützerbündnisses „Zukunftsinitiative FCK“, und Dagmar Eckel, Tochter des 1954er-Weltmeisters Horst Eckel. Der Biologieprofessor und ehemalige FCK-Nachwuchstrainer Steven Dooley, Bruder des FCK-Meisterspielers von 1991 Thomas Dooley, komplettiert den Vorstand. Das Team Merk krempelt das Personaltableau um. Unverkennbar: Es hat die Macht am Betzenberg übernommen.

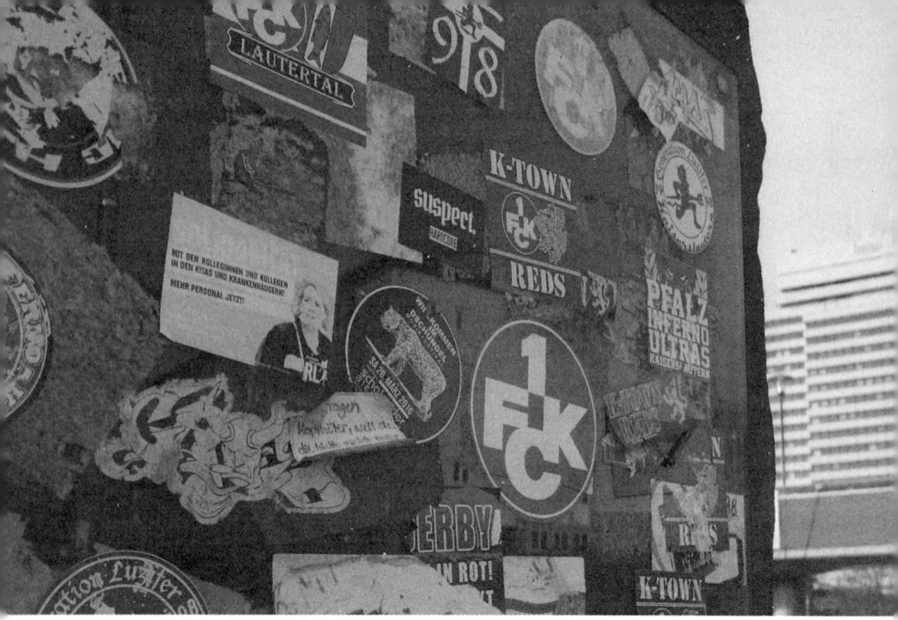

Der Fußball bestimmt das Stadtgeschehen: Der FCK ist überall in Kaiserslautern sichtbar. Auch im Rathaus ist er Thema.

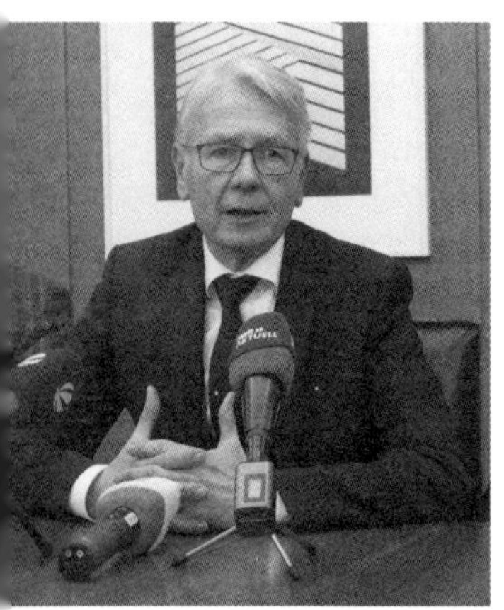

Zur Stadionfrage: OB Klaus Weichel am 13. Januar 2020.

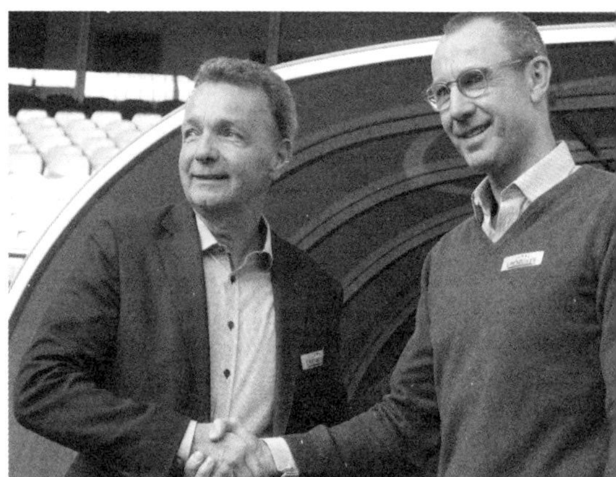

Amtsantritt am 5. Dezember 2019: Rainer Keßler (l.) stellt Manager Soeren Oliver Voigt vor.

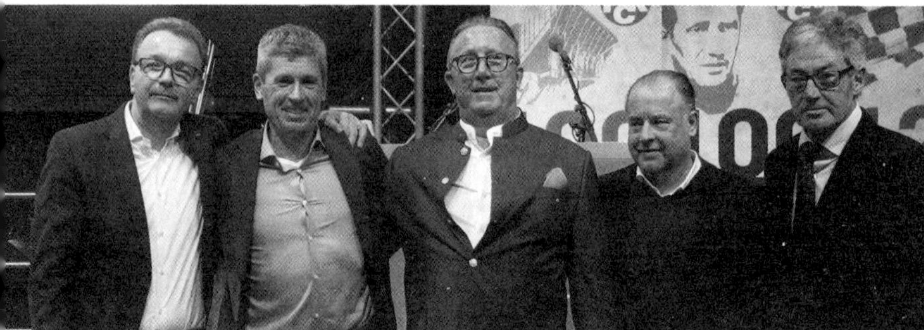

Das Team Merk übernimmt am 1. Dezember 2019: Rainer Keßler, Markus Merk, Jörg Wilhelm, Martin Weimer und Fritz Fuchs (v.l.).

ZWEITE HALBZEIT

SZENE 8

Stadionstress, Twittergedichte und eine Freistellung

„Du, Flavio, bist natürlich ein wichtiger Partner"

Das Team Merk scheint beim FCK aufzuräumen. Doch so markig und populistisch die Worte des neu gewählten Aufsichtsratsmitglieds Jörg Wilhelm von der Jahreshauptversammlung noch nachklingen, so ruckelig setzt das Quintett in der Realität auf, wenn es zur Nagelprobe kommt. Die von einigen Mitgliedern tumb bejubelten Seitenhiebe, die Wilhelm auf Investoren und Sponsoren verteilte, fordern ihren Preis. Denn nicht das Team Merk gibt den Takt an, sondern die Zwänge und finanziellen Nöte, in denen der FCK sich befindet. Sie verlangen den Schulterschluss mit wichtigen Partnern.

Demgegenüber erwecken der neue Aufsichtsratschef Rainer Keßler und Geschäftsführer Soeren Oliver Voigt den Eindruck, es interessiere sich eine ganze Reihe potenzieller Investoren für den FCK. Man habe bereits vor der Jahreshauptversammlung „Erstgespräche geführt", so Keßler. „In Investorengesprächen wurden wir immer wieder konfrontiert mit der Anforderung: Schafft uns personelle Sicherheit." Außerdem wollten die Investoren „wissen, wo sind die finanziellen Belastungen des Vereins, um zu entscheiden, macht ein Investment Sinn". Damit stehe und falle vieles. Diese Voraussetzungen schaffe man gerade und baue neues Vertrauen zu möglichen Partnern und Investoren auf.

Keßler stellt neben den bereits bekannten Unternehmern aus dem regionalen Umfeld, die als Erstzeichner beim FCK engagiert sind, Großes in Aussicht: „Es gibt auch andere ganz Große, die durchaus Interesse haben, und das ist ein sehr internationaler Markt." Es sei zu erwarten, dass die FCK-Verantwortlichen „sehr zeitnah diese Gespräche finalisieren können". Dabei gibt er Tempo vor: „Wir brauchen jetzt belastbare Aussagen von Investoren, die wirkliches Interesse am FCK haben", meint Keßler. „Da können wir jetzt auch nicht mehr allzu lange warten, und das ist eine klare Ansage."

Die neuen FCK-Bosse stapeln alles andere als tief. Sie sprechen perspektivisch sogar davon, das Fritz-Walter-Stadion von der Stadt zurückkaufen zu wollen. „Wenn wir mittel- und langfristig eine Erfolgsstrategie bauen wollen, dann brauchen wir das Stadion", meint Keßler bemerkenswert optimistisch in einem Interview. Schließlich könne der Verein als Eigentümer der Immobilie ganz anders kalkulieren. „Es gibt ganz viele Gespräche im Hintergrund", behauptet Keßler. Seit der Amtsübernahme seien „von überallher sehr interessante Personen" an das Team Merk herangetreten, „denen man zutraut, potente Geldgeber mit uns zusammenzubringen". Das klingt nach dem großen Wurf. Oder gaukelt Keßler hier etwas vor, das er nicht einlösen kann?

Mit Blick auf die aktuellen Finanzzahlen zeigt sich ein anderes Bild. Dazu sagt Voigt: „Eine der wichtigsten Aufgaben wird sein, die Lizenzierung zu bestehen." Es geht nach wie vor um fehlendes Geld. Wie passt das mit der Idee eines Stadionkaufs zusammen? Und hätte man von der von Markus Merk und Co. großspurig angekündigten „Eingreiftruppe", die die Finanzzahlen des FCK durchleuchten sollte, Neues erwartet, wäre man ebenfalls enttäuscht. Gemessen am Getöse vor der Mitgliederversammlung klingt es nach einer Kehrtwende, als Voigt bei seiner Vorstellung durch Keßler am 5. Dezember 2019 sagt: „In vielen Bereichen haben wir die professionellen Strukturen, die der Verein braucht, um in die richtige Richtung zu gehen."

Vorgänger Michael Klatt habe die Finanzplanung bis zum 30. Juni 2020 „ordentlich vorbereitet" und die Liquidität „sehr professionell im Blick gehabt". Er finde eine Basis vor, auf der man zumindest bis zum Ende des Geschäftsjahrs am 30. Juni „vernünftig arbeiten" könne, meint Voigt. Tatsächlich haben die scheidenden Geschäftsführer Klatt und Martin Bader durch eine spezialisierte Kanzlei ein insolvenzrechtliches Memorandum fertigen lassen, das den Finanzzustand des Klubs dokumentiert und Maßnahmen zur Liquiditätssicherung aufzeigt. Das zwölfseitige Papier vom 28. November 2019 bescheinigt dem FCK zum Stichtag 25. November 2019, weder zahlungsunfähig noch überschuldet zu sein.

Zwar sei im Falle eines Abstiegs in die Regionalliga „die Liquidität für die kommende Spielzeit (…) nicht gesichert". Doch der Klassenerhalt werde als „überwiegend wahrscheinlich" eingeschätzt. Zudem zeige das Liquiditätsmodell der Geschäftsführung, dass der FCK „überwiegend wahrscheinlich bis zum 30. Juni 2021 durchfinanziert ist", heißt es in dem Memorandum. Allerdings: Zum einen zeigt das Papier nicht auf, wie es nach dem 30. Juni weitergeht. Und zum anderen beruhen die Annahmen auf verschiedenen Voraussetzungen.

Die wohl wichtigste ist der Einstieg Flavio Beccas als Investor mit einem Einsatz von 3,3 Millionen Euro, inklusive der Umwandlung seiner Bürgschaft, sowie gegebenenfalls einer weiteren Million Euro an Eigenkapital. Nach Rücksprache mit Becca ist laut Memorandum davon auszugehen, dass der Geldgeber „die bereits ausgehandelten Verträge mit den ab Anfang Dezember 2019/Anfang Januar 2020 Verantwortlichen des 1. FCK unterzeichnen" will. Ebenso vermerkt das Papier die Absicht der regionalen Investoren, ihre Beteiligung von rund 700.000 Euro auf ebenfalls 3,3 Millionen Euro aufzustocken.

Aber das disruptive Auftreten der neuen Klubbosse bringt diese Pläne offenbar ins Stocken. Unmittelbar nach der Jahreshauptversammlung und seiner wortgewaltigen Rede wendet sich das neu gewählte Aufsichtsratsmitglied Wilhelm für das Team Merk via E-Mail an Patrick Gregorius, den in Sachen FCK zuständigen Mitarbeiter Beccas. In der Korrespondenz vom 2. und 3. Dezember schreibt Wilhelm, dass er „das kurzfristige Gespräch mit Herrn Becca" suche. „Ich würde gerne verstehen und gegebenenfalls vermitteln, ob und unter welchen Bedingungen Herr Becca zu einer Investition/Kooperation mit dem FCK bereit ist", heißt es in der Mail.

Darin stellt Wilhelm klar, dass „jedwede Zusammenarbeit mit dem FCK für die Zeit unserer Tätigkeit dort bereits aufgrund interner Kompetenzverteilung immer über meinen Schreibtisch laufen wird". Er sei sich sicher, „dass es uns ganz schnell gelingen wird, auszuloten, ob ein gegenseitiges Engagement sinnvoll, möglich und den Interessen beider Partner zu dienen geeignet ist", meint Wilhelm. „Gern lade ich Sie und Herrn Becca auch an den schönen Vierwaldstätter See nach Weggis ein, wo wir üblicherweise die Gespräche mit Private Clients der Bedeutung von Herrn Becca fernab von Öffentlichkeit und Presse und gern unter Diskretion führen."

Auf das Schreiben antwortet Gregorius knapp: Er freue sich bereits auf das Konzept, „wie Sie sich ein gegenseitiges Engagement sinnvoll, möglich und im Interesse aller Partner vorstellen könnten". Daraufhin offenbart Wilhelm, dass man beim FCK und im Team Merk „noch weit entfernt von einem Konzept" sei und man „derzeit einen verlässlichen betriebswirtschaftlichen Status" erarbeite. Nicht er will aus Sicht des FCK ein Konzept vorlegen, sondern fordert im Gegenteil Infos von Becca ein. Wilhelm schreibt, „dass wir vor Jahresende evaluiert haben wollen, welche Investoren zu welchen Bedingungen mit uns zusammenarbeiten wollen, das heißt, wir erbitten von allen potentiellen Investoren im Rahmen unseres Status ein Fact Sheet mit den Essentialia negotii eines Investments".

Überdies behauptet Wilhelm, bereits „mit einer Reihe von Investoren gesprochen" zu haben, „die bei unterschiedlichen Bedingungen bereit sind zur Kooperation". Die jeweiligen Kenngrößen trage man zusammen. „Das heißt: Wir sind gezwungen, den Entscheidungsprozess auf diese Weise zu steuern und Investoren, bei denen wir nicht innert nützlicher Frist deren T&Cs [Anmerkung des Autors: gemeint ist „terms and conditions" – „Bedingungen und Konditionen"] eines Invests mindestens auf der Basis eines Fact Sheets haben, zunächst als Investoren zu qualifizieren, auf die wir kurzfristig nicht zurückgreifen können." Wilhelm wird noch deutlicher: „Mir jedenfalls als ab sofort federführend Verantwortlicher im AR [Anm. d. A.: gemeint ist „Aufsichtsrat des Vereins"] und baldmöglichst auch in dem der KGaA für sämtliche Investorenangelegenheiten sind Sie beziehungsweise Herr Becca herzlich willkommen, aber auch nur dann – offen gesprochen – nützlich, wenn mir die notwendigen T&Cs Ihres möglichen Engagements bekannt werden."

Derzeit installiere man „eine funktionierende Geschäftsführung", sorge „für eine glasklare Trennung zwischen operativer und Aufsichtsebene" und versuche, „in der Krisensituation das Notfallmanagement zu gewährleisten", schreibt Wilhelm an Gregorius. Man stelle alles auf den Prüfstand. „In dieser Phase sind nur solche Investoren nützlich, von denen wir glasklar das Ob, Wie und Wann der Partnerschaft noch vor Weihnachten kennen." Auf Becca, der mit den ehemaligen Funktionären Banf, Klatt und Bader vertrauensvoll eine unterschriftsreife Vereinbarung getroffen hatte, muss eine solche Art der Ansprache mit Fristsetzung für ein von ihm zu erstellendes Fact Sheet verstörend wirken.

Kurz darauf, am 6. Dezember, schaltet sich Merk ein. An Becca und Gregorius schreibt er eine beschwichtigend klingende E-Mail mit der Betreffzeile „Treffen". Darin stellt er fest, dass er selbst „in diesem Stadium natürlich Euer gemeinsamer Ansprechpartner von Seiten des Beirates" bleibt. „Unser Weg ist klar vorgezeichnet, und Du, Flavio, bist natürlich ein wichtiger Partner." Die operativen Prozesse aus Sicht des FCK steuere der neue Geschäftsführer Voigt, „den ich Euch bei unserem nächsten Gespräch vorstellen wollte". Merk schlägt ein Treffen „von Angesicht zu Angesicht" vor, bei dem man auch das von Wilhelm erwähnte Fact Sheet erarbeiten könne. „Ich finde, wir brauchen jetzt eine gemeinsame Zielorientierung."

Zwar handelt es sich bei den mir zugespielten E-Mails nur um Ausschnitte einer Korrespondenz. Möglicherweise ergibt der weitere Kontext ein anderes Bild. Aber die Aussagen deuten darauf hin, dass die Chemie zwischen dem Team Merk und dem Investor nicht stimmt. Auch wecken sie Zweifel am Verhandlungsgeschick der neuen FCK-Bosse und ihrem Auftreten gegenüber wichtigen Partnern. Zweifel, die sich in den kommenden Wochen erhärten – insbesondere hinsichtlich des Oberbürgermeisters der Stadt Kaiserslautern.

Die erste Sitzung des Stadtrats

Einen Vorboten für neuen Unfrieden setzt Wirtschaftsprofessor Wilhelm am 14. Dezember via Twitter ab. Nachdem der FCK zum fünften Mal in Folge punktet und 3:1 im Auswärtsspiel gegen die zweite Mannschaft des FC Bayern München gewinnt, dichtet Wilhelm erneut. „Die Pfälzer fahren stolz nach Haus, / denn mit dem Abstieg ist es aus. / So singen wir mit kräft'gem Sound: / Jetzt kommt er bald, der Turnaround." Während der noch unter dem ehemaligen Sportgeschäftsführer Bader vollzogene Trainerwechsel Früchte trägt, reklamieren die neuen Funktionäre den sportlichen Erfolg als Teil ihres versprochenen Turnarounds für sich. Wilhelm tut dies in holprigen Versen: „Advent, Advent, der Betze brennt! / Ein jeder unser Team jetzt kennt."

Dabei reimt er aber nicht nur über Erfolge. Auch missliebigen Journalisten, die Kritik an seinen Auftritten üben, wie dem *Rheinpfalz*-Reporter Horst Konzok, widmet Wilhelm poetische Ergüsse: „Nicht jeder, der mit Tinte schreibt, / immer bei der Wahrheit bleibt (…) / Wenn auch Provinz, so gilt auch dort, / zuerst das Denken, dann das Wort!" Und für den *Bild*-Berichterstatter Ulli Schauberger, der in diesen Tagen in boulevardeskknalliger Manier das Geschehen am Betzenberg aufspießt, hat er natürlich das Wortspiel „Schlauberger" parat. Dazu kommt eine gedichtete Drohung: „Für heute bleibt's bei dem Gedicht, / beim nächsten Mal scheu' ich mich nicht, / der *Bild* und Ihnen zu beweisen, / dass man in Juristenkreisen / sehr wohl weiß, wie man sich wehrt / gegen Fakten, die verkehrt."

Hintergrund ist ein reißerischer Artikel Schaubergers zum „neuen Stadionstress". Dieser Stress beginnt am 8. Januar 2020. Noch unter dem ehemaligen Geschäftsführer Klatt hatte der FCK im Herbst 2019 bei der Stadt eine Reduzierung der Stadionpacht für die Saison 2020/21 beantragt. Regelmäßig ringt der FCK mit der städtischen Stadiongesellschaft, da er die ursprünglich zu Bundesligazeiten vereinbarte Miete fürs Fritz-Walter-Stadion in Höhe von 3,2 Millionen Euro in niedrigeren Spielklassen nicht aufbringen kann. Im Wesentlichen geht es im Antrag des FCK darum, die aktuell laufende Regelung, die mit der Saison im Juni 2020 endet, fortzuschreiben. Konkret bedeutet dies eine Reduzierung der Miete auf 425.000 Euro pro Saison. Die Stadt müsste, um ihre Stadiongesellschaft zu stützen, die Differenz in Höhe von 2,775 Millionen

Euro aus dem kommunalen Haushalt ausgleichen. Der Stadtrat will am 20. Januar darüber beraten.

Im Vorfeld der Sitzung des Lokalparlaments bringt Oberbürgermeister Klaus Weichel am 8. Januar jedoch einen neuen Vorschlag in die Debatte ein. Bislang sei das finanzielle Entgegenkommen der Stadiongesellschaft gegenüber dem FCK wiederholt auf Kosten der Stadtkasse und des Steuerzahlers ohne nennenswerten Gegenwert erfolgt, schickt Weichel voraus. „Darum hege ich den Wunsch, bei einem weiteren Mietnachlass auch eine konkrete Kompensation für die Stadiongesellschaft und somit auch für die Stadt zu erwirken – und zwar in Form von Aktien der Kapitalgesellschaft des 1. FC Kaiserslautern." Im Gegenzug zur Pachtreduktion verlangt Weichel also ein Aktienpaket des FCK.

Es wäre das erste Mal, dass eine Kommune in den Besitz von Anteilen an einem Profiklub gerät. Wobei sich Weichel später nicht auf die Aktienlösung festlegen will. Ihm gehe es im Grunde um eine „wertgleiche und werthaltige Sicherheitsleistung" als Kompensation des Mietnachlasses. „Wie die aussehen kann, möchte ich dem FCK überlassen", sagt er. Gleichwohl liege es nahe, bei dem in Rede stehenden Betrag von 2,775 Millionen Euro die Aktien ins Kalkül zu ziehen. In der Beschlussvorlage, über die der Stadtrat berät, ist diese Kompensationsmaßnahme bereits vorgesehen.

Der Vorstoß des Oberbürgermeisters sorgt für ein Rumoren. Am folgenden Tag zeigen sich die FCK-Verantwortlichen in einer Stellungnahme von Weichels Vorschlag „irritiert". Sie können „nicht nachvollziehen, dass unter Berücksichtigung des Status quo der laufenden Gespräche zur Lösungsfindung zwischen den Partnern der 1. FC Kaiserslautern nun vor vollendete Tatsachen gestellt werden soll". Denn nach bisherigen Gesprächen sei man davon ausgegangen, dass der Oberbürgermeister „den Verein in seinem Wunsch zur Fortschreibung der Pachtreduzierung unterstützen will".

Es ist der Beginn aufreibender Verhandlungen um die Stadionpacht, mit ungewissem Ausgang. Dafür wird der Stadtrat zu insgesamt vier kurzfristig anberaumten Sondersitzungen zusammenkommen. Dass die Protagonisten um Merk gegenüber den städtischen Gremien und dem Oberbürgermeister dabei teils erstaunlich konfrontativ auftreten, zeugt von fehlender politischer Sensibilität. Noch fragwürdiger ist, dass sie – wenn etwa Wilhelm mit Twitter-Gedichten den Oberbürgermeister verspottet – nicht sonderlich dazu beitragen, die sich neu aufheizende Stimmung einzuhegen. Denn da die Frage der Pachthöhe für den Verein von existenzieller Dimension ist, sind viele Fans alarmiert. Einige versuchen massiv, Druck auf die Stadtpolitiker aufzubauen. Etwa zirkulieren provokant die Namenslisten der Abgeordneten in Fanforen. Es kommt teils zu Beleidigungen und Bedrohungen.

Ohnehin haben die Stadtpolitiker keine einfache Entscheidung zu treffen. Sie müssen abwägen zwischen finanzpolitischer Pest und Cholera. Unterstützen sie abermals einen Profifußballklub mit Millionen, die der hochverschuldeten Stadt an anderer Stelle fehlen? Schließlich ringt die seit Jahren mit der Kommunalaufsicht um jeden Cent, und die sogenannten freiwilligen Leistungen etwa für Kultur- und Freizeiteinrichtungen sind auf rund 20 Millionen Euro gedeckelt. In diesen Rahmen fällt die Mietreduzierung und steht somit in Konkurrenz zur Existenz einiger kommunaler Einrichtungen. Für eine Unterstützung des FCK hat die Stadt eigentlich keinen Spielraum. Doch was ist die Alternative: dem Klub nicht entgegenzukommen und die Insolvenz der Stadiongesellschaft in Kauf zu nehmen?

Insgesamt geht es um mehr als 65 Millionen Euro. Diese Summe belastet die Stadiongesellschaft, seit sie gegründet wurde, um das Fritz-Walter-Stadion zu kaufen. Ursprünglich gehörte die Arena dem FCK. Doch als der Verein 2003 schon einmal in Schieflage geriet, kaufte ihm die Stadt das Stadion ab. Damals ging es auch darum, den Ausbau der Arena für die WM 2006 zu sichern. Dafür nahm die Stadiongesellschaft Kredite auf. Die Crux: Die Kredite laufen bis 2036, und die Schulden in Höhe von 65 Millionen Euro werden bis dahin nicht getilgt. Die Stadiongesellschaft zahlt lediglich Zinsen – in Höhe von 2,951 Millionen Euro pro Jahr.

Diese Verpflichtung trägt wesentlich zu den 3,2 Millionen Euro bei, die die kommunale Gesellschaft jährlich zum Überleben braucht und nach denen beim damaligen Stadiondeal zur Rettung des Klubs die Miete ausgerichtet wurde. Bricht das Konstrukt – etwa durch eine Insolvenz des FCK und damit den Verlust des Ankermieters im Stadion – zusammen, gerät auch die Stadiongesellschaft ins Wanken. Die Schulden in Höhe von 65 Millionen Euro könnten auf die Stadt durchschlagen. Zuzüglich der bis 2036 zu zahlenden Zinsen in Höhe von rund drei Millionen Euro pro Jahr geht es um mehr als 100 Millionen Euro. Nicht nur für den Klub, sondern auch für die Stadt steht also viel auf dem Spiel.

Bereits in der ersten der letztendlich vier öffentlichen Sondersitzungen, zu der auch die FCK-Bosse eingeladen sind, prallen die Positionen aufeinander. Dabei tritt vorwiegend Keßler für den FCK auf. Zunächst zeichnet er das Bild eines „Vereins der Superlative", eines Aushängeschilds der Stadt Kaiserslautern. 100 Jahre Fritz Walter, 100 Jahre Stadion und das 120. Gründungsjubiläum stünden 2020 an. Bundespräsident

Frank-Walter Steinmeier habe seine Schirmherrschaft für die diesjährige Fritz-Walter-Gala zugesagt. Gleichzeitig baut Keßler aber auch eine Drohkulisse auf und malt das Bild eines dem Untergang geweihten Klubs, sollte der Stadtrat der Pachtsenkung nicht zustimmen.

Für den FCK gehe es um die Existenz. Der Spielbetrieb in der 3. Liga laufe defizitär. Jährlich schlage ein Verlust in der Größenordnung eines mittleren einstelligen Millionenbetrags zu Buche. In der 2. Liga ließe sich „gerade so operieren", meint Keßler. „Doch in der 3. Liga ist es definitiv nicht darstellbar." Dabei sei das Stadion ein erheblicher Kostenfaktor. Springe die Stadionpacht auf 3,2 Millionen Euro zurück, wäre dies nicht zu schultern und bedeute das Aus für den FCK: „Keine Lizenz, keine Fortführungsprognose. Dann ist das Licht aus." Die Insolvenz steht als Drohszenario im Raum. Von der Stadt erhoffe man sich nicht einmal „eine erneute Reduzierung, sondern einfach nur eine Fortschreibung" der aktuell gültigen Pachthöhe, so Keßler. Dies sei eine Planungsprämisse für den Fortbestand des Vereins.

Den Vorbehalt einiger Lokalpolitiker, die Pachtsenkung könnte zukünftige Investoren der neuen FCK-Kapitalgesellschaft zulasten der Steuerzahler begünstigen, wehrt Keßler kategorisch ab. „Es ist weit verfehlt, bei einer Unterstützung im Hinblick auf die Stadionpacht von einer Renditeoptimierung eines Investors zu sprechen. Die Investoren, die im Moment einsteigen oder einsteigen würden, das sind Investoren, die ein extrem hohes Risiko gehen, weil sie im Prinzip ein Totalverlustrisiko mit einkalkulieren müssen, und von einer Rendite sind wir da weit, weit entfernt." Ungeschminkter kann man den desolaten Zustand des Vereins kaum darstellen.

„Bitte keine Legenden legen"

Über den Vorschlag des Oberbürgermeisters bezüglich einer Kompensation des Pachtnachlasses zeigen sich Keßler und Merk pikiert. Fast klingt es, als unterstellten sie dem Stadtoberhaupt in öffentlicher Sitzung Wortbruch und, dem Verein schaden zu wollen. Die bisherigen „vertrauensvolle Gespräche" mit Weichel hätten auf eine Fortschreibung der Pachtreduzierung hingedeutet. Der Vorstoß des Oberbürgermeisters am 8. Januar mit der Idee einer Kompensation des Mietnachlasses durch die Übergabe eines Aktienpakets habe sie demgegenüber mit einem völlig neuen Sachverhalt „konfrontiert", meinen Keßler und Merk.

Als Weichels Idee mittwochs bekannt geworden sei, seien „freitags Gespräche mit Investoren abgesagt worden beziehungsweise die Zusage für eine Zeichnung auf unbestimmt geschoben, bis wir das Thema mit der Stadt geklärt haben", behauptet Keßler. Ähnlich argumentiert Merk: Weichels Idee habe „große Probleme erzeugt bei unseren Investorenvorgesprächen". Es klingt, als machten die FCK-Bosse Weichel persönlich für das Zögern von Investoren verantwortlich. Dabei geht es vordringlich um die regionalen Investoren und deren in Aussicht gestelltes Engagement in Höhe von insgesamt nun rund vier Millionen Euro.

Doch dies will Weichel nicht auf sich sitzen lassen. „Bitte keine Legenden legen in diesem Punkt, und unterschätzen Sie nicht meine Vernetzung in der Stadtgesellschaft", mahnt er. Er habe „natürlich" mit den betroffenen Investoren persönlich gesprochen. Dass sich die Geldgeber bezüglich ihres Engagements beim FCK abwartend aufgestellt hätten, habe einen ganz anderen Grund: Die FCK-Bosse selbst brächten die Verhandlungen nicht zielführend voran. „Dass sie [gemeint: die Investoren] abgesprungen sind, liegt einfach daran, dass Sie die Papiere, die gefordert wurden, nicht beigebracht haben", schießt der Oberbürgermeister in Richtung Merk, Keßler und Geschäftsführer Voigt zurück.

Er, Weichel, unterstütze den FCK. Mit der Beschlussvorlage schlage er dem Stadtrat doch gerade die Fortschreibung der niedrigeren Stadionpacht vor – wenn auch mit der Modifikation, für eine Kompensation zu sorgen. Letzteres entspreche einer lang gehegten Forderung des Stadtrats, der in der Vergangenheit immer wieder auf Kompensationen für Mietminderungen gedrängt habe. Hinzukomme, dass es sich beim FCK neuerdings nicht mehr nur um einen gemeinnützigen Verein handele: „Sie sind jetzt Kapitalgesellschaft, Sie agieren wie eine Kapitalgesellschaft, und Sie werden von mir behandelt wie eine Kapitalgesellschaft", so Weichel. „Das ist nichts Illegitimes, was wir hier tun, sondern das ist das, was jeder, der Geld gibt, auch tut. Und ich verstehe nicht, wo Sie hier die Probleme betrachten."

Weichel rechnet vor: Konkret geht es um eine Kompensation für zwei Spielzeiten in Höhe von jeweils 2,775 Millionen Euro, zusammen also rund 5,6 Millionen Euro. Nehme man einen Vereinswert von 40 Millionen Euro an, bedeute dies eine Größenordnung von 14 Prozent der Anteile an der Kapitalgesellschaft. Der FCK könne also noch über 80 Prozent seiner Aktien vermarkten – „die sollten Sie erst mal an Investoren verkaufen, dann reden wir mal weiter", meint Weichel. Die Aktien gingen nur als eine Art Sicherheit an die Stadiongesellschaft. Die Stadt wolle sich in keinster Weise ins Klubgeschehen einbringen und erst recht nicht mit den Aktien handeln. Zudem könne der FCK ein Vorkaufsrecht haben, sodass er die Unternehmensanteile jederzeit zurückkaufen und damit die Miete begleichen kann, sobald sich seine Lage bessert.

Demgegenüber führt Keßler das Argument ins Feld, dass im Zuge der früheren Beschlüsse über die Stadionpacht alle Verhandlungsparteien ja einen Konsens bezüglich der Marktkonformität und Angemessenheit der für niedrigere Spielklassen reduzierten Summen formuliert hatten. Ziele man nun für die 3. Liga wieder auf die in Bundesligazeiten vereinbarte Pachthöhe von 3,2 Millionen ab – sei es durch Geldzahlungen oder Aktienkompensationen –, schreibe man doch implizit das hohe Mietniveau fest. Darauf könne sich der FCK nicht einlassen, und auch für Investoren verschlössen sich dadurch Perspektiven.

Doch für Missstimmung sorgt vor allem das Wie der FCK-Bosse. Merk schlägt gegenüber den Lokalpolitikern stellenweise einen seltsam oberlehrerhaften Ton an. „Ich möchte Ihnen von der Praxis erzählen", sagt er bedeutungsschwanger über die Investorengespräche, „damit Sie auch mal verstehen, wie solche Verhandlungen ablaufen." Und Voigt zieht offen die Pläne zur Zukunftssicherung des Vereins seiner Vorgänger in Zweifel. Sie basierten „auf vielen Annahmen, die wir zum jetzigen Zeitpunkt nicht unterstützen können". Nur bis zum 30. Juni 2020 sei der FCK finanziert. Für die Zeit danach suche man Lösungen. Die Pachtfrage sei dafür entscheidend: „Wenn wir darstellen können, dass wir eine Perspektive haben, wird sich die Tür öffnen, und wir werden Investoren finden", behauptet Voigt. Ziel sei, „in eine Positivspirale" zu kommen, „um in den nächsten zwei Jahren den Aufstieg zu schaffen".

Merk fordert die Lokalpolitiker dazu auf, der neuen Klubführung zu vertrauen. Irgendwann grätscht Weichel dazwischen. „Ich möchte Sie bitten, mit der Polarisierung aufzuhören, das bringt uns hier nicht weiter", bremst der Oberbürgermeister das Pathos Merks. Während heute im Stadtrat um Millionen zugunsten des Profifußballs gerungen werde, erklärten die Lokalpolitiker an anderen Tagen den Menschen, wo die hochverschuldete Stadt Kaiserslautern sparen muss und welche wichtigen Sanierungsmaßnahmen sie bei Straßen, Kitas oder Schulen nicht angehen kann. Hierfür bedürfe es einer Sensibilität auch der FCK-Verantwortlichen.

Übrigens: „Das mit dem Vertrauen-Aufbauen, das habe ich allein schon viermal gehört", sagt Weichel mit Blick auf die vielfachen Personalwechsel beim FCK. „Und wenn ich jetzt höre, dass das, was die alte Geschäftsführung uns erzählt hat, das Papier nicht wert ist, auf dem es steht, dann fällt es auch mir schwer, immer wieder einen Vertrauensvorschuss zu geben." Merk kontert hinsichtlich der Idee einer Kompensation der Pachtreduzierung durch ein Aktienpaket: „Wenn dieser Beschlussvorlage zugestimmt wird, stürzt das ganze Haus, das wir errichtet haben, an diesem Tag ein." Keinem, weder dem FCK noch der Stadt und ihren Bürgern, sei damit gedient. Merk spricht sich dafür aus, die Entscheidung über die Pachthöhe zu vertagen.

Dafür votieren auch die Stadtratsmitglieder. Denn: „Die bisher zugängliche Informationslage ist absolut ungeeignet, um im Stadtrat Entscheidungen treffen zu können", wie es in einem Antrag einiger Fraktionen heißt. Am 3. Februar wollen die Lokalpolitiker abermals zusammenkommen, um über die Stadionpacht zu beraten.

Der Oberbürgermeister als „Totengräber"

Waren Merk und Co. angetreten, um emotionale Wogen zu glätten, geschieht nun das Gegenteil. Die Häme, die sich zuletzt gegen die Funktionärsriege um Banf richtete, erfasst jetzt den Oberbürgermeister. Beim Heimspiel gegen Sonnenhof Großaspach am 27. Januar sind ihm große Banner in der Fankurve gewidmet: „Weichel, hör' auf, Stadt und Verein gegeneinander auszuspielen!" In Fanforen wird der Oberbürgermeister, der in diesen Tagen für den Fortbestand des Klubs eine tragende Rolle hat, als „Totengräber des FCK" verunglimpft.

Dem stehen auch Klubfunktionäre in wenig nach, insbesondere das FCK-Aufsichtsratsmitglied Wilhelm. Per Twitter gibt er verstörende Verse wie diesen zum Besten: „Wenn die braven Stadtverwalter / als ungeübte Aktienhalter / verlangen, was nicht rechtens ist, / dann ist und bleibt das einfach Mist." An anderer Stelle behauptet er in Reimform: Die Stadt „greift tief in leere Taschen rein / und schadet damit dem Verein". Zur Rolle des „Herrn OB" fragt er spöttisch: „Der Oberste der Stadtverwalter / spielt wohl gern Konkursverwalter?" Abermals schlagen die Wellen hoch beim FCK.

In Reihen der Lokalpolitik tut sich besonders der CDU-Fraktionsvorsitzende und Ex-FCK-Aufsichtsrat Michael Littig hervor. Bereits in der Stadtratssitzung gab er sich mit wortreichen Beiträgen als in alle Richtungen kritischer Fragensteller. Danach inszeniert er sich mit langatmigen Einlassungen in diversen Interviews, Presseverlautbarungen und Social-Media-Posts als eine Art Antagonist des SPD-Politikers Weichel. Dabei fällt es jedoch schwer, eine klare Positionierung zu erkennen. Denn der Oppositionspolitiker Littig bemüht immer wieder Allgemeinplätze. Wie den, dass es in der Sache FCK „unheimlich viele Betrachtungsweisen" gebe, dass der Stadtrat „mal wieder eine ganz schwierige Entscheidung treffen" müsse oder dass es doch die „Pflicht aller Stadträte" sei, „jede Entscheidung auf das sachlich bestmöglich belastbare Fundament aufzubauen".

Wie in früheren Debatten legt er eine gewisse Ambivalenz an den Tag: Zum einen stellt er eine große Sympathie für den FCK zur Schau und beschreibt dessen herausragende Bedeutung für die Stadt. Zum anderen gibt Littig den Mahner: „Wichtig ist auch die kritische Betrachtung des 1. FCK." Insgesamt sei die Gemengelage „extrem komplex". Stadt und FCK seien „untrennbar miteinander verbunden", und daher müssten „sich alle maximal anstrengen und für eine gemeinsame Lösung kämpfen". Die CDU unterstütze „jede zwischen dem Oberbürgermeister und dem FCK als machbar abgestimmte Lösung". Doch in der Wortfülle sind eigene Lösungsvorschläge rar.

„Zusammen, nur zusammen kommen wir zu einer guten Lösung." Und mit „Zusammen" meint Littig die Stadt, den Verein und das Land Rheinland-Pfalz. So unternimmt der CDU-Lokalpolitiker, der stets abstreitet, in der Sache politisch motiviert zu taktieren, den Versuch, die SPD-geführte Landesregierung stärker in die Pachtdebatte zu involvieren. „Der Schlüssel im Existenzkampf liegt beim Land", heißt es in einer Presseverlautbarung des lokalen CDU-Kreisverbands. Es sei „zwingend erforderlich, dass das Land den sogenannten Deckel der freiwilligen Leistungen flexibel macht". So könne die Stadt die drohende Finanzbelastung wenigstens außerhalb ihres Budgets für Kultur, Schwimmbäder oder Freizeiteinrichtungen abbilden. Das mag ein Ansatz sein, aber diese Idee ist keineswegs neu: Genau dazu hat sich die Kommunalaufsicht bislang stets ablehnend positioniert.

Doch Littig will das nicht stehenlassen und schlägt sogar „eine eigene Beteiligung des Landes durch die Stützung der Stadiongesellschaft" vor. Aber es fällt schwer, in diesem Argument keine populistischen Züge zu erkennen: Warum sollte sich das Land in die Verantwortung für einen defizitären Stadionbetrieb begeben?

Die zweite Sitzung des Stadtrats

Als der Stadtrat am Montag, 3. Februar, zum zweiten Mal zur Sondersitzung zusammenkommt, um über die Stadionpacht zu beraten, ist Weichel bestens vorbereitet. Zum einen berichtet er von einem Gespräch, das er sonntags zuvor mit den regionalen Investoren und den FCK-Bossen führte. Bei dem Treffen waren laut Weichel aus dem Kreis der Investoren unter anderem Giuseppe Nardi, Peter Theiss, Klaus Dienes und Dieter Buchholz sowie für den FCK Rainer Keßler und Markus Merk vertreten. Zum anderen legt er einen modifizierten Vorschlag des FCK vor. Außerdem schlüsselt er noch einmal die Summen auf, mit denen die öffentliche Hand seit 2003 den Profifußball in Kaiserslautern stützte.

Dabei will Weichel „das Märchen", dass den Ausbau des Fritz-Walter-Stadions für die Fußballweltmeisterschaft 2006 außer der Stadt eigentlich überhaupt niemand wollte, ausräumen. Im Gegenteil habe der Verein selbst mit dem damals ihm gehörenden Stadion die Bewerbung um die WM forciert. Das Land gab 41 Millionen Euro zum Ausbau der Arena, die Stadt 17 Millionen Euro und über die Stadiongesellschaft flossen noch einmal 22 Millionen Euro. Insgesamt investierte die öffentliche Hand also 80 Millionen Euro in den Stadionausbau.

Außerdem rettete die Stadt 2003 den Verein vor einer drohenden Insolvenz, indem sie ihm das Stadion für 47 Millionen Euro abkaufte. Zusammen mit sonstigen Hilfen in Höhe von 18 Millionen Euro ergibt dies die 65 Millionen Euro, die die damals eigens gegründete Stadiongesellschaft als Kredit, dessen Rückzahlung 2036 fällig wird, belastet. Darüber hinaus engagierte sich die öffentliche Hand weiter: Von 2007 bis heute kamen Pachtzinsnachlässe in Höhe von insgesamt 13,8 Millionen Euro zusammen, die meisten zulasten des städtischen Haushalts. Das Land steuerte dazu einmalig 1,576 Millionen Euro bei. Insgesamt sind so laut Weichel bis dato rund 157 Millionen Euro an öffentlichen Mitteln in den Profifußball in Kaiserslautern geflossen, davon 117 Millionen Euro von der Stadt.

Im Gespräch mit den Investoren, Keßler und Merk habe er diese Zahlen genannt, „um den Herren noch einmal darzulegen, welche Bedeutung der FCK für die Stadt hat und welche Hilfestellung wir bereits in Euro in der Vergangenheit gegeben haben", so Weichel. „Das war für einige überraschend." Dabei habe er die Frage aufgeworfen, ob es die Mäzene störe, wenn die Stadt einen Anspruch auf Aktien zur Kompensation des Pachtnachlasses erhebe. „Die Antwort war deutlich: Es stört diese Herren überhaupt nicht." Im Gegenteil hätten sie für seine Position „sehr viel Verständnis aufgebracht", sagt Weichel. Es habe sich gezeigt: Die Probleme mit der Aktienidee hätten „nicht die Investoren, sondern der FCK". Der Klub habe dazu sogar ein Gutachten gefertigt, das der Stadtverwaltung nicht vorliege. Zum Schutz des Vereins vor insolvenzrechtlichen Konsequenzen will Weichel den Sachverhalt in der öffentlichen Sitzung nicht detaillierter ausbreiten. Dies sei Sache des FCK.

In der Gesprächsrunde hätten die FCK-Verantwortlichen daraufhin zu dem bislang diskutierten Pachtmodell eine alternative Variante vorgeschlagen, trägt Weichel vor. Die stellt sich folgendermaßen dar: Für die 3. Liga fordert der FCK nicht mehr länger eine Pachtreduzierung auf 425.000 Euro, sondern zeigt sich dazu bereit, 625.000 Euro zu zahlen. Außerdem schlägt er diverse Zusatzpachten vor. Bereits jetzt regelt der Pachtvertrag Sonderzahlungen. Erreicht der FCK das Achtelfinale des DFB-Pokals, werden 100.000 Euro fällig, im Viertel- oder Halbfinale erhöht sich diese Summe auf 250.000 Euro, im Finale auf 500.000 Euro. Außerdem bieten die FCK-Bosse nun zusätzliche Boni an: Im Fall des Erreichens der zweiten Pokalrunde beziehungsweise des Achtelfinals wollen sie die Stadt jeweils zu 40 Prozent an den Erlösen aus den Partien beteiligen. Dabei nennt Weichel bei der ersten Präsentation im Stadtrat konkrete Summen: Die 40-prozentige Erlösbeteiligung in der zweiten Pokalrunde beziffert er mit 140.000 Euro, die im Achtelfinale mit 274.000 Euro. Zudem stellt der FCK eine Zusatzzahlung in Höhe von 100.000 Euro in Aussicht, wenn er in der 3. Liga einen Zuschauerschnitt von mindestens 21.000 erreicht. Darüber hinaus will er der Stadt Sponsoringleistungen in Höhe von circa 100.000 Euro zur Verfügung stellen und Teile des Stadions, die nicht spieltagsrelevant sind, der Stadiongesellschaft zur Nutzung und Vermarktung zurückgeben.

Diese neue Idee sei „weit weg von dem, was in der bisherigen Diskussion war“, meint Weichel. Der neue Vorschlag müsse nun zunächst politisch bewertet sowie mit der Kommunalaufsicht und damit verbunden dem rheinland-pfälzischen Innenministerium erörtert werden. Es sei mit den FCK-Verantwortlichen abgestimmt, dass der Stadtrat die Entscheidung gegebenenfalls abermals vertagt. Das geschieht auch. Während das Zeitfenster im Lizenzverfahren für den FCK immer enger wird, dauert die Hängepartie im Stadtrat eine Sondersitzung länger.

Die dritte Sitzung des Stadtrats

Anstatt konzentriert mit dem Oberbürgermeister an einer Lösung zu arbeiten, sorgen die FCK-Bosse im Anschluss an die zweite Sitzung für einen Eklat. In einer Pressemitteilung widersprechen sie „mit aller Entschiedenheit“ den Ausführungen Weichels. Es sei nicht richtig, dass die Investoren „keinerlei Einwände an der Übertragung von Aktien an die städtische Stadiongesellschaft“ hätten, behaupten sie. Vor allem werfen sie Weichel vor, die Inhalte des Gutachtens bezüglich der Risiken bei einer Aktienübergabe an die Stadt „dem Stadtrat und der Öffentlichkeit vorenthalten“ zu haben. Sie selbst werden hinsichtlich ihres eigenen Gutachtens aber auch nicht konkreter. Sie schreiben lediglich, dass mit einer Aktienübergabe „Insolvenzrisiken“ verbunden seien, und führen auch für die „Fritz-Walter-Stadion GmbH erhebliche Rechts-, Finanz- und Haftungsrisiken“ an. Worum es genau geht, lassen sie ebenfalls offen.

Vermutlich hängen die Risiken damit zusammen, dass im Falle einer Aktienübertragung an die Stadt der Vereinswert von neutraler Stelle noch einmal offiziell zu begutachten wäre. Und bei einer negativen Abweichung gegenüber den zuletzt angenommen 45 Millionen Euro stünden dem FCK möglicherweise bilanzielle Turbulenzen ins Haus. Aber warum hätte Weichel so etwas in der Öffentlichkeit breittreten sollen, und was ist an seiner Darstellung auszusetzen? Die FCK-Bosse werden persönlich. Sie werfen dem Oberbürgermeister vor, „in den schwersten Stunden des 1. FC Kaiserslautern" den Druck auf den Verein erhöht zu haben. Zudem erschwere er „durch die fortbestehende Unsicherheit im Hinblick auf die Stadionpacht zielführende Verhandlungen des FCK mit potenziellen Investoren".

Das offensive Statement lässt den nötigen Respekt gegenüber dem lokalpolitischen Prozess, dem Streben der Stadt nach auskömmlichen Finanzen, ihren Gremien und ihrem Oberbürgermeister vermissen. Lokalpolitiker aller Couleur reiben sich verwundert die Augen. Gleiches gilt für Protagonisten aus dem Kreis der Investoren. „Weichel hat recht", sagt mir einer der Unternehmer. Im Laufe des in der Stadtratssitzung zitierten Gesprächs zwischen dem Oberbürgermeister, den regionalen Investoren und den FCK-Bossen hätten die Investoren sinngemäß tatsächlich zu verstehen gegeben, dass es für ihr Engagement nicht entscheidend sei, ob die Stadt in den Besitz von Aktien gerate oder nicht.

Wie das Gespräch zwischen dem Oberbürgermeister, den Investoren und den FCK-Bossen verlief, wissen nur die Teilnehmer. Doch in keinem Fall dient das fragwürdige Statement der FCK-Bosse der Sache. Vielmehr führt es zu einer weiteren Polarisierung. Weichel reagiert gelassen: „Leider ist die aktuelle Diskussion von unnötiger Schärfe geprägt, darum würde ich es begrüßen, von persönlichen Diffamierungen abzusehen", meint er. Es gelte, „mit mehr Sachlichkeit zurück an einen gemeinsamen Tisch zu finden". Das ist ein hehrer Wunsch – insbesondere mit Blick auf die Tweets des FCK-Aufsichtsratsmitglieds Wilhelm. Der stilisiert den FCK als Opfer der Lokalpolitik. Dichtend trumpft er auf: „Leider sind wir hier gebunden / in des Vereines schweren Stunden / (...) schlecht positioniert, in OB's Hand / steh'n wir mit Rücken an der Wand. / Wir haben alles angeboten / was mit Verstand man geben kann / doch steigen noch die Pachtzinsquoten / greift man uns unerträglich an."

Mit Blick auf die nächste Sondersitzung im Stadtrat am 15. Februar wird die Atmosphäre immer aggressiver. Ein Mitglied der SPD-Stadtratsfraktion findet ein in diesem Zusammenhang an ihn adressiertes Schreiben in seinem Briefkasten: „Bald wird Euch Sozen die AfD ablösen. Dann könnt Ihr den Zug nach Auschwitz nehmen", heißt es darin. Weichel sieht sich zunehmend Verschwörungstheorien ausgesetzt. „Im

Auftrag dubioser Großunternehmer arbeite ich bekanntermaßen derzeit mit allen Mitteln daran, den FCK zu zerstören, um damit den Weg für ein Mega-Invest auf dem Betzenberg freizumachen", sagt er ironisch kopfschüttelnd. „Das glauben viele Menschen da draußen tatsächlich."

Derweil rufen FCK-Funktionäre die Fans dazu auf, die öffentlich zugängliche Publikumstribüne im Rathaus bei der nächsten Stadtratssitzung zu füllen, als handele es sich um ein Fußballspiel. „Flagge zeigen" ist das Motto eines Posts, der via Facebook kursiert und den einige FCK-Verantwortungsträger wie das Aufsichtsratsmitglied Martin Wagner teilen. „Ich stehe mit Euch am Samstag vor dem Rathaus", schreibt der ehemalige Nationalspieler. Klar: „Flagge zeigen heißt nicht, sich danebenzubenehmen oder zu beleidigen!" Aber: „Wir repräsentieren da unseren Verein, und das mit Stolz!!" Wahrscheinlich nie zuvor wurde der Termin einer Stadtratssitzung in Kaiserslautern so prominent beworben.

Und selten sind die Ränge dichter besetzt als bei der samstäglichen Sitzung am 15. Februar. Selbst in den Gängen vor dem Ratssaal stehen FCK-Anhänger, die auf der Zuschauertribüne keinen Platz mehr finden. Nach abermals zähem Ringen tendiert die Mehrheit der Stadtratsmitglieder schlussendlich dahin, dem vom FCK modifizierten Antrag zuzustimmen. Die CDU beantragt allerdings eine Ergänzung: Demnach soll die Entscheidung unter dem Vorbehalt geschehen, dass die rheinland-pfälzische Kommunalaufsicht ADD (Aufsichts- und Dienstleistungsdirektion) auch für die Saisons 2020/21 und 2021/22 die Kapitalzuführungen der Stadt an die Fritz-Walter-Stadiongesellschaft nicht dem freiwilligen Bereich zurechnet. Das heißt, die Stadt ist bereit, das Delta, das die Mietsenkung mit sich bringt, zu übernehmen und ihren defizitären Haushalt damit zusätzlich zu belasten. Sie will aber vermeiden, dass dies innerhalb ihres von der ADD begrenzten Budgets für freiwillige Leistungen zwingend mit Kultur-, Freizeit- oder Familieneinrichtungen konkurriert.

Für manche Stadtratsmitglieder insbesondere aus Reihen der CDU ist dieser Vorbehalt, der sich an die Landesbehörde ADD richtet, ein Hebel, um das Land Rheinland-Pfalz an sein Mitwirken am Stadionausbau im Vorfeld der Fußballweltmeisterschaft 2006 zu erinnern. Doch Weichel und einige andere Lokalparlamentarier warnen eindringlich davor, den Beschluss in dieser Form zu fassen. „Nur mal angenommen, die ADD würde nicht zustimmen: Welche Auswirkungen hätte das denn für den Verein?", fragt ein SPD-Abgeordneter. Die Antwort liegt auf der Hand: „Dann hätten wir keine Einigung, weil der Vorbehalt die Zustimmung auflöst. Eine nicht vorhandene Lösung bedeutet, dass wir auf den alten Pachtvertrag zurückfallen und in der zweiten Hälfte des Jahres 2020 der

FCK 3,2 Millionen zu zahlen hat", erklärt Weichel. Das heißt, das Problem bliebe ungelöst, und der FCK könnte die zu zahlende Miethöhe im Lizenzierungsverfahren nicht abbilden.

Zur Sitzung legt der Oberbürgermeister dem Stadtrat außerdem eine Mitteilungsvorlage bezüglich der Position der ADD vor. Demnach läuft zum Ende der Saison laut der Behörde ausdrücklich ein Sonderzuschussbudget aus, das die Kommunalaufsicht der Stadt in der Vergangenheit für die Ausgleichsleistungen in Sachen FCK-Miete zubilligte. Auf die Anfrage, ob die ADD zukünftig abermals ein solches Sonderzuschussbudget einräumen würde, habe die Kommunalaufsicht explizit keine Aussage treffen wollen. Dies hänge vom gesamten städtischen Haushalt 2021 und 2022 ab.

Ungeachtet der risikoreichen Unwägbarkeiten stimmt der Stadtrat trotzdem mehrheitlich für den Beschluss samt Vorbehalt. So ist zunächst also vorgesehen, dass der FCK für die nächsten beiden Spielzeiten in der 3. Liga 625.000 Euro pro Jahr an Stadionpacht bezahlt, in der 2. Liga wären es 2,4 Millionen Euro. Zudem gibt es die Sonderpachten bei Erfolgen im DFB-Pokal (100.000 Euro bei Erreichen des Achtelfinals, 250.000 Euro im Viertel- oder Halbfinale, 500.000 Euro im Finale sowie die neue, 40-prozentige Erlösbeteiligung bei Erreichen der zweiten Runde und des Achtelfinals). Ein in der Vergangenheit festgelegter Zuschauerbonus in Höhe von 100.000 Euro gilt ebenfalls weiter, allerdings nicht mehr bei einer durchschnittlichen Zahl von 19.000 Zuschauern bei den Heimspielen pro Saison, sondern ab 21.000 Zuschauern. Darüber hinaus gibt der FCK der Stadiongesellschaft nicht spielbetriebsrelevante Flächen im Stadion für eine Weiterentwicklung frei. Ebenso stellt er der Stadt Sponsoringleistungen in Höhe von 100.000 Euro pro Saison zur Verfügung.

Doch es kommt, wie es kommen muss: Die ADD lässt sich von den Stadtpolitikern nicht unter Druck setzen. Zwar kommt die Kommunalaufsicht der Stadt entgegen: „In Anbetracht der zeitlichen Dimension und möglicher Konsequenzen für den 1. FCK und damit einer drohenden weiteren Verschlechterung der Haushaltslage der Stadt" erhebe sie grundsätzlich „keine Rechtsbedenken" gegen die Entscheidung des Stadtrats, teilt die Kommunalaufsicht in einer Pressemeldung mit. Auch weitet sie das Sonderzuschussbudget auf das laufende Haushaltsjahr aus, also bis Dezember 2020, mithin zur Hälfte der Saison. Dies betrifft Kapitalzuführungen der Stadt an die Stadiongesellschaft in Höhe von 1.287.500 Euro.

Aber: „Dem Ersuchen der Stadt, das Budget auch für die Folgejahre zu erhöhen, konnte die Kommunalaufsicht schon deshalb nicht entsprechen, weil ihr dazu derzeit jegliche verlässliche Beurteilungsgrundlage fehlt.“ Das gehe erst im Kontext des noch zu erarbeitenden Haushaltsplans der Jahre 2021 und 2022. Aktuell liegt die Liquiditätskreditverschuldung der Stadt bei rund 762 Millionen Euro, der Jahresfehlbetrag bei 39,1 Millionen Euro. Kaiserslautern gehört zu den höchstverschuldeten deutschen Kommunen. Die Stadt müsse „ihre Haushaltssituation nachhaltig verbessern“, heißt es von der ADD. Damit ist klar, dass der vom Stadtrat gefasste Beschluss so keinen Bestand hat. Es bedarf einer weiteren Sondersitzung. Die soll am 2. März stattfinden.

„Wie der Fußball ohne das Tor“

Doch als ginge das Ringen um die Stadionpacht nicht aufreibend genug vonstatten, sorgt der FCK in den zwei Wochen bis zur nächsten Sitzung für neues Chaos, und abermals geben die Vereinsbosse keine gute Performance ab. Am Sonntag, 23. Februar, bildet der FCK auf seiner Homepage seine Ikone Gerald Ehrmann ab. Der ehemalige Keeper und kultige Torwarttrainer ist bereits seit drei Dekaden im Dienst der Roten Teufel. Unter dem Foto steht: „Gerry Ehrmann freigestellt“.

Knapp teilt der Klub mit, dass er sich „nach einer Reihe von internen Vorkommnissen, die eine zielgerichtete und teamorientierte Zusammenarbeit zum Wohle des Vereins nicht mehr möglich machen, zu diesem Schritt gezwungen“ sieht. Es folgt kein erklärendes Wort und erst recht keine Würdigung der Verdienste Ehrmanns, der nicht nur als Torhüter mit dem FCK Pokalsieger und Meister wurde, sondern auch als Torwarttrainer große Athleten wie Roman Weidenfeller, Tim Wiese oder Kevin Trapp formte. Die Wechsel von ihm ausgebildeter Talente wie Marius Müller zu RB Leipzig oder Julian Pollersbeck zum Hamburger SV bescherten dem FCK bis zuletzt überlebenswichtige Transfereinnahmen. Über Jahrzehnte war der kantige Gerry eine Konstante im FCK-Kosmos.

Sein Rauswurf findet nationalen Widerhall, ehemalige Schützlinge solidarisieren sich mit ihm. „Einfach traurig zu sehen, was da passiert“, schreibt der nun bei Borussia Mönchengladbach angestellte Torhüter Tobias Sippel auf seinem Instagram-Account. Es sei unverständlich, „dass man jetzt den Letzten vom Berg vergrault, der immer und alles für den Verein gegeben hat“, wundert sich Sippel. „Alle Deine Torhüterjungs stehen hinter Dir.“ Auch der nach seiner FCK-Zeit bei Borussia Dortmund erfolgreiche und im Weltmeisterkader von 2014 vertretene Weidenfeller bedankt sich bei Ehrmann für das Coaching am Beginn seiner Karriere. „Mit Gerry verliert der FCK eine Identifikationsfigur“, schreibt er. Und Müller meint zu Gerry: „Wahnsinn, der 1. FC Kaiserslautern ohne Dich ist wie der Fußball ohne das Tor.“

Genauso sorgt die Nachricht in Fankreisen für Entsetzen. Innerhalb weniger Tage gewinnt eine Onlinepetition mit dem Titel „Gerry Ehrmann bleibt beim FCK!“ über 10.000 Unterstützer. „Es geht darum, dass man jemanden vom Berg jagt, der alleine mehr Amtszeit hat als vermutlich alle anderen zusammen“, heißt es darin. Durch die Wucht der Reaktionen sehen sich die FCK-Verantwortlichen tags darauf zu einer weiteren Erklärung gezwungen. Sie müssen eingestehen: „Gerry Ehrmann ist für die FCK-Familie in den vergangenen, wirtschaftlich und sportlich schwierigen Jahren einer der wenigen Anker gewesen.“ Insofern sei es verständlich, dass seine Freistellung „für viele Fans und Mitglieder nicht oder nur schwer zu ertragen ist“. Doch „bereits seit Monaten schwelte ein Konflikt zwischen Gerry Ehrmann und dem Trainerteam“.

Zuletzt sei es „mehrfach durch Gerry Ehrmann zu massiven, substantiellen Beleidigungen, Arbeitsverweigerungen und Drohungen gegenüber dem Trainerteam gekommen“, behauptet der FCK. Diese in der Stellungnahme nicht genauer beschriebenen „Vorkommnisse“ seien dokumentiert und hätten „in ihren Auswirkungen auch die Mannschaft erreicht“. Trotz der „unbestrittenen Verdienste“ Ehrmanns und dessen Popularität sei „die Freistellung unumgänglich“.

Doch der FCK ist nun ein Getriebener dieser Personalentscheidung und seiner missratenen Kommunikation. Auf der einen Seite steht die Identifikationsfigur Ehrmann, die über Jahre ohne Nebengeräusche in unterschiedlichen Trainerteams arbeitete. Auf der anderen Seite sind die FCK-Neulinge Coach Boris Schommers und Geschäftsführer Voigt. Von außen betrachtet sind die Karten klar verteilt. Viele Fans sind erschrocken über den Umgang mit der Kultfigur. So wird für Schommers der Gang zum Trainingsplatz dienstags nach der Freistellung Ehrmanns zum Spießroutenlauf. Im Internet kursieren Handyvideos davon, wie Dutzende FCK-Fans Spalier stehen und dem Trainer unflätige Beleidigungen entgegenschleudern. „Arschloch“ fällt dabei in die freundliche Kategorie.

Derweil bestreitet Ehrmann die Vorwürfe. Sie seien „erfunden und erlogen“, wird er in der Presse zitiert. Mit ihm persönlich sei vor der Freistellung weder über die nebulösen Vorgänge gesprochen worden, noch habe er vom FCK jemals eine Verwarnung, eine Abmahnung oder Ähnliches erhalten. Insofern überrasche ihn die unvermittelte Freistellung, und sie sei auch nicht gerechtfertigt. Während die Klubbosse in einer weiteren Pressemitteilung den Kulttorwart als beratungsresistent darstellen, seine Entlassung verkünden und behaupten, er habe „einen weitreichenden Lösungsvorschlag, welcher ihm umfangreiche Optionen und

Zusicherungen gewährleistet hätte", nicht angenommen, geht Ehrmann den arbeitsrechtlichen Weg.

Die FCK-Bosse meinen, alles Mögliche getan zu haben, um eine juristische Auseinandersetzung zu verhindern. Doch tatsächlich manövrieren sie sich mit offensichtlich dilettantischem Personalmanagement in den Rechtsstreit mit der Klubikone, der für den FCK – egal welches Ergebnis am Ende steht – nur schlecht aussehen kann. Der Streit erfasst sogar wichtige Investorenkreise. So rückt beispielsweise der SWR die Freundschaft Ehrmanns zu den regionalen Investoren, darunter der ehemalige FCK-Aufsichtsratsvorsitzende Buchholz, in den Fokus seiner Berichterstattung.

Der Sender mutmaßt gar darüber, ob der Streit zwischen Ehrmann und Trainer Schommers eine Fortsetzung des „Machtkampfs aus dem Jahr 2019" sein könnte. Schließlich habe sich die Kultfigur Ehrmann als „Machtfaktor", so behauptet der SWR, vereinspolitisch „instrumentalisieren" und „vor den Karren spannen" lassen. Angeblich habe der Torwarttrainer für den „Scheininvestor Flavio Becca" geworben, und Buchholz ziehe als Ex-Funktionär, Sponsor und Investor „im Hintergrund viele Fäden". Die Erklärung, wie das alles mit dem Streit zwischen Schommers und Ehrmann zusammenhängen soll, bleibt der SWR schuldig. Der Sender kommt zu dem wenig erkenntnisreichen Schluss, dass „irgendetwas passiert sein muss". Gleichwohl spiegeln solche Mutmaßungen den Missmut der Fans wider. Von einigen wird der verdiente Ehrmann in Internetforen plötzlich als „Marionette" der regionalen Investorengruppe diskreditiert.

Wie emotional aufgeladen die Situation ist, zeigt ein offener Brief der Fanbetreuung und des Fanbeirats vom 27. Februar. Sorgenvoll rufen sie die Anhänger der Roten Teufel „zu Geschlossenheit und Ruhe" auf. Zuletzt sei es „leider immer wieder zu Beleidigungen und Drohungen innerhalb der FCK-Familie" gekommen, besonders in Internetforen. Zudem würden „Mitarbeiter, Amtsträger oder Spieler immer häufiger zur Zielscheibe von wüsten Beschimpfungen". Es gelte dringend, „wieder zu einer sachlichen und fairen Diskussionskultur zurückzufinden".

Die vierte Sitzung des Stadtrats

Die immer neuen Turbulenzen drängen die lebenswichtige Suche nach einer Lösung in Sachen Stadionpacht fast in den Hintergrund. Dafür kommt der Stadtrat am 2. März abermals zusammen. Bis kurz vor der Sitzung stimmt sich Oberbürgermeister Weichel noch mit der Kommunalaufsicht ADD ab. Am Ende überrascht er mit einem Verhandlungserfolg: Angesichts der prekären Situation beim FCK, dem nach Angaben der Klubbosse noch elf Millionen Euro im Lizenzierungsverfahren für die kommende Saison fehlen, sei es geboten, den Worst Case abzuwenden. Daher erklärt sich die ADD tatsächlich dazu bereit, der Stadt ein Sonderzuschussbudget zur Kompensation des Mietausfalls für die komplette Saison 2020/21 einzuräumen. Es besteht außerdem die Aussicht, dass dies für die folgende Spielzeit 2021/22 – abhängig vom sonstigen Haushalt der Stadt – ebenfalls gilt. Insofern existiert das Problem des Verdrängens freiwilliger Leistungen durch die Pachtminderung nicht mehr.

Damit erübrigt sich der Vorbehalt, den der Stadtrat in der letzten Sitzung seiner Entscheidung über die Pachtmodalitäten zugrunde gelegt hatte. Waren die vorherigen Sitzungen des Lokalparlaments noch langwierig, kommt es nun rasch zur Entscheidungsfindung. Der Rat stimmt mehrheitlich für die am 3. Februar vorgestellten und am 15. Februar bereits beschlossenen Modalitäten – ohne Wertausgleich oder Aktienkompensation. Am Ende handele es sich um eine Entscheidung zur „Schadensbegrenzung“, so Weichel. Sie falle aus Sicht der Stadt „einzig und allein, um der Stadiongesellschaft aus den Schwierigkeiten herauszuhelfen“.

Dies setzt zwar den Endpunkt unter die aufreibenden Verhandlungen zwischen Stadt und FCK und vermittelt dem Klub in Sachen Stadionpacht Planungssicherheit für zwei Jahre. Doch die aufziehenden neuen Zwistigkeiten werfen dunkle Schatten auf den Verein und sein Vorankommen. So melden sich die als Investoren gehandelten regionalen Unternehmer mit einem Schreiben an die FCK-Führung deutlich zu Wort. In dem Brief vom 5. März, den Nardi an den Vorstand und den Aufsichtsrat des FCK schickt, werden gravierende Misstöne laut.

Zum einen kritisiert Nardi die öffentliche Kommunikation der FCK-Bosse. Hier entstehe oft der Eindruck, dass eine weitere Investition nur reine Formsache sei. Mit seinem Brief zeigt er hingegen auf: „Von einer Einigung für Investitionen in Höhe von drei bis vier Millionen Euro sind wir tatsächlich noch weit entfernt.“ Konkret geht es Nardi darum – und damit bestätigt das Schreiben die Ausführungen Weichels im Stadtrat –, dass grundlegende Voraussetzungen seitens des FCK für den Investoreneinstieg noch nicht erfüllt sind.

Nardi nennt „nur die wesentlichsten Punkte“. Erstens eine Klärung der „Frage des Ankerinvestors und der damit verbundenen Perspektive über das Jahr 2021 hinaus“. Er ergänzt: „Zu der Frage des Ankerinvestors möchten wir unmissverständlich klarstellen, dass wir unter Investoren

Personen oder Gesellschaften verstehen, die bereit sind, dem FCK Mittel in Form von Eigenkapital zur Verfügung zu stellen und nicht wie von Herrn Weimer bei der letzten Aktionärshauptversammlung ausgeführt weitere Kreditmittel." Zweitens fragen die regionalen Unternehmer nach einer „Möglichkeit, die Kostenstruktur zu kontrollieren und auch gegebenenfalls im Bedarfsfall zu korrigieren", sowie nach „konkreten Mitbestimmungsmöglichkeiten in den relevanten Gremien".

Darüber hinaus spricht Nardi „mit Sorge" die Auswüchse im Zuge der Entlassung Ehrmanns an. Er weist auf „absurde Verschwörungstheorien, die sogar den Kontakt zu unserer Investorengruppe umfassen", hin: „Dagegen verwehren wir uns ausdrücklich." Zudem fordert er die FCK-Verantwortlichen dazu auf, sich ebenfalls „gegen solche rufschädigenden Äußerungen" zu positionieren. Schließlich kritisiert er die zögerliche Haltung des FCK hinsichtlich der in Aussicht gestellten Investitionen. Das Engagement der regionalen Unternehmer – unter ihnen die Erstzeichner aus dem Jahr 2019 – „resultierte auch aus dem Willen, dem Verein zu helfen und ihn eventuell vor einer Verramschung zu schützen", erklärt Nardi. „Um es klar zu sagen: Wir wollen dem Verein in einer schwierigen Situation zur Seite stehen." Gleichwohl sei der Rahmen dafür noch nicht stimmig – „und angesichts der beschriebenen Turbulenzen und Widrigkeiten fällt es uns Investoren schwer, das wirkliche Wollen des Vereins zu erkennen". Insofern werde „der Wille zur Investition immer schwächer", und die Vertrauensbasis für eine Investition in Millionenhöhe sei „gefährdet".

Wenige Tage zuvor hatte der FCK in einer Pressekonferenz verkundet, in den nächsten Wochen im Lizenzierungsprozess für die kommende Saison, also im Zeitraum bis zum 30. Juni 2021, noch eine „Finanzierungslücke" in Höhe von elf Millionen Euro schließen zu müssen. Das Zeitfenster dafür reicht bis Ende April. Die Zeit ist also knapp. Aber wo wollen die FCK-Bosse bloß das Geld hernehmen?

Mittlerweile kommt sogar die von Becca gegebene Bürgschaft zum Tragen: Um seinen Betrieb bis zum 30. Juni 2020 aufrechthalten zu können, greift der FCK darauf zu. Damit hat der als „Scheininvestor" gescholtene Luxemburger Unternehmer nicht nur die Lizenz gesichert, sondern ist nun auch mit 2,6 Millionen Euro ein wichtiger Gläubiger. Wie ist eigentlich der Kontakt des Klubs zu ihm? „Nach wie vor laufen Gespräche", meint dazu FCK-Geschäftsführer Voigt bei einer Pressekonferenz am 27. Februar. Für einen wie Becca, der vor Monaten kurz davor stand, seine Unterschrift unter einen Investorendeal zu setzen, ist das wenig. Haben die neuen FCK-Bosse noch Asse im Ärmel?

SZENE 9

„Dann kam Corona“

Berufsfußballer im Home Office

Während die Situation beim FCK immer unübersichtlicher und sein Finanzzustand mit Blick auf das sich schließende Zeitfenster für die Lizenzierung mit jedem Tag bedrohlicher wird, bahnt sich eine unerwartete, viel größere Krise an. Das neuartige Coronavirus verbreitet sich von China aus rasant. Um das dynamische Infektionsgeschehen einzudämmen, werden plötzlich nie dagewesene Kontaktbeschränkungen und Lockdowns, also das Einfrieren großer Teile des öffentlichen Lebens, verhängt. Selbstverständlich sind davon Sportevents betroffen.

Im Zeichen der Pandemie kommen am 16. März die Gremien des DFB als Ligaträger und die Vertreter der 20 Drittligisten zu einer Managertagung zusammen. Sie entscheiden, den Spielbetrieb zunächst bis zum 30. April, also für die Spieltage 30 bis 35, auszusetzen. Das tun sie notgedrungen, denn „der festgelegte Zeitraum orientiert sich an den aktuell vorliegenden behördlichen Anordnungen“, wie es in einer Verlautbarung des DFB heißt. Ziel bleibt, die Saison „zu Ende zu spielen – sofern dies aus gesundheitlicher und behördlicher Sicht vertretbar ist“. Aber die Lage ist fragil und nicht vorhersehbar: Wie es nach dem 30. April weitergeht und ob dann wieder gespielt wird, ist völlig offen. Vom Saisonabbruch bis hin zu sogenannten Geisterspielen ohne Zuschauer sind alle Szenarien denkbar.

Auf die erzwungene Saisonpause reagiert der FCK: Am 17. März entscheidet die Geschäftsführung, den Trainingsbetrieb zunächst bis zum 19. April ruhen zu lassen. Das heißt, nicht nur die Mitarbeiter der Geschäftsstelle, sondern auch die Profifußballer gehen in Kurzarbeit. Um sich fit zu halten, kriegen die Spieler Spinningbikes und individuelle Trainingspläne. Es ist eine Art Berufsfußball im Home Office. Was die Vereinsentwicklung betrifft, ist die Ungewissheit so groß wie nie.

Man habe viele Weichen in die Zukunft gestellt – beispielsweise hinsichtlich der Stadionmiete, sagt Aufsichtsrat Markus Merk. „Da haben wir viele Probleme gelöst, waren auch mehrfach schon absolut positiv und konnten eigentlich nahezu Entwarnung geben“, behauptet er. Wobei angezweifelt werden kann, dass „Entwarnung“ im Zusammenhang mit der Liquiditätslücke von elf Millionen Euro eine passende Vokabel ist. Wie auch immer: „Dann kam Corona und veränderte alles“ – so klingt nun das Mantra Merks. „Jetzt, in Zeiten von Corona, stellt sich natürlich die Situation neu.“ Es sei mit einer weiteren finanziellen Lücke durch fehlende Einnahmen zu rechnen.

Corona trifft gerade die Drittligisten, die in höherem Maße von Zuschauereinnahmen abhängig sind als die Erst- und Zweiligisten, die mehr Geld aus der zentralen TV-Vermarktung beziehen. Speziell betroffen ist der FCK, dessen Zuschauerzahlen mit rund 19.000 Besuchern pro Heimspiel zu den höchsten der Liga gehören. Hier schlagen der Spielausfall und später das Spielgeschehen ohne Zuschauer besonders gravierend zu Buche. „Das ist natürlich ein riesiger Verlust, der bei uns nicht eingepreist war“, sagt Merk. „Da ist die wirtschaftliche Problematik noch größer.“ Um die zu lösen, sei es umso wichtiger, Eigenkapital zu gewinnen.

Dabei vollzieht Merk hinsichtlich des Vier-Säulen-Modells spätestens jetzt eine Kehrtwende: Auch wenn man sich nach wie vor zu dessen Umsetzung bekenne, sei der Einbezug von Fans in die Finanzierung durch das Öffnen der Fansäule aktuell keine Option. „Unsere Fans haben in den letzten Jahren sehr viel wirtschaftlich dazu beigetragen, den 1. FC Kaiserslautern überhaupt zu erhalten“, sagt Merk unter anderem mit Blick auf die Betze-Anleihe II und das Crowdlending. „Erst wenn wir es geschafft haben, über andere Investoren die Sicherheit des 1. FC Kaiserslautern mittel- und langfristig zu gewährleisten, dann werden wir diese Fansäule als Add-on öffnen.“ Es gehöre zur „Verantwortung als Vereinsführung“, Fans und Kleinanleger „wirtschaftlich zu schützen“. Es ist offenbar keine Frage des Wollens, sondern eine des Erkennens von Realitäten und Haftungsrisiken: Merks Vorgänger hatten – viel kritisiert – ähnlich argumentiert wie er jetzt.

Doch auch die Suche nach rettenden Kapitalgebern leidet empfindlich unter Corona. Man habe „seit Wochen, seit Monaten unendlich viele Gespräche“ geführt, behauptet Merk. Doch mit Corona müssten sich viele Unternehmer selbst neu orientieren und veränderten ihre Prioritäten. Daher gebe es noch „keine verbindlichen Festlegungen“. Die meisten der vielversprechenden Investorenkontakte kämen nun nur „eingeschränkt“ zustande, die Verhandlungen liefen „unglaublich viel schwieriger“.

Tatsächlich ist die Gruppe regionaler Investoren ein Beispiel dafür. Aus deren Kreis wendet sich Giuseppe Nardi abermals mit einem Brief an die führenden Gremien des Klubs. Nachdem der Unternehmer zuvor die zögerliche Haltung der FCK-Bosse bezüglich der möglichen Investition kritisierte, geht er nun auf Abstand. „Die Coronakrise hält uns alle in ihrem Bann, und deren Bewältigung wird noch Monate dauern. Die wirtschaftlichen Auswirkungen für Unternehmen und Privatpersonen sind noch nicht abschätzbar", schreibt Nardi. Der unternehmerische Fokus müsse jetzt auf „der Gesundheit und der wirtschaftlichen Zukunft unserer Mitarbeiter" liegen. Das bedeute, „dass wir in dieser unsicheren Situation von weiteren Engagements in den FCK absehen".

Merk spricht bezüglich der Pandemie von einer „gewissen Ratlosigkeit". Eine Prognose für die Zukunft gebe es nicht. Gleichwohl erarbeite man beim FCK „viele Szenarien im Hintergrund". Dabei analysiere man „alle rechtlichen, wirtschaftlichen und verfahrenstechnischen Begebenheiten", meint Merk. „Wir versuchen, die wirtschaftliche Situation so zu konstruieren, um den Verein nicht nur kurzfristig, sondern langfristig zu stabilisieren."

Gedankenspiele mit der Insolvenz

Zwar ist es der 1. April. Doch bei den Beiträgen, die an diesem Tag erstaunlich zeit- und inhaltsgleich im Fußballmagazin *kicker* und im öffentlich-rechtlichen SWR erscheinen, handelt es sich nicht um Aprilscherze. Beide Medien spekulieren freimütig darüber, wie eine Insolvenz in der Coronakrise den FCK von Schulden befreien und retten könnte. Der SWR bezeichnet die Überlegungen bezüglich einer Zahlungsunfähigkeit des Klubs lapidar als ein „Gedankenspiel". Zu dem will sich der FCK nicht eingehender äußern. Er verschickt nur ein vorbereitetes, schwammiges Statement von Geschäftsführer Soeren Oliver Voigt.

„Schon seit wir im Dezember unsere Ämter angetreten haben, war uns allen die brisante wirtschaftliche Situation des FCK bewusst", meint Voigt. „Wir haben eine große Verantwortung gegenüber dem Klub, daher prüfen wir selbstverständlich alle möglichen Optionen, die sich aus der Situation ergeben." Das umfasst wohl auch eine Insolvenz. Schließlich hatten dieses Szenario schon vor dem Jahreswechsel offenbar einige Gremienmitglieder im Kopf. So berichtete der damalige FCK-Vorstand Wilfried de Buhr ja bei der Mitgliederversammlung, wie er und Manager Michael Klatt sich gegen eine Insolvenz gestemmt und dabei intern mit gegenläufigen Einschätzungen zu ringen hatten.

Nun allerdings begünstigt die Pandemie, wenn man das so sagen kann, für das Durchlaufen einer Insolvenz durchaus die Rahmenbedingungen. Denn der DFB kündigt als Träger der 3. Liga am 3. April Lockerungen der Sanktionen für Insolvenzfälle an. Geriet ein Drittligist bislang in eine Insolvenz, musste er mit einem empfindlichen Abzug von neun Punkten in der laufenden Saison rechnen. Dies kann den ohnehin finanziell gebeutelten Klub auch sportlich in den Abgrund reißen. Wegen der Turbulenzen in der Coronakrise hebt der DFB diese Sanktion für die Runde 2019/20 aber komplett auf und sieht von Punktabzügen ab.

Außerdem vermeldet der Verband am 8. April „umfangreiche Anpassungen der laufenden Zulassungsverfahren". Zwar erhebt er weiterhin die Finanzdaten der Klubs, macht an der wirtschaftlichen Leistungsfähigkeit als Zulassungskriterium für den Ligabetrieb aber Abstriche. „Sofern eine festgestellte Liquiditätslücke nicht geschlossen werden kann, würden keine Punktabzüge erfolgen. Möglich bleiben andere Maßnahmen, beispielsweise Transferauflagen für die betroffenen Klubs", heißt es in der Meldung des DFB.

Manche spekulieren schon munter drauflos, wie der FCK die Veränderung dieser Rahmenbedingungen für einen rettenden Schuldenschnitt nutzen könnte. Solche Spekulationen übersehen aber oft, dass sich eine Insolvenz eben nicht beliebig herbeiführen oder „aussuchen" lässt. Es mag Handlungsspielräume etwa bei der Bewertung von Zukunftsszenarien geben, doch im Grunde gelten für ein Insolvenzverfahren klare Regeln. Die dienen vor allem dem Schutz der Gläubiger. Es ist ein hochriskanter Prozess unter richterlicher Aufsicht. „Man darf nicht so tun, als ob ein Insolvenzverfahren für einen Klub eine angenehme und unproblematische Angelegenheit wäre", teilt DFB-Vizepräsident Peter Frymuth auf Nachfrage mit. Es könne „viele nachteilige Konsequenzen" mit sich bringen, vor allem den „möglichen Vertrauensverlust bei Fans, Spielern, Mitgliedern, Partnern und Sponsoren".

Beim FCK ist die Lage offenbar so bedrohlich, dass sich die Bosse tatsächlich auf ein solches Szenario vorbereiten. Sie nehmen Kontakt zum Insolvenzexperten Dirk Eichelbaum auf. Der Schuldenstand des Klubs ist erdrückend hoch. Zu den jährlichen Defiziten kommen Verbindlichkeiten in Höhe von über 20 Millionen Euro. Davon sind der Fußballfinanzier Quattrex mit circa 8,7 Millionen Euro, der Luxemburger Bauunternehmer Flavio Becca mit seiner 2,6-Millionen-Euro-Bürgschaft sowie der Sportrechtevermarkter Lagardère mit schätzungsweise mehr als 1,5 Millionen Euro die wichtigsten Gläubiger. Auch die Fans sind involviert: mit rund drei Millionen Euro der Betze-Anleihe II und des Crowdlendings bei Kapilendo.

„Liquidität hält nicht mehr viele Wochen"

Während die Pandemie eine Pause des Spielbetriebs und später Geisterspiele ohne Zuschauer verursacht, sorgen die FCK-Bosse mit ihren

Auftritten für alternatives Entertainment. Etwa kommt es zu neuen Spannungen zwischen dem FCK und seinem Hauptsponsor Harald Layenberger, als die Tageszeitung *Die Rheinpfalz* am 23. Mai über ein Sponsoringangebot aus dem Kreis der regionalen Investorengruppe berichtet. Demnach soll die Dr. Theiss Naturwaren GmbH mit ihrer Handelsmarke Allgäuer Latschenkiefer dem Klub vorgeschlagen haben, für 800.000 Euro, also mit einer circa doppelt so hohen Summe wie sie Layenberger für sein Sponsoring zahlt, einzusteigen und so das Hauptsponsoring zu übernehmen.

In dem Interview, das *Die Rheinpfalz* mit dem Beiratsvorsitzenden Merk und Geschäftsführer Voigt führt, wird Letzterer zitiert: „Natürlich müssen wir vorher mit unserem derzeitigen Hauptsponsor sprechen, dessen Vertrag ja noch ein Jahr läuft. Aber wenn es möglich ist, dann würde nichts dagegensprechen, dass übermorgen zum Beispiel Allgäuer Latschenkiefer wieder auf der Trikotbrust steht." Layenberger, der sich Tage zuvor noch in einer Radiosendung als vorbehaltloser Unterstützer des Vereins darstellte, indem er etwa auf eine finanzielle Rückforderung an den FCK aufgrund während der Coronapause ausgefallener Werbeleistungen kategorisch verzichtete, reagiert darauf empört. „Der Mohr hat seine Schuldigkeit getan", referiert er den Klassiker Friedrich Schiller in einem langen, emotionalen Facebook-Beitrag.

Aus seiner Enttäuschung über das, was er in der Zeitung liest, macht Layenberger keinen Hehl. Offen bietet er Voigt an, sich zurückzuziehen. Schließlich hat er einen Passus im Sponsorenvertrag, mit dem ein Partnerwechsel möglich ist. Die nervöse Reaktion der FCK-Bosse darauf mündet in einer bizarren Vereinsmitteilung, in der sie „ihre Wertschätzung gegenüber dem Engagement von Herrn Layenberger" unterstreichen. Es wirkt für die Klubführung fast schon demütigend, dass Layenberger selbst in der Mitteilung auftaucht und darin verlauten lässt, wie sehr er sich im Sinne des FCK über ein Sponsoring von Allgäuer Latschenkiefer in Höhe von 800.000 Euro freuen würde. Die neue Führung um Voigt genieße sein „vollstes Vertrauen", meint Layenberger. „Wer wie Oliver Voigt an allen Fronten für unseren FCK kämpft, dem sei es verziehen, wenn er auf eine solche Frage der *Rheinpfalz* etwas unglücklich antwortet."

Doch nicht nur gegenüber dem Hauptsponsor geraten die FCK-Bosse in die Defensive, auch gegenüber der Stadt sorgen sie für Irritationen. Im Zuge der Maßnahmen gegen die Coronakrise macht es ein sogenanntes Mietmoratorium möglich, dass – vereinfacht gesagt – Mieter, die unter den Folgen der Pandemie leiden, ihre Miete aussetzen und später bezahlen dürfen. Offenbar inspiriert dies die FCK-Führung dazu, in Sachen Stadionpacht Ähnliches zu tun: Im März setzt der Klub die Pacht aus. Wie aus Kreisen der Stadt zu vernehmen ist, informiert der FCK darüber lediglich per Telefonanruf auf Sekretariatsebene. Die lokalen Entscheidungsträger, voran Oberbürgermeister Klaus Weichel, zeigen sich von diesem lapidaren Vorgehen erstaunt. Auf Nachfrage will der FCK die Umstände nicht kommentieren.

Erst Wochen später glätten sich die Wogen in einem Gespräch zwischen Weichel, den Geschäftsführern der Stadiongesellschaft Erwin Saile und Klaus Wenzel sowie den FCK-Protagonisten Voigt, Merk und Rainer Keßler. Das Gespräch dient laut städtischen Angaben dazu, „eine Versachlichung der aktuellen Diskussion zum Thema Pacht- und Betreibervertrag sowie den jüngst ausgesetzten Pachtzahlungen des 1. FC Kaiserslautern herbeizuführen sowie Dissonanzen zwischen den Beteiligten auszuräumen". Denn der Nachtrag zum Stadionvertrag, der die reduzierte Miete für die Saison 2020/21 und 2021/22 festschreibt, ist zwar im Stadtrat besprochen, aber noch nicht final unterschrieben. Weichel will seine Unterschrift zurückhalten, um sicherzugehen, dass – sollte es in einem möglichen Insolvenzfall um eine Quotenregelung zulasten der städtischen Forderungen kommen – die Bemessungsgrundlage möglichst hoch liegt, nämlich nicht auf Basis der reduzierten Pacht von 625.000 Euro, sondern auf den grundsätzlich vereinbarten 3,2 Millionen Euro.

So besorgniserregend wackelig sich das Verhältnis des FCK zu wichtigen Partnern wie der Stadt darstellt, so sind auch die stetigen Beteuerungen der Klubbosse, angeblich viele fruchtbare Gespräche mit potenziellen Investoren zu führen, zu hinterfragen. Die E-Mail eines Finanzvermittlers vom 4. Juni 2020 bietet Anlass zur Skepsis. In ihr nimmt der Absender Bezug auf ein renommiertes Finanzhaus und preist selbstbewusst die „Investitionsopportunität: 1. FCK" an. Dafür sucht er Geldgeber. Kurioserweise wendet er sich damit an einen ehemaligen Funktionär aus der Amtszeit von Patrick Banf, Michael Klatt, Martin Bader und Co.

Nicht kurios genug, dass der Finanzvermittler den Kontakt zu einem Ex-Funktionär sucht, der längst nicht mehr im Amt ist und begleitet von Querelen ausschied – er bittet ihn außerdem darum, den Draht zu einem gewissen Flavio Becca herzustellen, der doch Interesse an einer Investition in den FCK haben könnte. Nun ist nicht klar, ob die amtierenden FCK-Bosse von diesem merkwürdigen und hinsichtlich der Historie Beccas beim FCK mit großer Unkenntnis behafteten Vorstoß wissen.

Doch der Umstand, dass offenbar „über Ecken“ externe Finanzvermittler im Investorenmarkt aktiv sind, um für den FCK Geldgeber – noch dazu Becca – zu gewinnen, macht allein schon stutzig.

Noch pikanter sind die Inhalte der Mail. Um die Investition dem möglichen Geldgeber schmackhaft zu machen, schreibt der Finanzvermittler nämlich einige brisante Details. Auch hier ist nicht klar, inwieweit sie die offizielle Linie der FCK-Bosse treffen. Doch bezüglich des Zustands des Klubs verheißen sie nichts Gutes. Die Klubbewertung liege „circa bei 50 Millionen Euro“, werde aber gerade „neu angefertigt“ und sei „bei Interesse mit Sicherheit verhandelbar“, heißt es in der Mail. Gesucht sei eine Investition in Höhe von rund 25 Millionen Euro. Und: Derzeit solle ein „Schuldenschnitt mit Gläubigern angestrebt“ und der „Verein auf 0,00 gesetzt werden“. Das heißt: Hier wird mit einem entschuldeten, womöglich durch eine Insolvenz gelaufenen Klub geworben.

Auch eine sportliche Zielsetzung gibt der Finanzvermittler aus: zunächst den Klassenerhalt in der 3. Liga und als „nächstes Ziel“ die 2. Liga. Erstaunlich sind die Zahlen, die er in puncto Stadion kundtut: Angeblich sei der Bürgermeister bereit, die Arena für „20 bis 25 Millionen Euro“ zu verkaufen. Der Finanzvermittler skizziert außerdem weitere Szenarien, in denen etwa der Verein das Stadion daraufhin vom Investor „für eine fixe Summe (zum Beispiel 50 Millionen Euro) zurückkaufen möchte“. Das offenbart allerdings die Unseriosität des Angebots, denn die genannten Summen würden nicht einmal reichen, um die auf der Arena lastenden Schulden der städtischen Stadiongesellschaft zu tilgen. Als ich Oberbürgermeister Weichel mit den Zahlen konfrontiere, reibt er sich ungläubig die Augen.

„Der Verein ist sehr offen und gesprächsbereit – Deal-Parameter sind sehr flexibel!!“, heißt es in der Mail. „Die Rendite liegt im Stadionkauf und im potentiellen Aufstieg.“ Beim Stadiondeal „könnte man alternativ nach fünf Jahren mit hoher Rendite auf Exit gehen“. Und weiter heißt es: „Allein durch den geplanten Schuldenschnitt mit Gläubigern und dem möglichen Stadionerwerb werden jährlich Millionen eingespart.“ Einen „Konflikt“ sieht der Finanzvermittler allerdings im „Zeitfaktor“. Er drängt: „Liquidität hält nicht mehr viele Wochen – es muss zumindest ein Investor in Aussicht gestellt werden, um eine Planinsolvenz zu vermeiden.“

Die Zahlen machen schwindelig: Steht der FCK tatsächlich vor einer Insolvenz und wirbt bei potenziellen Geldgebern mit dem Schuldenschnitt? Da der Finanzvermittler nicht explizit im Auftrag des FCK auftritt und zudem einige unstimmige Angaben macht, ist die E-Mail zweifelhaft und mit Vorsicht zu genießen. Doch es erstaunt, welche Zahlen offenbar am Markt bezüglich der „Investitionsopportunität: 1. FCK" kursieren.

Ein Generalbevollmächtigter und frustrierte Gläubiger

Es ist nicht nur die dubiose E-Mail, die die Anzeichen auf einen Schuldenschnitt verdichtet. Die FCK-Bosse stellen außerdem den Insolvenzanwalt Eichelbaum nun offiziell als Generalbevollmächtigten vor. Zudem führen sie Gespräche mit wichtigen Gläubigern über eine Entschuldung. Darunter sind die Firmen Quattrex und Lagardère sowie Becca. Eine Einigung mit ihnen ist nicht unwesentlich dafür, dass der FCK seinen Geschäftsbetrieb aufrechthalten und eine Insolvenz vielleicht doch abwenden kann.

Aber die Vertrauensbasis zwischen den „alten" Partnern und der „neuen" FCK-Führung ist offenbar löchrig. Aus dem Umfeld der Gläubiger sind Misstöne zu vernehmen. Einer, der namentlich nicht in Erscheinung treten will, gibt sich im vertraulichen Gespräch unverblümt offen. Er wirft der neuen FCK-Führung vor, amateurhaft, dilettantisch und nicht zielführend zu verhandeln. Wichtige Gespräche mit den Gläubigern seien erst ungewöhnlich spät anberaumt worden. Die Vereinsfunktionäre wirkten von der Situation überfordert. Daher stehe die Vertrauensbasis massiv infrage.

Zwar kursiere in den Medien, dass die FCK-Verantwortlichen einen Schuldenschnitt mit einer Quote von zehn Prozent angeboten hätten. Dies sei ihm gegenüber aber nie verbindlich zum Ausdruck gebracht worden. Im Gegenteil seien die FCK-Bosse auf Lösungsansätze einiger Gläubiger wie einer weiteren Stundung fälliger Zahlungen überhaupt nicht eingegangen. Zwar sind bei diesen Aussagen Abstriche zu machen: Die Sicht eines Einzelnen kann immer interessengetrieben geprägt sein – noch dazu, wenn es um viel Geld geht. Gleichwohl lässt die offene und durchaus konfrontationsbereite Rede auf ein gereiztes Klima schließen.

Einen ähnlichen Eindruck hinterlässt eine E-Mail des Geldgebers Becca, die mir zugespielt wird. Sie geht am 3. April 2020 an Voigt, Merk und Keßler. Darin schreibt Becca, dass er seit Besprechungen im Januar „außer unglücklichen Versuchen, einen Termin zu vereinbaren, sehr wenige Informationen über den aktuellen Stand der Dinge" habe. Offenbar ist er im Unklaren darüber, wie und ob sich die FCK-Bosse seinen Einstieg vorstellen. Zwar werde stets gesagt, die Tür sei nicht zu, aber: „Große Bemühungen von Ihrer Seite hat es in dem Sinne nicht gegeben", hält Becca fest. „Ich gehe also heute davon aus, dass es nicht zu einer Zusammenarbeit zwischen uns kommen wird."

Nachdem er am 28. Februar 2020 über die Abrufung seiner Bürgschaft informiert worden sei und in der Presse Gedankenspiele über ein Insolvenzverfahren in Eigenverwaltung lese, fordert Becca in seiner Mail die FCK-Führung auf, ihm „alle Informationen über die Finanzlage und wichtigen Entwicklungen beim FCK zur Verfügung zu stellen". Dazu gehörten Auskünfte über „die bestimmungsgemäße Verwendung des Darlehens". Hinsichtlich des Themas Insolvenz interessiert ihn, „was die Geschäftsführung, respektive der Beirat der 1. FC Kaiserslautern Management-GmbH, in die Wege geleitet oder schon erreicht hat, um dieses Verfahren zu vermeiden".

Ob und wie die FCK-Bosse darauf antworten, geht aus dem Schriftstück nicht hervor. Umso wichtiger ist es mir, die Klubverantwortlichen mit der Kritik zu konfrontieren und ihre Sicht auf die Dinge einzuholen. Bereits am 11. April nehme ich Kontakt zum Klub auf – mit einem umfassenden Fragenkatalog. Unter anderem geht es darin um das Aussetzen der Stadionpacht, die polternden Auftritte des Aufsichtsratsmitglieds Jörg Wilhelm, das öffentliche Gerangel mit dem Oberbürgermeister, das Verhältnis zu den regionalen Investorenofferten und zu Becca. Der FCK teilt mir mit, auf die Fragen „nicht eingehen" zu wollen.

Am Mittwoch, 10. Juni, fasse ich nach und ergänze einige Fragen. Der Anlass meiner erneuten Anfrage ist die Recherche zu einem Artikel in der *F.A.Z.* In meiner Mail spreche ich unter anderem die jüngsten Turbulenzen um das Hauptsponsoring, die harsche Kritik am Geschäftsgebaren der Klubführung aus dem Kreis der Gläubiger und die sich verdichtenden Anzeichen für eine Insolvenz an. Die Reaktion des FCK auf meine Fragen ist ungewöhnlich: Man lädt mich für den kommenden Freitag zum „Hintergrundgespräch" ein. Ich spreche also über zweieinhalb Stunden mit Merk und Voigt sowie einem Vertreter der FCK-Pressestelle und einem externen Kommunikationsexperten. Doch eine zuvor nach journalistischem Usus verabredete Freigabe der von mir Samstagfrüh zusammengefassten Gesprächsinhalte und Zitate bekomme ich nicht.

Damit ist das Gespräch für mich faktisch wertlos, und eine offizielle Stellungnahme zu meinen Fragen habe ich keine – zumindest keine, die ich verwenden darf. Schriftlich erhalte ich ebenfalls keine Antwort auf meinen Fragenkatalog. Stattdessen schlägt man mir ein baldiges Telefonat mit Voigt vor. Das würde ein abermaliges Interview zu denselben Themen und weitere Freigabeschleifen bedeuten. So zieht sich die unproduktive und zermürbende Korrespondenz hin. Und ich frage mich, warum den FCK-Bossen daran gelegen sein könnte, meine Presseanfrage auf diese seltsame Art zu behandeln und die Berichterstattung zu verzögern. Als der Verein am Montag kurzfristig eine Pressekonferenz anberaumt, dämmert es mir …

Der 15. Juni 2020

Es ist der 15. Juni 2020. Dieser Tag ist der Tiefpunkt der Klubgeschichte des 1. FC Kaiserslautern. Die Stimme von Geschäftsführer Voigt ist flatterig, als er im Presseraum des Fritz-Walter-Stadions ins Mikrofon spricht. „Ich war heute, wie Sie unschwer der Pressemitteilung entnehmen können, beim Amtsgericht und habe dort beim zuständigen Richter, dem Herrn Waltenberger, den Antrag eingereicht: den Antrag auf die Eröffnung zum Insolvenzverfahren des 1. FC Kaiserslautern“, sagt er. Nun ist es raus. Der 1. FC Kaiserslautern – genauer: die 1. FC Kaiserslautern GmbH & Co. KGaA – stellt Antrag auf Eröffnung eines Insolvenzverfahrens in Eigenverwaltung.

Der Vorteil am Verfahren in Eigenverwaltung, der Planinsolvenz, ist, dass dem FCK-Management ein gewisser Handlungsspielraum bleibt und der Geschäftsbetrieb weiterläuft. Ziel ist nicht die Zerschlagung und Verwertung, sondern die Fortführung des Unternehmens. Dafür sind ein mit den Gläubigern abgestimmter, möglichst konsensfähiger Insolvenzplan für den Schuldenschnitt und eine Zukunftsperspektive für die insolvente Gesellschaft zu erarbeiten. Das Gericht stellt dem FCK mit dem Frankfurter Rechtsanwalt Andreas Kleinschmidt einen Sachwalter zur Seite, der den Prozess überwachen und vor allem die Interessen der Gläubiger schützen soll.

Bei der Pressekonferenz begründet Voigt den Schritt. Abermals weist er auf die sich auftuende Liquiditätslücke von elf Millionen Euro für die nächste Saison hin. „Wir haben finale Aussagen gehabt zur Schließung der Lücke. Wir haben mit den Investoren über mögliche Positionen in den Gremien verhandelt. Diese Gespräche konnten leider alle nicht zum Abschluss geführt werden“, meint er. Denn der Lockdown und die Coronakrise hätten die Pläne durchkreuzt. Dies betreffe sowohl die Kontakte zu den regionalen Investoren als auch alle anderen, „die wir haben knüpfen können“.

Eine weitere Aufnahme von Fremdkapital oder das Strecken alter Verbindlichkeiten sei als nachhaltige Lösung nicht infrage gekommen. Schließlich habe gerade die Aufnahme immer neuer Schulden „bis zum Ersticken“ den FCK in die finanzielle Bredouille gebracht. Forderungen und fällige Verbindlichkeiten könnten absehbar nicht mehr termingerecht und vollständig beglichen werden.

„Es stand die ganze Zeit im Vordergrund, es ohne ein Insolvenzverfahren zu machen", betont der Generalbevollmächtigte Eichelbaum. Die Ursache der Zahlungsunfähigkeit seien „der schleichende Niedergang und das fehlende Fortune bei der Neugestaltung", erklärt er. Der Anlass für die Insolvenz hingegen sei die Covid-19-Pandemie, die „zu einem völligen Einbruch auf der Umsatzseite" führe. Durch das Aussetzen des Spielbetriebs und die darauffolgenden Geisterspiele bräche der Kapitalgesellschaft fast ein Drittel ihrer Einnahmen weg. „Ein Etat, der absolut auf Kante genäht ist", verliere „dann natürlich seinen Boden", so Eichelbaum. Die Insolvenz sei unumgänglich. „Wenn den Vereinsgremien oder dem Beirat der Management GmbH jetzt unterstellt wird, das Ganze von langer Hand geplant zu haben, dann muss ich das aus meiner Wahrnehmung ganz klar dementieren." Vielmehr sei hier „eine absolut tadellose Geschäftsführung und Vereinsführung gegeben, die insgesamt für den Neuanfang steht", unterstreicht Eichelbaum.

Angesichts des finanziellen Crashs stimmt Voigt erstaunlich optimistische Töne an. Mit dem Schuldenschnitt verbinde man die Perspektive, finanzielle Lasten abzulegen, und hoffe auf „andere Chancen, um auf interessierte Investoren zugehen zu können". Denn in Gesprächen mit Investoren sei mehrfach signalisiert worden, dass diese ihr Geld nicht für das Bedienen alter Verbindlichkeiten, sondern für Aufbauarbeit geben wollten. „Wir wollen dahin kommen, dass wir nicht in die Vergangenheit, sondern in die Zukunft investieren", sagt Voigt. „Die Hoffnung, dass wir jetzt das frische Eigenkapital über die Investoren einsammeln werden, ist nicht unbegründet." Angeblich lägen dem Klub unter der Voraussetzung der Entschuldung schon zwei Offerten vor, Genaues sagt Voigt dazu aber nicht.

Der Zeitplan sieht vor, dass dem Insolvenzeröffnungsverfahren am 1. September das Insolvenzverfahren folgt. Dann muss die FCK-Kapitalgesellschaft wieder alle Kosten aus sich heraus bestreiten, ihre wirtschaftliche Funktionsfähigkeit unter Beweis stellen und eine Perspektive für ihre Zukunft aufzeigen. Derweil ist mit den Gläubigern, die in einem Gläubigerausschuss von fünf Repräsentanten vertreten sind, ein Insolvenzplan abzustimmen. Der Ausschuss bildet einen Querschnitt durch die Gläubigerstruktur ab, mit Vertretern der Firmen Quattrex und Lagardère, der Agentur für Arbeit, der Kleingläubiger und der Arbeitnehmer. Der Insolvenzplan muss zum Ende des Verfahrens von den Gläubigern angenommen werden. Das erhoffte Zieldatum könnte symbolträchtiger nicht sein: Der 31. Oktober 2020, der 100. Geburtstag von Fritz Walter, bestimmt nach Vorstellung der Klubführung den Prozess. Dann sollen der Insolvenzplan bestätigt und das Verfahren in den letzten Zügen sein.

Doch der Weg ist äußerst riskant. Zwar schätzt Eichelbaum „die Voraussetzungen für eine nachhaltige Sanierung des FCK grundsätzlich sehr gut“ ein – auch, weil der Klub trotz seiner Schieflage nach wie vor zu den großen Fußballmarken in Deutschland zählt und eine entsprechende Strahlkraft hat. Doch wesentlich für einen erfolgreichen Abschluss des Insolvenzverfahrens sind die Einigung mit den Gläubigern, die voraussichtlich viel Geld verlieren, und die Entwicklung einer neuen Zukunftsperspektive. Dafür ist es entscheidend, alsbald einen oder mehrere Investoren vorweisen zu können. Es müssen also einige Rädchen ineinandergreifen, und der Erfolg des Prozesses ist keineswegs garantiert.

Zwei konkrete Risiken tun sich bereits auf. Dabei geht es vor allem um die Gefahr, dass sich die Insolvenz der erst neu gegründeten Kapitalgesellschaft auf den Verein auswachsen und ihn in den Abgrund reißen könnte. Das will man unter allen Umständen vermeiden, denn eine Insolvenz des Vereins könnte – selbst im Fall eines Schuldenschnitts bei der Kapitalgesellschaft – das Gesamtkonstrukt FCK ins Wanken bringen. Wenn dabei seine letzten materiellen Werte wie die Exponate des vereinseigenen Museums unter den Hammer kämen, wäre das ein symbolträchtiges Ende einer großen Fußballmarke.

Den e. V. bedrohen unter anderem die Schulden, die bereits vor der Gründung der Kapitalgesellschaft bestanden und die im Zuge der Ausgliederung vom Verein in die KGaA „ausgelagert“ wurden. Gläubiger der Kapitalgesellschaft, die über solche Forderungen verfügen – voran das Unternehmen Quattrex in Millionenhöhe –, haben ein sogenanntes Durchgriffsrecht. Das heißt, sie können ihre „alten“ Forderungen im Insolvenzfall der Kapitalgesellschaft an den Verein richten. Das bedeutet, der Verein müsste dafür geradestehen, könnte auf diese Weise unter Finanzdruck geraten und im schlimmsten Fall ebenfalls in eine Zahlungsunfähigkeit schlittern.

Zum Zweiten geht es um die Fälligkeit der Betze-Anleihe II am 1. August 2022. Da die Anleihe ebenfalls über den Verein emittiert ist, muss er auch für die rund 1,9 Millionen Euro (es wurden 1.906.400 Euro gezeichnet, aber nur 1.873.100 Euro eingezahlt) zuzüglich Zinsen aufkommen. Hier steht also in zwei Jahren eine Rückzahlungsverpflichtung im Raum, für die der Verein haftet. Wie er die Mittel aufbringen kann, ist noch völlig ungewiss. Demgegenüber wurde das Crowdlending bei der Plattform Kapilendo von der Kapitalgesellschaft aufgelegt. Im Gegensatz zur Betze-Anleihe II belastet das Thema Kapilendo den Verein also nicht unmittelbar. Für die Rückzahlung dieser Fangelder gilt die noch zu bestimmende Insolvenzquote genauso wie für alle anderen Gläubiger der Kapitalgesellschaft. Das heißt, zwar werden viele Fans, die den FCK über Kapilendo unterstützt haben, ihr Geld verlieren. Im Zuge der Insolvenz der Kapitalgesellschaft schlägt die Kapilendo-Leihe allerdings nicht auf den Verein durch.

„Wir haben alles versucht, diesen Tag zu vermeiden, und bis zu Beginn von Covid 19 war es für uns klar, dass der Begriff der Insolvenz ein Fremdwort ist. Wir haben nicht an diesem Begriff gearbeitet, sondern wir haben gegen ihn gearbeitet", unterstreicht Merk. Trotz aller Risiken und Unwägbarkeiten sei der nun eingeschlagene Weg „alternativlos". In ihm liege allerdings die Chance auf einen Neustart. „Wir wollen den Verein mit seinen Werten in die Zukunft führen."

SZENE 10

„Die Geister, die ich rief“

Dubai versus Saar-Pfalz

Sonntagmorgen, 21. Juni 2020, sechs Tage nach dem Insolvenzantrag. Markus Merk steht zu Hause in der Küche. In der aufreibenden Phase beim FCK will er sich an diesem Sonntag etwas Zeit für sich nehmen. Er macht sich bereit für ein Lauftraining. Raus an die frische Luft, den Kopf freikriegen. Aber der FCK lässt ihn nicht los. Bevor Merk mit dem Laufen startet, wirft er einen letzten Blick aufs Handy – ein Moment, der seine Pläne durcheinanderwirbelt.

Er erhält die Nachricht, dass sein Aufsichtsratskollege Jörg Wilhelm am Abend zu einem Exklusivinterview in einer Sportsendung des SWR auftritt. Merk traut seinen Augen nicht. Was hat Wilhelm vor? „Niemand von uns wusste von diesem Auftritt“, sagt Merk später und meint damit die Gremienkollegen. Dieser Moment markiert den Anfang vom Ende des Teams Merk. Und das, was Wilhelm in der Sportsendung sagt, prägt sowohl den Fortgang des Insolvenzverfahrens als auch den der Investorensuche.

„In der Tat, Aufsichtsräte oder Beiräte geben keine Interviews und gehen nicht ins Fernsehen“, schickt Wilhelm bei seinem abendlichen TV-Auftritt dann voraus. „Aber es gibt immer Ausnahmesituationen.“ In solch einer Notsituation befinde er sich. Er sehe sich in der Ausübung seines Mandats dazu gezwungen, öffentlich über ein Investorenangebot zu informieren, um so einen transparenten Prozess zu sichern. „Wenn es uns nicht gelingt, einen Investor zu finden und zu präsentieren, der bereit ist, die Zukunft dieses Vereins mitzugestalten und mitzutragen, dann gehen die Lichter aus.“

Ohne Abstimmung mit wesentlichen FCK-Funktionären im Team Merk posaunt Wilhelm eine Investorenofferte heraus. „Es gibt ein bindendes, unwiderrufliches, einseitiges Angebot dieses Investors, was seitens der Geschäftsführung des FCK und seitens des Vereins angenommen werden muss, und dann ist der Vertrag geschlossen“, sagt der Juraprofessor. Der Klub müsse nur zugreifen und unterschreiben.

Hat Wilhelm wirklich den FCK-Retter parat? Details und Zahlen nennt er nicht. Nur so viel: Es handele sich um einen „deutschen Investor, der allerdings nicht in Deutschland lebt". Er sei sport- und fußballaffin, im Umfeld des deutschen Spitzenfußballs bislang aber nicht präsent. „Er hat ein sportliches Konzept, von dem er überzeugt ist, das offensichtlich an anderer Stelle schon erfolgreich umgesetzt worden ist", meint Wilhelm. Entsprechend strebe er beim FCK „erheblichen Einfluss auf den sportlichen Bereich" an. Eine weitere Voraussetzung sei ein Schuldenschnitt. „Die Bedingungen sind knallhart formuliert: Der Investor zahlt keine Altschulden."

Für den Einstieg des Investors nennt Wilhelm eine knappe Frist. Dessen Angebot gelte nur bis zum 30. Juni, laufe also in neun Tagen ab. Gegenüber den Gläubigern des FCK baut Wilhelm eine Drohkulisse auf: Wenn die Insolvenz des Gesamtvereins die einzige Möglichkeit und ein Mittel sei, um „Gläubiger, die nicht einsehen wollen, dass sie der gesamten Sanierung schaden", vom Schuldenschnitt zu überzeugen, dann werde dieser Weg gegangen.

Es ist ein wohl einmaliger Vorgang, dass ein Aufsichtsratsmitglied eine Investorenofferte derart öffentlich darlegt. Sein denkwürdiger Auftritt lässt nicht nur Wilhelms Gremienkollegen und FCK-Verantwortliche sprachlos zurück. Auch Gläubiger, die den FCK in den vergangenen Jahren mit viel Geld stützten und nun befürchten müssen, durch die Insolvenz dieses Geld zu verlieren, trauen ihren Ohren nicht. Sie müssen hören, wie Wilhelm ihnen ankreidet, ihr legitimes Anliegen, eigene Gelder zu bewahren, schade der Vereinssanierung.

Hinzukommt, dass das Investorenangebot bei genauem Hinsehen Anlass zum Zweifeln gibt. Aufgrund der Anonymität samt Fristsetzung von nur wenigen Tagen wirkt die von Wilhelm dargestellte Offerte merkwürdig. Von den Investoren ist kaum etwas bekannt. Der *Bild*-Reporter Ulli Schauberger enthüllt, dass die „Investoren-Spur nach Dubai" führt – was sich später bestätigt. „Es drängt sich immer mehr der Eindruck auf, dass Lautern zum schuldenfreien Übernahmemodell werden soll. Und die Geldgeber aus Dubai dann den FCK als Transferkarussell von Spielern benutzen möchten", schreibt Schauberger.

Dass Wilhelm selbst – wie Schauberger mutmaßt – mit der Investorengruppe verstrickt ist, weist der stets von sich. Es sei eine „aberwitzige, fast schon abstruse Behauptung, mir irgendeine Verbindung wirtschaftlicher Art zu diesem Investor anzudichten". Derartige Vorstellungen seien „lächerlich" und gingen auf „ein paar Schmierschreiber aus der Yellow Press oder ein paar tumbe Individuen, die im Internet solche Dinge veröffentlichen", zurück, sagt Wilhelm in einem späteren Interview. Schließlich sei das Investorenangebot nicht durch sein Betreiben zustande gekommen, sondern an den Verein herangetragen, von Geschäftsführer Soeren Oliver Voigt an ihn weitergeleitet und dann von ihm und seinem Aufsichtsratskollegen Martin Weimer bearbeitet worden. „Halunken", die anderes behaupten, sollten mit „einer Unterlassungsklage und einer Strafanzeige wegen übler Nachrede" rechnen.

Wilhelm, der ohnehin mit Schauberger und der *Bild* über Kreuz liegt, dreht den Spieß um. Nicht er sei es, der im Hintergrund eine verborgene Agenda verfolge. Vielmehr gelte es zu fragen, wer denn ein Interesse daran habe, „dass diese Gruppe nicht zum Zug kommt, weil dadurch seine oder ihre Einflussmöglichkeiten beendet werden", schreibt er via Twitter. Er erweckt den Eindruck, als würden Strippen gegen die Dubai-Inverstoren gezogen, und er sei derjenige, der für Transparenz sorge, damit deren Offerte nicht unter den Tisch falle.

Es liegt auf der Hand, dass solche Unkerei die in Fankreisen ohnehin verbreitete Verschwörungstheorie von verdeckten Mächten wieder aufkeimen lässt. Das ist umso brisanter, da eine Gruppe langjähriger FCK-Förderer, zu der auch der ehemalige FCK-Aufsichtsratsvorsitzende Dieter Buchholz gehört, als weiterer Kandidat für eine Investition in den FCK in Erscheinung tritt. Damit konkurrieren plötzlich zwei Investorenangebote miteinander. Zwar betont Wilhelm, dass er grundsätzlich gegenüber jeglichem Engagement neutral eingestellt sei. Er weist aber darauf hin, dass ihm von der regionalen Investorengruppe lediglich eine Absichtserklärung vorliege und kein verbindliches Angebot wie von den Investoren aus Dubai.

Bei dem Vorhaben der regionalen Unternehmer geht es um eine Investition in der Größenordnung von 8,3 Millionen Euro für 25 Prozent der Anteile an der FCK-Kapitalgesellschaft. Sie taxieren den Vereinswert damit also auf etwa 33 Millionen Euro. Demgegenüber ist das Angebot aus Dubai weniger klar einzuordnen. Hier steht wohl eine Investition in der Größenordnung von 20 Millionen Euro für 75 Prozent der Anteile im Raum, was einem Vereinswert von etwa 27 Millionen Euro entspricht. Allerdings ist nicht ganz offensichtlich, wer sich hinter der Offerte verbirgt. Später kursiert ein gewisser Horst Peter Petersen als Name. Laut Wilhelm hält jener sich aufgrund der Öffentlichkeit des Fußballs zum Selbstschutz bedeckt. Doch ob dieser Petersen die Summe allein aufbringen oder dafür weitere Geschäfts- und Finanzpartner ins Spiel bringen will – beziehungsweise: wen –, bleibt unklar.

Natürlich fordert auch die Gruppe der regionalen Investoren eine gewisse Mitsprache, insbesondere hinsichtlich des Finanzcontrollings. Doch als teils seit Jahren mit dem FCK verbundene Sponsoren und bereits kleinformatige Investoren ist ihr Engagement leichter nachvollziehbar als das eines fremden, anfangs anonymen Geldgebers aus Dubai, der massiv aufs Sportliche einwirken will und dem FCK mit einer knappen Frist die Pistole auf die Brust setzt. Im Gegensatz zum Dubai-Angebot, bei dem zu diesem Zeitpunkt wichtige Voraussetzungen – wie eine Bonitätsprüfung – fehlen, sind die regionalen Investoren im Saar-Pfalz-Gebiet persönlich bekannt. Ihre Motivation leuchtet sowohl dem Sachwalter als auch dem Gläubigerausschuss und dem Generalbevollmächtigten ein.

Erinnerungen an „schlimmste FCK-Momente"

Die Entscheider beim FCK lassen sich von der Fristsetzung aus Dubai nicht unter Druck setzen. Laut Sachwalter Andreas Kleinschmidt sehen die Pläne vor, im Juli die Weichen für einen Insolvenzplan und die Zukunft des Klubs zu stellen. Entsprechend verlängert der Dubai-Investor die am 30. Juni auslaufende Frist für sein Angebot um einen Monat. Allerdings sät Wilhelm derweil weitere Zweifel – und zwar grundsätzlich am gesetzlich festgelegten Fortgang des Insolvenzverfahrens. Zudem drängt er auf eine Annahme des Dubai-Angebots. Dafür setzt er in atemberaubendem Takt Twitter-Nachrichten ab.

Mit dem Dubai-Angebot liege für den FCK eine greifbare Lösung auf dem Tisch, schreibt Wilhelm. „Aber wir sind machtlos; es entscheiden andere!" Wilhelm spricht nicht mehr vom „Team Merk", sondern vom „Team Machtlos", das nichts mehr zu sagen habe. Dabei zielt er insbesondere auf den Gläubigerausschuss und den Sachwalter ab. „Ob der Sachwalter einen vom Aufsichtsrat gefundenen Investor akzeptiert, liegt nicht im Einflussbereich des Aufsichtsrats." Ergo: „Die von uns gefundenen Retter stehen vor der Tür, und die, die es in der Hand haben, wollen sie nicht reinlassen", behauptet Wilhelm.

Mit seiner Darstellung erweckt der Rechtsprofessor den Eindruck, dass der Einfluss gewählter Aufsichtsratsmitglieder auf die Zukunftsgestaltung des Vereins beschnitten sei und der FCK somit fremdbestimmt vom Gutdünken eines Sachwalters beziehungsweise der Gläubiger abhänge. Dies sorgt bei den Akteuren für Entsetzen. Mit Tweets wie diesen trete das Aufsichtsratsmitglied Wilhelm „ohne jeden Respekt vor der Gesetzgebung die Gläubigerautonomie mit Füßen", heißt es aus dem Umfeld des FCK-Generalbevollmächtigten Dirk Eichelbaum. Sie untergrüben die gesetzlich vorgesehene Funktion der FCK-Geschäftsführung, des Generalbevollmächtigen, des Sachwalters Kleinschmidt und des Gläubigerausschusses.

Doch viele Fans, für die die Funktion des Gläubigerausschusses in einem Insolvenzverfahren neu ist, sehen mit dieser Konstellation die Entscheidungsfreiheit „ihres FCK" bedroht. Entsprechend gerät, befeuert durch die Einlassungen Wilhelms, die Empörungsmaschinerie in den sozialen Medien wieder in Gang. Viele fühlen sich von dem Gedanken, dass wichtige Vorgänge im Verein von anderen als den gewählten Aufsichtsräten gesteuert werden, an das vergangene Jahr erinnert – als Flavio Becca den Rücktritt des Aufsichtsrats Michael Littig forderte und sich infolgedessen ebenfalls zwei Investorenofferten gegenüberstanden.

Wie alte Wunden wieder aufbrechen, zeigt ein ausschweifender Facebook-Post Littigs am 24. Juli. Bei der Lektüre eines Zeitungsartikels zur Investorenfrage sei ihm sein „Croissant im Hals stecken geblieben", schreibt der Ex-Aufsichtsrat. Angesichts der aktuellen Ereignisse hege er den Verdacht, „dass wieder bestimmte Leute am Werk und am Anschieben sind, die im vergangenen Jahr schon viral und infektiös gewirkt haben". Wen genau er meint, sagt er nicht. „Mancher Intrigant scheint noch immer über die gleichen Medien sein Spiel zu treiben", mutmaßt Littig. „Da werden mit allen Medien und rhetorischen Mitteln potentielle Investoren aufgebaut, ausgespielt, Propaganda gemacht, bisweilen sogar in Verruf gebracht." Manches erinnere ihn an seine „schlimmsten Momente im Umfeld des 1. FCK". Man müsse aus der Vergangenheit lernen, appelliert Littig. Investorenangebote dürften sich nicht gegenüberstehen, sondern müssten zusammengebracht werden.

Doch wie sollen sich Brücken schlagen lassen, wenn selbst das Team Merk längst kein geschlossenes Bild mehr abgibt? „Tja…, die Geister, die ich rief", schreibt mir ein Insider aus dem Kreis der Gläubiger. Schon bei dem denkwürdigen Auftritt Wilhelms zur letzten Jahreshauptversammlung und dessen Poltern gegenüber langjährigen Partnern des Klubs sei klar gewesen, dass eine solche Haltung nicht zu Geschlossenheit und nachhaltigem Erfolg führen kann: „Das weiß man doch von Anfang an und ist jetzt überrascht."

„Ergebnis einer gesteuerten Zusammenrottung"

Je näher die Entscheidung im Gläubigerausschuss über die Zukunft des Vereins rückt, umso lauter wird das Poltern und Klappern. Die disruptive Kommunikation abseits seriöser journalistischer Kanäle im Zusammenhang mit dem Dubai-Angebot gewinnt an Absonderlichkeit. Am 3. Juli 2020 gerät über einen privaten Social-Media-Account ein „Statement des vom Team Kessler [sic!] unter Federführung von Prof. Dr. Wilhelm und Martin Weimer für den FCK gefundenen Investors" in Umlauf.

Es stammt angeblich vom Anwalt des Dubai-Investors. Wilhelm bestätigt später die Echtheit des Papiers.

Demnach stellt der potenzielle Geldgeber in Aussicht, dem FCK die „Existenz über mehr als zwei Spielzeiten" zu sichern. Er spricht von einer „langfristigen Partnerschaft" und verspricht die „unbedingte Beteiligung der Fans und Mitglieder sowie anderer Kleininvestoren". Laut dem Statement setzt der Investor dafür aber einen Schuldenverzicht der Großgläubiger in Höhe von mindestens 90 Prozent der Verbindlichkeiten voraus.

Der kompromisshafte Tenor kommt bei manchen Fans trotz der zweifelhaften Kommunikationsform gut an. „Mit diesem großzügigen Entgegenkommen hat der Investor einmal wieder seine ernsthafte und seriöse Absicht zur Rettung des FCK unter Beweis gestellt und den Bitten der Gremien entsprochen", heißt es in dem Statement. Jedoch macht es zugleich keinen Hehl aus dem Machtstreben des Geldgebers. „Das von ihm zusammengestellte Beratungsteam, das auf seine Kosten bei der Analyse der Profifußballabteilung (…) eingesetzt werden soll, steht bereit und würde unverzüglich nach Annahme seines Angebotes die Reise nach Kaiserslautern antreten."

Dann schwankt der Klang zwischen Drängen und Drohen: „Nicht nur deshalb fehlt dem Investor derzeit jedes Verständnis dafür, dass der Sachwalter Kleinschmidt, getrieben von den Großgläubigern, den Entscheidungsprozess hinauszögert, erneut mittels eines auf Kosten des ohnehin finanziell stark gebeutelten FCK einzusetzenden M&A-Beraters [Anm. d. A.: M&A = „Mergers and Acquisitions", Fusionen und Übernahmen] noch einmal einen neuen Investorensuchprozess starten will und damit riskiert, dass der Investor nach dem 31. Juli 2020 keiner weiteren Verlängerung seiner Angebotsfrist mehr zustimmt und endgültig abspringt."

Damit der „FCK langfristig und nachhaltig auf eine gesunde Basis zur Weiterentwicklung von Liga zu Liga" gestellt werden könne, sei eine rasche Entscheidung nötig. Zudem nährt der ungeduldige Ton Misstrauen in die Entscheider: „Ob und welche Kräfte im Hintergrund wirken, die diese sich anbietende und von dem Team Kessler [sic!] erarbeitete Lösung gefährlich hinauszögern, kann der Investor nicht abschätzen", heißt es. So bringt das Schreiben die Fanszene in Wallung und die FCK-Bosse in die Defensive.

Der FCK reagiert mit einer Stellungnahme. Unabhängig davon, dass es eine als „Team Kessler" auftretende Gruppe nie gab, distanzieren sich die FCK-Gremien geschlossen von dem Post. Schließlich kann sein Zungenschlag im für den FCK prekären Insolvenzverfahren zur existenziellen Bedrohung werden. Für den Beirat stellt Rainer Keßler klar, dass die Verantwortlichen des FCK selbstverständlich „die Befugnisse des vorläufigen Gläubigerausschusses respektieren". Dasselbe gelte für den Sachwalter und alle anderen am Verfahren Beteiligten.

„Im Gegensatz zu den interessierten Kreisen, die den Post lanciert haben, achten die Führungsverantwortlichen die Vertraulichkeitsvereinbarungen, die mit allen Interessenten vereinbart wurden", heißt es in der Stellungnahme des FCK. Zudem agiere man im Sanierungsverfahren und Investorenprozess gesetzestreu. Dabei teilt Keßler einen Seitenhieb gegen das Dubai-Angebot aus: Die FCK-Verantwortlichen würden dem Gläubigerausschuss „ausschließlich Dokumente vorlegen, die den gesetzlichen Vorgaben zu Bonitätsprüfung, zu Geldwäsche und zu Compliance ebenso entsprechen wie den Regularien und Statuten des DFB und der Satzung des FCK". Offenbar hapert es beim Dubai-Angebot gerade daran.

Das Tempo, in dem in diesem Kontext öffentliche Statements, Stellungnahmen und Repliken ausgetauscht werden, ist atemberaubend. Noch am selben Tag, dem 3. Juli, kontert Wilhelm seine Gremienkollegen mit einer seitenlangen Einlassung, die er unter dem Titel „Klartext" beziehungsweise „Klarheit" abermals über Twitter verbreitet. Darin positioniert er sich zum einen als leidenschaftlicher Streiter für das Dubai-Angebot und zum anderen als scharfer Kritiker seiner Kollegen im Aufsichtsrat.

Unter anderem bemängelt er an ihnen ein „stetiges Nichtbeachten der klaren gesetzlichen Vorgaben", dass der Vertreter eines Kontrollgremiums nicht öffentlich kommuniziert – damit meint er wohl zuvorderst Merk. Es träten „zuweilen Teile dieser Gremien im Außenverhältnis auf wie eine Obergeschäftsführung". Nicht nur das, sie kommunizierten auch noch „unvollständig oder falsch". Als „Aufsichtsrat, der es mit Recht, Gesetz und Satzung ernst nimmt", sei es seine „verdammte Pflicht", so Wilhelm, dies anzuprangern. Dass er dabei selbst unabgestimmt vorprescht, mag nicht so recht dazu passen.

Ungeschminkt spricht sich Wilhelm für das Dubai-Angebot aus. Dass der Investor „auf die gesetzlichen Vorgaben zu Bonität, zu Geldwäsche und zu Compliance ebenso wie auf die Regularien und Statuten des DFB und der Satzung des FCK" überprüft werden müsse, sei „UNSINN!". Zum einen habe der Investor in seinem Angebot hinterlegt, sein Sportkonzept nur im Rahmen der Regularien von DFB oder DFL umsetzen zu wollen. Zum anderen sei es überhaupt „nicht notwendig, den Investor vor Annahme des Angebots einem Geldwäsche-, Bonitäts- oder Compliance-Check zu unterziehen". Schließlich seien die Zahlungsbedingen im Falle einer Investition so vorgeschlagen, „dass die erste Tranche innerhalb weniger Tage auf ein anwaltliches Treuhandkonto eingezahlt werden muss und innerhalb weiterer weniger Tage für den Rest eine Bankbürgschaft einer deutschen oder schweizerischen Bank vorgelegt werden muss". Auf diese Weise müsse „die Anwaltskanzlei, die das Treuhandkonto zur Verfügung stellt, den Investor bei Einzahlung einer umfangreichen Geldwäschegesetz- und KYC (Know your Customer)-Untersuchung von Gesetz wegen unterziehen".

Ähnliches gelte für die Bank, die dem Investor die Bürgschaften zugunsten des FCK stellt. Insofern seien weitere Prüfungen überhaupt nicht nötig, behauptet Wilhelm. Doch was spricht eigentlich gegen eine genauere Prüfung im Vorfeld eines möglichen Deals?

Wilhelm tritt sogar als eine Art Sprachrohr des Dubai-Investors auf. „Der Investor ist ein seriöser Kaufmann", bescheinigt er ihm. Eine Videokonferenz mit den FCK-Entscheidern habe der Investor in seinem, Wilhelms, Büro in Dubai unter Anwesenheit seines dortigen Partners abgehalten. Zwar wolle der Geldgeber seine Identität noch nicht öffentlich machen, habe sich aber persönlich den Konferenzteilnehmern präsentiert und stehe für jegliche Auskünfte parat. Daraufhin bietet das FCK-Aufsichtsratsmitglied Wilhelm den FCK-Fans via Twitter an, „dem Investor über mich Grußbotschaften zu senden oder ihm Fragen zu stellen". Diesen Service mit seiner Funktion als Kontrollinstanz zu vereinbaren, liegt bei Wilhelm.

Seine Leidenschaft für das Dubai-Angebot geht so weit, dass Wilhelm öffentlich die sportliche Planung des Dubai-Investors einordnet. Es sei keineswegs so, dass jener „dem FCK ein auf ihn nicht passendes Sportkonzept aufzwingen will, sondern dass er zunächst auf seine Kosten ein erfahrenes Beraterteam zur Verfügung stellen will", um „nach Schwachstellen und Verbesserungsmöglichkeiten" zu suchen. Von übermäßiger Einflussnahme könne keine Rede sein. Darüber hinaus habe „der Investor ausdrücklich seine Zusammenarbeit mit den regionalen und anderen Kleininvestoren angeboten", inklusive des Einbezugs der Fansäule. Zudem habe er ein „Interesse daran, das Stadion zu erwerben". Das Investment sei auf drei bis fünf Jahre angelegt: „Er will den Erfolg des FCK und nur diesem dienen."

Dabei stellt sich Wilhelm als rechtstreuer Streiter für die gute Sache dar und berichtet von Widrigkeiten, denen er unterworfen sei. „Interessanterweise gibt es sowohl intern wie auch im Kreis potentieller Investoren einige Leute, die mich, den einzigen Juristen und für klare Aussagen bekannten Experten im Team, bei den Investorengesprächen nicht dabeihaben wollen", schreibt er. Mehr noch: Er sei sogar zum Rücktritt aufgefordert worden. Mit dem TV-Auftritt, bei dem er „Licht ins Dunkel bei der Frage, ob es Investoren gibt, gebracht habe", sei er „offensichtlich einigen Herren derartig auf die Füße getreten, dass sie sich hinter meinem Rücken versammelt haben und ein Schreiben verfasst haben im Namen von ausdrücklich benannten Gremien".

Allerdings gibt er sich kämpferisch: „Die Mitglieder und Personen dieser Gremien, die dort als hinter der Rücktrittsaufforderung stehend bezeichnet waren, wurden gar nicht alle gefragt. Derjenige, der dieses Schreiben verfasst hat, war meines Erachtens von einigen aufgehetzt, denen es nicht passt, dass ich über Fakten Klartext rede und meiner Aufsichtspflicht als Aufsichtsrat und meinem Mandat, welches ich von 1.200 Wählern bekommen habe, auftragsgemäß nachkomme: KEINE MAUSCHELEIEN UND KEINE UNWAHRHEITEN ODER LÜGEN MEHR!" Für die Rücktrittsaufforderung gebe es „weder einen inhaltlichen Grund noch eine rechtliche Rechtfertigung", behauptet Wilhelm. Sie sei das „Ergebnis einer gesteuerten Zusammenrottung". Als gewählter Vertreter der Mitgliederversammlung werde er „keinesfalls auch nur im Ansatz erwägen zurückzutreten".

So lasse sich ein „Mann mit geradem Rücken nicht mundtot machen". Der Versuch, ihn in strafrechtlich relevanter Weise an der Erfüllung seiner Aufgaben zu hindern, sei gescheitert. Wilhelm geht zum Gegenangriff über: Er droht, bezüglich des Schreibens eine Anzeige „wegen Urkundenfälschung in Tatmehrheit mit versuchter Nötigung" zu stellen. Dass plötzlich eine Rücktrittsforderung an einen Aufsichtsrat im Kontext der Investorensuche im Raum steht, erinnert – wie unterschiedlich die Umstände auch sein mögen – viele Fans abermals an den hochumstrittenen Fall Littig und wiegelt die Emotionen weiter auf.

Die spektakuläre Performance des Prof. Dr. Jörg E. Wilhelm

Die Schlacht um die Meinungshoheit im Internet treibt immer bizarrere Blüten. Zwar ist Wilhelm in den FCK-Führungsgremien offenbar isoliert, doch in hoher Schlagzahl meldet er sich mit provokanten Tweets, Interviews und Auftritten in Fanformaten zu Wort. Auch sein Angebot, die Kontakte zu dem Dubai-Investor herzustellen, trifft auf Resonanz. Dadurch ist die Dubai-Offerte, obwohl jener Horst Peter Petersen persönlich nach wie vor in der Pfalz überhaupt nicht greifbar ist, in Fankreisen allgegenwärtig – im Gegensatz zu den Plänen der eher bedächtig auftretenden Saar-Pfalz-Unternehmer.

Dazu trägt bei, dass die schon in der Vergangenheit als meinungsstarke Kritiker der Klubführung in Erscheinung getretenen Ken Kinscher und Johannes Remy den Kanal nutzen, den Wilhelm öffnet: Sie lassen sich nach eigenen Angaben den Kontakt zum Dubai-Investor und dessen Schweizer Anwalt herstellen und von diesen einige Fragen beantworten. Die Antworten veröffentlichen sie später über das Fanforum der-betze-brennt.de. Der markanteste Satz des Interviews ist die Aussage, dass die Investoren angeblich „einen Zeitraum von drei bis fünf Jahren eingeplant haben, um den FCK wieder in die Bundesliga und hernach in die europäischen Wettbewerbe zu führen". Solche Ambitionen kommen gut an bei den Fans.

Ähnlich wie der ehemalige Aufsichtsratsvorsitzende Patrick Banf gerät nun Merk zunehmend ins Kreuzfeuer der Kritik. Sogar Kinscher und Remy, die „ausdrücklich für keinen Investor Partei ergreifen", zeigen sich von der Bilanz des Teams Merk enttäuscht: „Ihr seid in Rekordzeit dort angekommen, wo wir nicht mehr hinwollten", rufen sie den handelnden Akteuren zu. Derweil baut Wilhelm, der intensiv über Twitter mit FCK-Fans interagiert, mit seinen öffentlichen Verlautbarungen immer neuen Druck auf.

Nächster Höhepunkt seiner spektakulären Performance ist am 10. Juli die Veröffentlichung seiner Corporate-Governance-Erklärung, die er beim FCK hinterlegt hat – natürlich über Twitter. Darin erklärt er, dass er als Mitglied des Aufsichtsrats „ausschließlich dem Vereinsinteresse verpflichtet" sei. Er versichert, dass seine berufliche Tätigkeit nicht im Zusammenhang mit dem FCK stehe und er demnach keine geschäftlichen Interessen am Betzenberg verfolge. Wissend, dass andere Aufsichtsratsmitglieder eine solche Erklärung nicht hinterlegt haben, richtet Wilhelm so den Scheinwerfer auf seine Kollegen im Aufsichtsrat, nach dem Motto: „Hätte jeder seine Compliance-Erklärung gegenüber dem Klub unterschrieben, wüssten wir, wer wem ein Eis versprochen."

Derweil bemüht sich der Sachwalter Kleinschmidt darum, den aufgeheizten öffentlichen Diskurs einzuhegen. Er zeigt sich „optimistisch bei allem Weggetöse, dass wir eine gute Lösung finden". Die Gespräche mit Investoren und Gläubigern lägen „voll im Plan". Denn: „Auch von den Gläubigern möchte jeder, dass auf dem Betzenberg weiterhin Profifußball gespielt wird." Um bezüglich der Investorenofferten sicherzugehen, habe man zur Analyse einen externen M&A-Berater eingeschaltet. So steuere man auf eine objektive Entscheidung nach sachlichen Kriterien zu. Am Ende zähle nicht, wer am lautesten klappere, sondern „welche Angebote auf dem Tisch liegen, was sie materiell beinhalten und was sie für die Gläubiger und für die Zukunftsfähigkeit des Klubs bedeuten", betont Kleinschmidt.

Zwar beeinflusse das „Getöse im Umfeld" die Entscheidung nicht. Dennoch sei es „nicht hilfreich", mahnt der Sachwalter. Schließlich wolle der Klub möglichst viele Interessenten gewinnen. Da sei es abträglich, wenn der Eindruck entstehe, dass sich Teile der Gremien in ihrer Entscheidung für einen Investor schon festgelegt haben könnten, oder Interessenten gar Gefahr laufen müssten, in einem aufgeheizten Klima diskreditiert zu werden.

Doch Kleinschmidts Mahnung verhallt. Kurz darauf mischt Wilhelm in einem Interview die Debatte mit markigen Sprüchen abermals auf. Er geht in direkte Konfrontation zu Merk und Kleinschmidt. „Ich überziehe manchmal auch gerne, um einen Punkt zu setzen. Mir da irgendwelche üblen Absichten zu unterstellen, das ist weit gefehlt", sagt er. „Ich habe einen Auftrag, den erfülle ich, und wenn jemand versucht, mich an der Erfüllung dieses Auftrags zu hindern, dann muss er mit meinen Reaktionen leben können." Was die Frage der Investoren angeht, sei er „vollkommen neutral". Ideal wäre eine Einbindung aller: des Dubai-Investors, der regionalen Unternehmer und der Fans über die sogenannte Fansäule. Nur dürfe die Entscheidung darüber „nicht in den Hinterzimmern" fallen.

Hier zielt er offenkundig auf Kleinschmidt und den Gläubigerausschuss ab. Wilhelm bemängelt, dass „wir als Aufsichtsrat und als Beirat nur noch eine zuschauende Rolle haben, denn die Entscheidungsfindung liegt bei dem vom Insolvenzgericht bestellten Sachwalter Dr. Kleinschmidt". Zudem fühlt er sich in seiner Rolle als Aufsichtsratsvorsitzender der KGaA vom Geschehen abgekoppelt. Auch Merk geht er an: „Wenn jemand glaubt, nur weil er Sprecher eines Aufsichtsrats oder Sprecher eines Beirats ist, dass das bedeuten würde, er müsse ständig sprechen, dann ist das ein völlig falsches Verständnis von der Aufgabe eines Aufsichtsrats oder eines Beirats." Noch dazu habe „der Kollege Merk" aus seiner Sicht über den Stand der Investorensuche falsch oder nur teilweise informiert.

Mit Näherrücken der Sitzung des vorläufigen Gläubigerausschusses am 29. Juli 2020, in der eine Richtungsentscheidung in Sachen Investoreneinstieg fallen soll, verdichten sich Wilhelms Tweets. Lyrischer Klimax ist ein weiteres Twittergedicht, in dem er am 25. Juli über „großes Stimmgewimmer" im „dunklen Hinterzimmer" reimt. Der kantige 42-Zeiler endet mit einem Weckruf:

„Nun ruft zum Schlussakt der Verwalter / die Insolvenzplanmitgestalter. / Man will den Leuten nicht erzählen, / dass GF und Vorstand wählen, / wer als Investor zugelassen, / um zu füllen leere Kassen. (…) / So geht es zu in Hinterzimmern, / da hilft es leider nicht, zu wimmern. / Soll all das bleiben im Versteck, / so nimmt man eine Handvoll Dreck, / wirft ihn auf die Mahner drauf, / ruft dann die Yellow Press noch auf. / Doch oft wird dabei nicht bedacht: / Der Souverän ist aufgewacht."

Dubai versus Saar-Pfalz: die Entscheidung

Im Anschluss an die Sitzung des Gläubigerausschusses am 29. Juli informiert Sachwalter Kleinschmidt bei einer Pressekonferenz nüchtern über das eigenverwaltete Insolvenzverfahren und den Investorenprozess. Der vorläufige Gläubigerausschuss habe sich mit den Offerten befasst, sich dabei externen Rat von Sachverständigen eingeholt, alle Fakten gegenübergestellt, bei allen Interessenten gleichlautend nachgefragt und sich untereinander abgestimmt. Man sei zu einer einvernehmlichen Verständigung gekommen, „hinter der sich am Ende alle versammeln können": Die Entscheidung fällt eindeutig zugunsten der Gruppe regionaler Unternehmer um Giuseppe Nardi und Klaus Dienes.

„Letztendlich stellten die Mitglieder des vorläufigen Gläubigerausschusses heute einstimmig fest, dass ausschließlich die Gruppe der regionalen Investoren die Vorgaben zu Bonitätsprüfung, zu Geldwäsche, zu Compliance sowie zu den Regularien und Statuten des DFB und der Satzung des FCK erfüllen konnte", sagt FCK-Geschäftsführer Voigt. Die Entscheidung für die Saar-Pfalz-Investoren sei vor allem deshalb gefallen, weil deren Motivation nachvollziehbar sei, erklärt Kleinschmidt. Es handele sich um örtlich ansässige Unternehmer, die ihr Engagement für den FCK schon in der Vergangenheit unter Beweis gestellt hätten. Diese Vertrauensbasis fehle beim Dubai-Angebot.

Insofern verspreche man sich bei der regionalen Investorengruppe „sehr große und solide Transaktionssicherheit". Zudem passten sie besser zur Struktur des Vereins und dem sogenannten Vier-Säulen-Modell, da es hier um einen Verkauf von nur 25 Prozent der Anteile an der FCK-Kapitalgesellschaft gehe und nicht gleich um 75 Prozent. Dies eröffne „weitere Entwicklungsperspektiven für den Verein insgesamt, weil es eben noch Raum lässt für weitere und zusätzliche Investoren in Zukunft", erklärt Kleinschmidt die Entscheidung. „Das andere Angebot hat am Ende leider noch Fragen offengelassen, die wir gerne geklärt hätten", was nicht gelungen sei.

Unklar bleibt laut Kleinschmidt und Merk etwa, wie das sportliche Konzept des Dubai-Angebots in Einklang mit verbandsrechtlichen

Regularien steht oder wer über Horst Peter Petersen hinaus überhaupt hinter der Offerte steckt. Es hätten sogar „Grundbelege" wie „eine Passkopie von dem möglichen Investor" gefehlt, wie Keßler bei einem späteren Mitgliederforum am 15. August sagt. Bei einer derart wichtigen Entscheidung für den FCK müsse klar sein: „Wer sind die Investoren, und wo kommt das Geld her?" – das habe man beim Dubai-Angebot nicht mit letzter Gewissheit sagen können. Zu diesem Schluss seien alle relevanten Personenkreise gekommen.

Die FCK-Geschäftsführung soll nun also im Auftrag des Gläubigerausschusses mit der regionalen Investorengruppe verhandeln. Zum einen geht es darum, den Einstieg der Investoren festzuzurren, und zum anderen, dadurch die Grundlage für einen von den Gläubigern anzunehmenden Insolvenzplan zu schaffen. So soll es zur Entschuldung der Kapitalgesellschaft und zur Fortsetzung des Spielbetriebs kommen. Der heutige Termin sei „nicht der Abschluss, sondern das Nehmen einer ersten Hürde" des Insolvenzverfahrens, betont Kleinschmidt. Am Ende entscheiden die Gläubiger bei einer Gläubigerversammlung über den Schuldenschnitt, die Annahme des Insolvenzplans und damit den Fortbestand des FCK.

Vier Risiken und eine zweite Pandemie

Bis sich tatsächlich von einer Rettung des FCK sprechen lässt, sind aber noch weitere „Etappenschritte" – Zitat Voigt – zu gehen. Auf dem vorgezeichneten Lösungsweg liegen vor allem vier Risiken. **Erstens** steht und fällt die Sanierung damit, dass die regionalen Unternehmer tatsächlich in den FCK investieren. Die Verhandlungen sollen bis Ende August geführt sein. **Zweitens** muss im eröffneten Insolvenzverfahren eine Einigung mit den Gläubigern bezüglich des Schuldenschnitts gelingen. „Theoretisch kann es daran scheitern", meint Kleinschmidt. Aber: „Ich sehe aufseiten der Gläubiger eine große Bereitschaft, daran mitzuwirken, dass hier auch weiterhin Fußball gespielt wird."

Dabei ist es, **drittens,** entscheidend, mit den Gläubigern, deren Forderungen bereits seit der Zeit vor der Ausgliederung bestehen und die ihre Ansprüche daher nicht nur an die ausgegliederte Kapitalgesellschaft, sondern auch an den Verein richten können – Stichwort Durchgriffshaftung –, eine Lösung zu finden. Denn sollten aus Sicht des Vereins „alte" Zahlungsverpflichtungen aufleben, könnte ihn das in arge Bedrängnis bringen. Der e. V. sei in „Geiselhaft" jener Gläubiger, und es gelte, „unter allen Umständen eine Insolvenz des Vereins" zu vermeiden, um so das Gesamtkonstrukt FCK nicht abermals ins Wanken zu bringen, betont

Keßler. Nur wenn der e. V. überlebe, lasse sich das Insolvenzverfahren der KGaA sinnvoll abschließen. Dazu gehört eine Einigung mit dem größten Gläubiger Quattrex. Insgesamt geht es, was die Durchgriffshaftung betrifft, um einen Betrag von mehr als neun Millionen Euro, wie FCK-Vorstand Tobias Frey bei einer MItgliederversammlung einmal ausführt. Hinzukommt die Rückzahlung der Betze-Anleihe II in Höhe von rund 1,9 Millionen Euro am 1. August 2022.

Und **viertens** löst das Insolvenzverfahren nicht das strukturelle Finanzproblem des FCK. Nur durch sportlichen Erfolg und den Aufstieg in höhere Klassen kann es ihm gelingen, seinem jährlichen Defizit in der Größenordnung von fünf bis sieben Millionen Euro in der 3. Liga zu entkommen. Absehbar liegt der Finanzbedarf des FCK also weit über den rund 8,3 Millionen Euro der regionalen Unternehmer. Man führe „unfassbar viele Investorengespräche" und gehe nach gelungener Entschuldung von weiter steigendem Interesse am Klub aus, behauptet Merk. Dabei sei Flavio Becca jedoch „überhaupt kein Thema": Der Luxemburger Großunternehmer ist zwar nach seiner Bürgschaft weiterhin Gläubiger des FCK, doch in Sachen Investition hat seit Februar laut Merk keine Kommunikation mehr stattgefunden.

Neben diesen vier Herausforderungen steht der FCK noch vor einer weiteren. „Wir brauchen Ruhe, Ruhe, Ruhe", sagt Merk. Man befinde sich in einem hochsensiblen Prozess, da dürfe man sich nicht durch interne Scharmützel selbst schwächen. Der FCK müsse zu Geschlossenheit zurückfinden. Mit Blick auf die Coronakrise meint Merk: „Wir haben in diesem Verein eine zweite Pandemie, und die heißt: soziale Netzwerke." Gerade in den vergangenen Wochen habe sich dies gezeigt – damit spielt er nicht zuletzt auf die öffentlichen Einlassungen Wilhelms und die Reaktionen darauf an.

Wilhelms letzte Patrone

Letzterer meldet sich direkt nach der Pressekonferenz zur Entscheidung des Gläubigerausschusses wie gewohnt via Twitter zurück: „In 30 Jahren als Anwalt habe ich innerhalb einer Stunde noch nie so viele Lügen gehört." Und wenige Stunden später veröffentlicht er abermals unter dem Titel „Klartext" oder wahlweise „Klarheit" ein „Magazin zur Verbreitung der Wahrheit am Betzenberg". Die seitenlange Abhandlung ist eine Breitseite gegen Merk, Kleinschmidt und die Entscheidung des Gläubigerausschusses in „Hinterzimmerveranstaltungen", wie er die Sitzungen nennt.

Bei der Pressekonferenz sei „bewusst gelogen" und der Eindruck erweckt worden, dass die FCK-Gremien mit der Entscheidung des

Gläubigerausschusses übereinstimmten – das sei „schlichter Unsinn". Er als Gremienmitglied distanziere sich davon und könne nicht bestätigen, dass es etwa im Vereinsaufsichtsrat oder im Beirat eine Abstimmung über den Investoreneinstieg gegeben habe. „Eine weitere Lüge" sei, dass das Dubai-Angebot Fragen offenlasse. Schließlich habe der Investor dem Vorstand und dem Aufsichtsrat des Vereins, der Geschäftsführung und dem Generalbevollmächtigten doch Rede und Antwort gestanden. „Während mit den Regionalen viele Gespräche geführt wurden", sei dies im Fall der Dubai-Offerte vernachlässigt worden, behauptet Wilhelm.

Spreche Kleinschmidt von „zwei Angeboten", lasse der Sachwalter außerdem unberücksichtigt, dass von den regionalen Unternehmern im Gegensatz zur Dubai-Offerte lediglich ein Dokument „allenfalls als Absichtserklärung ohne Bindungswirkung" vorgelegen habe. Insofern spielten „die Geschäftsführung und der sie bestätigende Markus Merk Roulette mit der Zukunft des Vereins" mit dem Risiko, dass „die Regionalen sich dann zurückziehen oder weiterhin Forderungen stellen, die der Verein nicht erfüllen darf oder kann".

Doch damit überspannt der Juraprofessor den Bogen. Über einen Rechtsanwalt lässt ihm sowohl der 1. FC Kaiserslautern e. V. als auch die 1. FC Kaiserslautern GmbH & Co. KGaA eine Unterlassungsaufforderung zukommen. Demnach soll Wilhelm es „mit sofortiger Wirkung unterlassen, ausdrücklich vertrauliche oder vereinsinterne Informationen zu veröffentlichen oder verfügbar zu machen, Funktionsträger zu diskreditieren oder Entscheidungsfindungen zu diffamieren", wie der Klub am 30. Juli 2020 mitteilt. Damit einhergeht die Drohung, dass Wilhelm in der nächsten Aufsichtsratssitzung des Vereins von seinen Ämtern im Beirat der FCK Management GmbH und im Aufsichtsrat der KGaA abberufen werden könnte. „Da er seit Amtsantritt kontinuierlich insbesondere über die Plattform Twitter erheblich gegen die Interessen des Vereins verstoßen hat", stehe außerdem ein Vereinsausschlussverfahren im Raum.

„Die Mitglieder des vorläufigen Gläubigerausschusses haben in einem von einem ordentlichen Gericht kontrollierten, gläubigeröffentlichen Verfahren alles dafür getan, den Investorenprozess gegenüber den Gläubigern zu dokumentieren", erklärt Merk als Sprecher des Aufsichtsrats und des Beirats. „Diese Gläubiger, den vorläufigen Sachwalter, mithin auch das Gericht und nicht zuletzt die ehren- und hauptamtlichen Funktionsträger unseres Traditionsvereins der Lüge zu bezeichnen, hat die Grenzen eines fairen Diskurses bei Weitem überschritten." Wilhelms Verhalten sei „unerträglich und respektlos" gegenüber der Gläubigerautonomie und dem ausdrücklichen Willen des Gesetzgebers, sagt dazu FCK-Geschäftsführer Voigt.

Der Streit eskaliert. Wilhelm gibt seinen Rücktritt bekannt – natürlich via Twitter. Am 3. August postet er eine Mitteilung vom Vortrag, nach der er sich von seinen Ämtern beim FCK, also als Aufsichtsratsvorsitzender der KGaA, als Mitglied im Beirat der Management GmbH und als Aufsichtsrat des Vereins, zurückzieht. Zudem erklärt er seinen Austritt aus dem Verein. Dies tut er aber nicht, ohne abermals gegen die „fehlgeleiteten Herren" auszuteilen: Das anwaltliche Vorgehen gegen ihn offenbare den Versuch, ein gewähltes und legitimiertes Aufsichtsratsmitglied „mit juristischen Taschenspielertricks mundtot" zu machen. Dabei sei auffällig, dass man öffentlich überhaupt nicht konkret auf seine Kritik eingehe.

„Bevor das Recht dem Unrecht doch noch weichen soll, ist mein selbsterklärter Rücktritt meine letzte und hoffentlich wirksame Patrone, den Fans und Mitgliedern ein Zeichen zu setzen, genau hinzusehen, was gerade am Betze passiert, und meinen falschen Freunden nicht die Genugtuung zu geben, mich vom Berg gejagt zu haben", meint Wilhelm zum Abschied. „Ich bin guter Hoffnung, dass alle aufrechten Mitglieder und Fans in der nächsten Mitgliederversammlung mein Werk fortführen und Abrechnung erteilen werden."

Wilhelm ist nicht der Einzige, der die Segel streicht. Beim Mitgliederforum am 15. August kündigt Martin Wagner ebenfalls seinen Rückzug aus dem Aufsichtsrat an. „Die negative Stimmung finde ich ganz grausam", erklärt der ehemalige Nationalspieler seine Entscheidung. Zudem übernehme er ab Oktober eine neue berufliche Aufgabe, weshalb er sich neu ausrichte. Mit dem Abschied Wilhelms und Wagners bleiben noch vier Aufsichtsräte im Amt. Um das fünfköpfige Gremium zu komplettieren, besetzt Christian Bettinger als gewählter Nachrücker den offenen Posten. Zudem zieht er gemeinsam mit Aufsichtsratsmitglied Fritz Fuchs anstelle von Wagner und Wilhelm in den Beirat der Management GmbH. Weimer rückt anstelle von Wilhelm in den Aufsichtsrat der KGaA. Nach nicht einmal einem Jahr ist das Team Merk zerfallen.

SZENE 11

„Ohne Netz und doppelten Boden“

„Wechselnde Gräben, Halbwahrheiten, Unterstellungen“

Im Gegensatz zum grellen Treiben seiner Funktionäre sind die sportlichen Ergebnisse des FCK weitaus blasser. Am Ende der Drittligasaison 2019/20 landen die Roten Teufel auf Rang zehn. Zwar konnten sie sich damit aus dem Abstiegskampf befreien, das Ziel, zu den Topmannschaften der Liga zu gehören, haben sie allerdings abermals verfehlt. Obwohl sie trotz finanzieller Zwänge keineswegs zu den Vereinen mit den geringsten Kaderbudgets zählen, schaffen sie es sportlich nicht über das Mittelmaß hinaus.

Dabei hat der von Aufsichts- und Beiratssprecher Markus Merk stets hochgelobte Sportdirektor Boris Notzon, seit es mit Soeren Oliver Voigt nur noch einen Geschäftsführer gibt, an Verantwortung für die sportliche Planung gewonnen. Immer öfter tritt er in dieser Rolle an die Öffentlichkeit. Notzon nimmt für die fußballerischen Schwächen teilweise auch die Funktionäre in die Pflicht. „Egal in welchem Traditionsverein: Wenn es unruhig ist, ist das keine Hilfe für eine Mannschaft“, sagt er. Und Unruhe gehört mittlerweile zu den Kernkompetenzen des FCK. Nach wie vor bestimmen Rangeleien, Animositäten und missratene Kommunikation das Geschehen beim durch die Insolvenz taumelnden Klub.

Beispiel Hauptsponsor. Nachdem drei Tage zuvor bei einem Pressetermin die Mannschaft bereits in einem neuen Trikot mit dem Logo eines anderen Unternehmens auf der Brust fotografiert wurde und er schon mehrfach darauf angesprochen worden sei, sieht es der bisherige Sponsor Harald Layenberger am 24. August 2020 als seine „Pflicht“ an, über Facebook seinen Rückzug bekannt zu geben. Schon in den Wochen zuvor deutete sich beispielsweise in der Berichterstattung der *Rheinpfalz* und der *Bild* an, dass die zum Kreis der neuen FCK-Investoren gehörenden Giuseppe Nardi und Peter Theiss mit dem Homburger Unternehmen Dr. Theiss Naturwaren GmbH und der Marke Allgäuer Latschenkiefer das Hauptsponsoring zu einem wesentlich höheren Preis – die

Rede ist von 800.000 Euro – von Layenberger übernehmen könnten. Dafür gibt es einen Passus im Sponsoringvertrag Layenbergers. Dem Grunde nach tritt der Sponsorentausch nun ein.

„Uns ist, wie nach all den Beiträgen in den Medien der vergangenen Zeit und der Reaktion des FCK darauf zu erwarten war, von den Verantwortlichen des 1. FC Kaiserslautern angetragen worden, unser Engagement als Hauptsponsor kurzfristig und außerhalb jeder vertraglichen Verpflichtung zu beenden", schreibt Layenberger also am 24. August bei Facebook und betont: „Wir tun dies freiwillig und ohne Rechtspflicht, weil die Geschäftsführung des FCK es versäumt hat, die entsprechende vertragliche Regelung rechtzeitig zum 31. Dezember 2019 geltend zu machen." Man wolle dem Verein aber nicht im Wege stehen und mache daher das Trikot frei. Im Sponsorenportfolio des Klubs bleibt Layenberger trotzdem.

Der Unternehmer geht erwartungsgemäß nicht ohne Worte. „Wenn das Spiel mit dem Ball nicht mehr das Wichtigste ist, sondern alles im Verein zum Spielball von Politik und anderen persönlichen Interessen wird, dann ist es schwer, sich an Gemeinsamkeiten festzuhalten." Die Klubführung hält er dazu an, stets „sachlich und fair" zu informieren. „Die dauernden Kämpfe mit wechselnden Gräben, Halbwahrheiten und Unterstellungen sowie der gezielte Einsatz bestimmter Medien haben unseren Verein leider ganz nahe an den Rand des Abgrunds geführt."

Schließlich führt er den von ihm erworbenen Nachlass der Klubikone Fritz Walter ins Feld. Er hätte das Erbe im Oktober zu Walters 100. Geburtstag gern zum FCK zurückgebracht, meint Layenberger, aber: „Alle Versuche, dieses ohne Aufwand an zusätzlichen liquiden Mitteln für den Verein möglich zu machen, sind leider fruchtlos verlaufen." Den Verantwortlichen wirft er vor, „zumindest momentan keinerlei Interesse an einer Heimkehr des Nachlasses unserer Ikone" zu haben.

Natürlich bringt der Post die Fanszene abermals in Aufruhr. Dazu trägt bei, dass der FCK erst zwei Tage später Stellung nimmt. Mit der späten Mitteilung auf seiner Homepage bedankt sich der Klub am 26. August bei seinem scheidenden Hauptsponsor. Zugleich geht er auf dessen Kritik ein: „Von Seiten des FCK wurde stets der Wunsch nach einer gemeinsamen Kommunikation zum Thema Sponsorenwechsel gegenüber Herrn Layenberger zum Ausdruck gebracht." Dies habe sich bedauerlicherweise nicht realisieren lassen, womit der FCK dem Eindruck entgegentritt, ohne die Abstimmung mit seinem Partner den Hauptsponsor gewechselt, das Trikot neu gestaltet und die Mannschaft damit fotografiert zu haben.

Auch in Sachen Fritz-Walter-Nachlass gibt es unterschiedliche Darstellungen. „Die Verhandlungen über den Wechsel des Hauptsponsors wurden von Herrn Layenberger mit der Zuführung des von ihm erworbenen Nachlasses von Fritz Walter an den FCK verknüpft", heißt es nach Auffassung des Klubs. „Eine Gegenleistung durch die Hingabe von Aktien durch den FCK konnte in der aktuellen Situation keine Zustimmung finden." Stattdessen habe der Verein ein „mit dem Nachlass wertgleiches Angebot in Form eines Sponsorenpakets für die Saison 2021/22" unterbreitet – dies sei von Layenberger aber abgelehnt worden. Es sei also mitnichten so, dass im Verein kein Interesse an der Heimkehr des Fritz-Walter-Erbes bestehe – im Gegenteil: „Wir bedauern es sehr, dass gerade zum 100. Geburtstag von Fritz Walter die Übertragung des Nachlasses an den FCK nicht realisiert werden konnte."

Layenberger wiederum legt nun wenige Tage später auf Facebook nach. Ihm sei es „wichtig, darauf hinzuweisen, dass unser schriftliches Angebot an den Verein, ein Aktienpaket in Höhe der Rechnung des Auktionshauses zu zeichnen, selbstverständlich so gestaltet war, dass es der jeweiligen Situation des FCK hätte angepasst werden können". Zudem sei man bereit gewesen, „zusätzliches Eigenkapital einzulegen". Er bedauere, dass er keine offizielle, schriftliche Antwort des FCK – und damit keine Erklärung – erhalten habe. Wie auch immer, offensichtlich kriselt es auch unter der neuen FCK-Führung zwischen dem Klub und seinem scheidenden Hauptsponsor.

Zurück zu „gut strukturierten Finanzen"

Während der Vorgang in den sozialen Medien für Furore sorgt, zeigt sich bei der Vorstellung des neuen Hauptsponsors ein nüchterneres Bild. Nardi und Theiss erklären bei einer gemeinsamen Pressekonferenz mit FCK-Geschäftsführer Voigt ihr Anliegen. Dabei nutzen die beiden Unternehmer zugleich die Gelegenheit, das Engagement der regionalen Investoren vorzustellen, zu denen neben ihnen außerdem Dieter Buchholz, Klaus Dienes und Axel Kemmler zählen. Bis auf Kemmler sind alle bei der Pressekonferenz vor Ort.

Nardi und Theiss gehören seit Jahren zum Kreis der FCK-Förderer. Bereits zwischen 2010 und 2014 waren sie mit ihrem Unternehmen Hauptsponsor. An das damalige Engagement wolle man anknüpfen. Das neue Sponsoring laufe mindestens zwei Saisons. „Wir sehen in dem 1. FCK einen starken und leistungsfähigen Werbepartner – trotz aller Querelen, trotz der Rückschläge in den vergangenen Jahren", sagt Nardi. Zwar sei man in der Doppelrolle des Investors und des Sponsors, man trenne aber beide Funktionen voneinander.

Als Sponsor wolle man die eigene Rolle „so einordnen, wie sie ursprünglich gedacht, ist – als derjenige, der mithilfe des FCK mit einer Dienstleistung eine Marke bekannt machen kann“ und nicht durch „viele emotionale Beiträge“ auffalle. Dies sei eine Frage der Professionalität: „Wir möchten unsere Werbemaßnahmen, für die wir bezahlen, mit dem FCK zum Wohle des FCK und zum Wohle unserer Marken durchführen.“ Ein Seitenhieb auf Layenberger sei das natürlich nicht, sondern eine allgemeine Aussage, betont Nardi auf Nachfrage eines anwesenden Journalisten.

Eine ähnliche Sachlichkeit gelte für das Rollenverständnis als Investor. Die mittelständischen Unternehmer seien alle langjährig engagierte und „glühende, aber auch sehr professionelle Anhänger des FCK“, so Nardi. Grundsätzlich seien sie in der Lage, sich in Zukunft über ihr bisheriges Engagement hinaus für den FCK einzusetzen. Die Gruppe wolle dem Klub helfen, zu „gut strukturierten Finanzen“ zurückzukehren, und dafür ihre „mittelständische Expertise“ zur Verfügung stellen. Der FCK solle sich wieder „auf die sportliche Herausforderung konzentrieren“ können. Sportliche Entscheidungen zu treffen, sei nicht ihr Ansinnen, unterstreicht Nardi. Doch an der Schnittstelle von Kaufmännischem und Sportlichem wolle man natürlich „für den Erfolg mitsorgen“. Dafür brauche es „Transparenz in den dafür zuständigen Gremien“ – aber nicht in der Medienöffentlichkeit.

Während die regionale Investorengruppe in Aussicht stellt, den FCK mittelfristig zu stützen, bleibt es Aufgabe der Klubführung, an der langfristigen Stabilität zu arbeiten. „Wir sind weiterhin gefordert, für zusätzliches Eigenkapital zu sorgen“, sagt FCK-Geschäftsführer Voigt. Zwar legen die regionalen Investoren die Basis für die Zukunft des Klubs. Doch der FCK sucht weiterhin einen Ankerinvestor und Kapital, das sein Fortkommen über den 30. Juni 2021 hinaus sichert.

Natürlich wolle man auch die Fans in die Finanzierung des FCK einbeziehen. Schließlich fühle man sich dem von den Mitgliedern beschlossenen Vier-Säulen-Modell verpflichtet, betonen die Klubbosse immer wieder, so etwa Merk beim Mitgliederforum am 15. August. Dabei verspricht er abermals, „dass wir zeitnah endlich mal das umsetzen wollen, was wir ja vor zwei Jahren vereinbart haben, nämlich die Öffnung der Fansäule“. Die Voraussetzung dafür sei aber „die Sicherheit, der Verein ist stabilisiert nicht nur für ein Jahr“. Mit der lang ersehnten Öffnung der Fansäule wolle man sich „zum richtigen Zeitpunkt beschäftigen“, sagt Voigt bei der Pressekonferenz.

Alarmstufe Rot, Horrorvorstellung und Super-GAU

Doch auch wenn die Geldgeber hoffnungsfroh von Zukunftsinvestitionen in sportlichen Erfolg sprechen, bleibt die Gegenwart des FCK dornig. Wie brisant die Lage ist, zeigt sich daran, dass sowohl die ehrenamtlichen als auch die hauptberuflichen Gremienmitglieder bereits seit dem 1. Juli ohne den Schutz einer sogenannten D&O-Versicherung (Directors and Officers), einer Vermögensschadenhaftpflichtversicherung, agieren. Offenbar war kein Versicherer angesichts der hohen Schuldenlast und der Insolvenzanfälligkeit des FCK mehr bereit, Versicherungsschutz zu geben. Entsprechend arbeite man beim FCK „ohne Netz und doppelten Boden", sagt Vereinsvorstand Wolfgang Erfurt. Mancher in den Führungsgremien denkt angesichts möglicher Haftungsrisiken sogar an Rücktritt.

Derweil eröffnet das Amtsgericht Kaiserslautern am 1. September 2020 offiziell das Insolvenzverfahren über das Vermögen der 1. FC Kaiserslautern KGaA und ordnet die Eigenverwaltung an. Laut Beschluss des Gerichts sind die Gläubiger dazu aufgefordert, beim Sachwalter ihre Forderungen anzumelden. Für den 29. Oktober ist die Gläubigerversammlung angesetzt. Bei der Versammlung wird final über den Insolvenzplan entschieden, der bereits mit dem vorläufigen Gläubigerausschuss vorbesprochen ist. Wird der Insolvenzplan bestätigt, kann nach Ablauf entsprechender Fristen das Verfahren aufgehoben werden.

Insgesamt handelt es sich um rund 18.000 Gläubiger, die Forderungen an die Kapitalgesellschaft stellen können. Neben den großen Gläubigern sind darunter auch andere Fußballklubs, die noch auf Transferentschädigungen warten, sowie Hunderte Kleingläubiger wie Dauerkarteninhaber. Letztere verfügen über einen Rückerstattungsanspruch für die sechs Heimspiele, bei denen coronabedingt kein Publikum zugelassen war. In Summe belaufen sich die FCK-Schulden auf rund 25 Millionen Euro.

Für den Verein gefährlich sind besonders die Forderungen an den FCK, die bereits vor der Ausgliederung des Profifußballbetriebs in die KGaA im Jahr 2018 bestanden. Denn die jeweiligen Gläubiger können diese Forderungen wieder an den e. V. richten, für den eine gesetzliche Nachhaftung für seine in die KGaA „ausgelagerten" Verbindlichkeiten besteht. „Im Rahmen des beabsichtigten Insolvenzplans haben die Gläubiger der Fußballgesellschaft mit Forderungsausfällen zu rechnen und könnten versuchen, sich bei dem Verein schadlos zu halten", heißt es in einem Infoschreiben des Vereinsvorstands an die Zeichner der Betze-Anleihe II.

Die Nervosität wächst. Auf den Verein kommen laut Vereinsvorstand Tobias Frey plötzlich Rückzahlungsansprüche in Höhe von mehr als neun Millionen Euro zu. „Seit dem 15. Juni schwebt auch über dem

e. V. eine dunkle Wolke mit dem Namen Insolvenz", sagt Vorstandsvorsitzender Erfurt dazu. Die Einnahmen des Vereins, die sich im Wesentlichen aus den Mitgliedsbeiträgen in Höhe von jährlich anderthalb Millionen Euro speisen, „reichen im Normalfall, um unseren Verpflichtungen nachzukommen", erklärt er. Nur: Schlagen die alten Forderungen aufgrund der Mithaftung voll auf den e. V. durch, dann könnten „auch beim e. V. die Lichter ausgehen". Beim Verein herrscht also „Alarmstufe Rot". Erfurt spricht von einer „Horrorvorstellung" und einem „Super-GAU", sollte der Verein ausgerechnet im Jahr des 100. Geburtstags von Fritz Walter und des 120. Gründungsjubiläums in eine Insolvenz geraten.

Man wolle „alles unternehmen, um das zu verhindern". Daher führt der Verein intensive Gespräche mit den entsprechenden Gläubigern. Das Ziel ist es, den e. V. von den Altlasten zu befreien, somit die drohende Insolvenz abzuwenden und letztendlich die Rückzahlung der vom Verein emittierten Betze-Anleihe II am 1. August 2022 samt Zinsen abzusichern. Denn auch hier tut sich eine gewaltige Finanzlücke auf: Das durch die 2019 aufgelegte Anleihe eingenommene Geld wurde per Darlehensvertrag zum Lizenzerhalt komplett vom Verein an die KGaA weitergereicht. Mit der Insolvenz der Kapitalgesellschaft fällt der Rückzahlungsanspruch des Vereins gegenüber der KGaA in Höhe dieser rund 1,9 Millionen Euro aber aus. Da der Verein aufgrund der Konzernverflechtung mit der KGaA außerdem gegenüber anderen Gläubigern nachrangig behandelt wird, partizipiert er nicht einmal an der Insolvenzquote.

Zusätzlich zu den Forderungen, für die er in einer Mithaftung ist, muss der Verein also die rund 1,9 Millionen Euro schwere Betze-Anleihe II an die Anleger zurückzahlen. Hinzu kommen Zinsen von jährlich 120.000 Euro, in den Jahren bis zur Rückzahlung zusammen 360.000 Euro. Entsprechend ringt man um Lösungen für dieses neue Finanzproblem und erzielt dabei beachtliche Verhandlungserfolge: Die großen Gläubiger verzichten auf Teile ihrer Ansprüche. So sinkt zumindest die drohende Finanzlast der Rückzahlungsansprüche, die von der KGaA auf den Verein durchschlagen, auf, laut Frey, rund 3,975 Millionen Euro. Darin enthalten sind die noch offenstehenden Forderungen der Investmentgesellschaft Quattrex, die nach Angaben des FCK-Vorstands zu einem „substanziellen Schuldenschnitt" bereit ist.

Darüber hinaus bestehen noch Steuerverbindlichkeiten von 467.259 Euro aus einem Bescheid für das Jahr 2018 vom September 2020. Zudem hat der Verein aufgrund eines Dienstleistungsvertrags, der die Leistungen zwischen ihm und seiner Kapitalgesellschaft regelt, noch 874.000 Euro an die KGaA zu zahlen. Zum Ende der Saison 2020/21 erhöht sich der Betrag auf 1,472 Millionen Euro. Bei den gegenseitig verrechneten Leistungen handelt es sich beispielsweise um die Nutzung des in die KGaA ausgegliederten Nachwuchsleistungszentrums durch die beim e. V. verbliebenen Jugendmannschaften.

Gelingt es dem Verein, all diese Posten zu bedienen, und kann er sich aus der gesetzlichen Mithaftung befreien? „Diese dunkle Wolke über dem e. V. ist noch nicht verschwunden. Sie färbt sich langsam etwas heller, es sieht damit etwas besser aus, und wir hoffen, dass sie bis Ende des Jahres gänzlich verschwunden ist", meint Erfurt.

Sportliche Düsternis am Betzenberg

Auf dem Rasen allerdings sieht es düster aus. Mit einer 0:1-Heimniederlage gegen Dynamo Dresden starten die Roten Teufel in die Saison 2020/21 und belegen eine Woche später, nach einer blamablen 0:3-Auswärtsniederlage gegen Türkgücü München, den letzten Tabellenplatz. Nach nur zwei Spieltagen stellt der Klub Cheftrainer Boris Schommers frei, als Nachfolger übernimmt Jeff Saibene. Doch auch mit ihm kommt keine Trendumkehr. Die nächsten vier Spiele enden unentschieden. So bleibt der FCK mit vier Punkten nach sechs Partien auf dem 17. Tabellenplatz. Schon wieder Abstiegskampf.

Gab man vor der Runde noch vollmundig aus, zu den Spitzenmannschaften der Liga gehören zu wollen, und unternahm trotz Insolvenz durchaus passable Transferaktivitäten, unterliegt der FCK am 24. Oktober 2020 beim Abstiegskandidaten SV Meppen mit 2:3. Nach dem siebten Spieltag ist er damit noch immer sieglos. Selbst die Verantwortlichen sind ratlos. Der Beiratsvorsitzende Merk zeigt sich empört und „schockiert über den Auftritt unserer Mannschaft in dieser Situation". Für den Verein gehe es um die Existenz, und das Management arbeite hart daran, die Weichen für die Zukunft zu stellen. Die Mannschaft sei nun in der Pflicht, diesen Einsatz zurückzugeben. Doch das Team präsentiere sich wie „eine Sporttruppe unterwegs im Trikot des FCK auf einer Kaffeefahrt im Emsland", hadert Merk.

In dieser Lage offenbart sich ein eklatantes strukturelles Problem: Merk war angetreten, um die Klubführung neu auszurichten, doch erweist es sich nun als Fehler, den Posten des Sportgeschäftsführers in dieser Form eingespart zu haben. Während Geschäftsführer Voigt die operative Verantwortung trägt und in Belangen der Profiabteilung erster Ansprechpartner des Beirats ist, überlässt er zumindest in der öffentlichen Darstellung in wichtigen Kaderfragen Sportdirektor Notzon das Feld. Der nimmt die exponierte Rolle an. Nicht selten zeigt er sich in

Medien als der erste Mann, was das Sportliche betrifft: „Ich bin als sportlich Verantwortlicher und Sportdirektor in der Kritik", sagt er einmal im Fernsehinterview.

Damit scheinen die sportliche Kompetenz und die Entscheidungskraft, was die Kaderplanung angeht, in der ausgegliederten Profiabteilung auf die zweite Führungsebene abzurutschen. Notzon gibt sich zwar engagiert, spricht öffentlich über sportliche Zielsetzungen, Spieltagsanalysen und Transferpläne. Aber in seiner Amtszeit liegt das tabellarische Ergebnis hinter den Erwartungen. Anspruch und Ligaalltag klaffen auseinander. Und die konkrete Verantwortung dafür scheint sich im FCK-Organigramm zu verlieren. Voigt müsste sie eigentlich haben, hält sich jedoch zurück. Und Notzon, dessen Vertrag beim FCK zum Saisonende am 30. Juni 2021 ausläuft, tritt auf, als beanspruche er sie, hat sie formal in letzter Konsequenz aber nicht.

Beispielhaft dafür ist die Mitteilung, mit der der FCK am 21. Januar 2021 einen wichtigen Transfer vermeldet: Publikumsliebling Jean Zimmer, schon von 2004 – seit der Jugend – bis 2016 beim FCK, kehrt vom Zweitligisten Fortuna Düsseldorf auf den Betzenberg zurück. Nicht nur, dass Notzon anstelle Voigts den Transfer vermeldet, sondern er personifiziert dabei auch den vereinspolitisch wichtigen Schulterschluss mit den regionalen Investoren. So etwas obliegt aber eigentlich der Geschäftsführung. „Diesen Wechsel konnten wir nur dank der großen Mithilfe von Jean Zimmer selbst und mit der Unterstützung unserer Investoren realisieren", wird Notzon zitiert. Dem schließt sich in der Mitteilung ein Zitat Dienes' von der Investorengruppe an: „Mit Jean Zimmer gewinnen wir Qualität und Mentalität aus der Region für den FCK."

Ohnehin scheint Voigt unter den designierten Investoren, was seine sportliche Kompetenz angeht, keinen guten Stand zu haben. Der Geschäftsführer habe „ja auch sehr viele andere Aufgaben in so einem Verein, vom Kaufmännischen bis hinein ins Juristische oder in Verwaltungstätigkeiten", sagt Nardi einmal in einem SWR-Interview. Da wäre es „dann doch gut, man hätte eine Person, die sich ausschließlich um den sportlichen Bereich kümmert". Für Voigt, der angetreten war, den FCK aus einer Hand zu führen, ist das nicht schmeichelhaft: Offenbar trauen die Investoren ihm allein den sportlichen Turnaround nicht zu. So keimt die Idee, die Geschäftsführung umzustrukturieren.

Denn nicht nur die Fans, sondern auch die zukünftigen Geldgeber formulieren klare Ansprüche an sportlichen Erfolg. Er glaube „noch fest an die Möglichkeit des Aufstiegs in die 2. Liga in Kürze", sagt Nardi im Dezember 2020 ungeachtet der Tabellensituation. Er wolle „nicht den

Glauben daran verlieren, dass uns doch noch eine Wende gelingt". Und wenn der FCK in dieser Saison nicht aufsteigt? „Dann werden wir uns zusammensetzen und die Voraussetzungen schaffen, dass das dann vielleicht in der nächsten Saison so sein kann."

Ein entschuldeter Klub und die SPI als Investor

Die Investoren sind mit Elan bei der Sache. „Es würde mir das Herz zerreißen, wenn der 1. FCK komplett seine Existenz aufgeben müsste", meint Nardi. Entsprechend erhöhen sie sogar ihren geplanten Einsatz auf elf Millionen Euro und übernehmen damit nicht 25 Prozent, sondern 33 Prozent der Anteile an der 1. FC Kaiserslautern GmbH & Co KGaA. Dafür gründen sie eine gemeinsame Beteiligungsgesellschaft, die Saar-Pfalz-Invest GmbH (SPI) mit den Geschäftsführern Nardi und Dienes. Die Erhöhung ihres Einsatzes ist aber nicht nur ein Ausweis der Ernsthaftigkeit ihres Engagements, sondern auch des hohen Kapitalbedarfs beim FCK. Für manchen der Investoren kommt dies unerwartet. Einer der fünf Unternehmer sagt mir, dass die rettende Investition möglicherweise so nicht zustande gekommen wäre, wäre diese Höhe von Beginn an allen klar gewesen.

Für den FCK ist die endlich geschlossene Vereinbarung mit der SPI ein wichtiger Baustein zur Überwindung der Insolvenz. „Dieses deutliche Signal, dass erfolgreiche Unternehmer aus der Region an die Zukunft des FCK glauben und in diese investieren, ermöglicht uns nun, gestärkt einen weiteren strategischen Partner zu finden", sagt Geschäftsführer Voigt. Zudem verschafft der Investoreneinstieg dem Klub eine positive Fortführungsprognose, die für die Annahme des Insolvenzplans durch die Gläubiger entscheidend ist: Bei der Gläubigerversammlung am 29. Oktober im Fritz-Walter-Stadion stimmen sie dem Plan zu. Als Insolvenzquote sieht er vier Prozent vor. Umgekehrt heißt das: Die Gläubiger verlieren 96 Prozent ihrer Forderungen.

Am 7. Dezember 2020 fasst das Amtsgericht Kaiserslautern den Beschluss, das Insolvenzverfahren über das Vermögen der 1. FC Kaiserslautern GmbH & Co KGaA aufzuheben. Die FCK-Kapitalgesellschaft ist entschuldet. Doch der FCK ist damit längst noch nicht befreit: Er taumelt im Abstiegskampf der 3. Liga, und der e. V. ringt weiter mit den bedrohlichen Schulden, die von der KGaA auf ihn übergingen. Das Fundament bleibt brüchig – auch personell: Zum 1. Januar 2021 tritt Vorstandsmitglied Steven Dooley zurück, kurz darauf legt Dagmar Eckel ihr Amt nieder. Somit schmilzt das Vereinsgremium auf drei Mitglieder – Erfurt, Frey, Gero Scira. Und ein neuer Sturm zieht auf …

SZENE 12

Das Ende der Ära Merk

Zwischen „Turnaround" und „Entmündigung" der Fans

Es ist der 26. Februar 2021. Als Markus Merk dieses Mal die Mitglieder um ihr Vertrauen bittet, ist die Stimmung ihm gegenüber verhaltener als bei der letzten Klubversammlung vor etwas mehr als einem Jahr. Damals war er angetreten, um dem FCK den Weg in eine prosperierende Zukunft zu ebnen. Den Mitgliedern schenkte er Hoffnung auf bessere Zeiten. Protest und Kritik richteten sich gegen seine Vorgänger. Doch viele seiner damaligen Argumente kehren sich nun gegen ihn selbst.

Nach wie vor ist der Klub zerrissen, und entsprechend fällt es schwer, den von Merk versprochenen Aufbruch zu erkennen. Das Team Merk, das zuletzt gemeinsam kandidierte, gibt es nicht mehr. Die verbliebenen Aufsichtsratsmitglieder stellen sich zwar alle der Wahl – jedoch als Einzelbewerber, nicht als Gruppe.

Am Ende werden sie wiedergewählt: Martin Weimer mit 1.871 und damit den meisten Stimmen sowie Rainer Keßler, Merk und Fritz Fuchs. Mit Bernhard Koblischeck zieht ein neues Gesicht in den Aufsichtsrat ein. Unter den vier übrig gebliebenen Bewerbern wählen die Mitglieder drei Nachrücker für den Fall, dass einer der Aufsichtsräte vorzeitig aus seinem Amt ausscheidet: Johannes Remy, Valentin Helou und Carsten Krick. Man mag das Wahlergebnis als Zeichen der Kontinuität deuten – oder als Mangel an personellen Alternativen.

Denn trotz der Wiederwahl offenbart die Mitgliederversammlung am 26. Februar eine tiefe Unzufriedenheit mit der Führung um Merk. Wegen der Coronapandemie wurde die Versammlung, die turnusgemäß eigentlich zum Jahresende stattfindet, erst verschoben und wird nun digital durchgeführt. Und vielleicht sichern die coronabedingten Kontaktbeschränkungen sogar die Wiederwahl Merks. Denn wäre die Veranstaltung wie gewohnt in der Fanhalle im Fritz-Walter-Stadion abgehalten worden und hätten die Mitglieder nicht per Computer aus der Ferne daran teilgenommen, wer weiß, ob sich dann nicht – wie es in der Vergangenheit beim FCK schon oft der Fall war – in der Diskussion vor Ort möglicherweise die Emotionen hätten hochschaukeln und ihre

Bahn brechen können. Im Livestream hingegen ist der Resonanzraum für die teils harschen Wortmeldungen kleiner.

Zwar spricht Merk in seiner Rede von „historischen Zeiten“ und davon, einen „existenziellen Turnaround“ geschafft zu haben. Das kann man so sehen: Tatsächlich hat der FCK im vergangenen Jahr unter Merk in einem aufreibenden Prozess sein Insolvenzverfahren durchlaufen, dadurch Schulden abgebaut und Investoren gewonnen. Die Kapitalgesellschaft hat eine neue Aussicht. Das ist ein Erfolg.

Man kann es aber auch so sehen: Die Grabenkämpfe – etwa mit dem ehemaligen Aufsichtsrat Jörg Wilhelm – setzen sich in der Ära Merk fort. Während die KGaA entschuldet ist, lasten jetzt hohe Verbindlichkeiten auf dem Verein. Der FCK arbeitet in der 3. Liga weiter defizitär und ist daher nach wie vor zum Aufstieg in die lukrativere 2. Liga verdammt. Finanziell ist er abhängig von der neuen Investorengruppe. Ein großer Ankerinvestor fehlt noch immer. Die Mitgliederzahl – und damit das für den Verein wichtige Aufkommen an Mitgliedsbeiträgen – sinkt von rund 17.500 im Jahr 2019 auf einen Tiefstand von 16.404 im Jahr 2020. Sportlich heißt es Abstiegskampf. Und die so oft versprochene Beteiligung der Fans am Investorenprozess über die sogenannte Fansäule ist immer noch nicht umgesetzt.

Und als bei der Mitgliederversammlung auch noch bekannt wird, dass die regionalen Investoren ihren Einfluss ausbauen, regt sich neuer Unmut. Dabei könnte die Nachricht eigentlich aufatmen lassen. Denn die Investorengruppe gewährt dem e. V. ein Darlehen in Höhe von 1,05 Millionen Euro – jener Betrag, den der Verein braucht, um alle im Jahr 2021 fälligen Verbindlichkeiten aus der Mithaftung für die insolvenzbedingten Ausfälle der KGaA zu decken. Konkret geht es um eine am 30. Juni 2021 fällige Rückzahlung an das Finanzunternehmen Quattrex in Höhe von 500.000 Euro, das Bedienen einer Steuerverpflichtung in Höhe von 400.000 Euro bis Juni 2021 sowie eine bis Juli 2021 abzugeltende Transferentschädigung an Carl Zeiss Jena in Höhe von 30.000 Euro. Zudem sind die Zinsen der Betze-Anleihe II zu zahlen.

Die Bereitschaft der Investoren, neben der Kapitalgesellschaft auf diese Weise auch den e. V. liquide zu halten, sei „nicht hoch genug einzuschätzen“, erklärt Aufsichtsratschef Keßler die rettende Darlehensaufnahme. Dem Darlehen stünden Aktien der Kapitalgesellschaft als Sicherheit gegenüber. Aus diesen durch die Ausgliederung gebildeten Werten wolle man die Verbindlichkeiten bedienen. Doch erst nach der siebenjährigen Haltefrist 2025 könne man die Aktien aus dem Besitz des e. V. steuerneutral veräußern. Die Steuerlast wolle man vermeiden.

Aber manches Mitglied hinterfragt dennoch, warum es nun wieder Fremdkapitals bedarf – waren die Bosse vor einem Jahr nicht mit dem Versprechen angetreten, Eigenkapital zu gewinnen? Und nicht nur die neue Kreditaufnahme irritiert die Mitglieder. Einige zeigen sich auch empört, als Vereinsvorstand Wolfgang Erfurt ankündigt, die Hürde für die Besetzung eines Beiratssitzes senken zu wollen. Bisher gilt: Geldgeber, die einen Anteil von 20 Prozent an der KGaA halten, haben Anspruch auf einen von zwei Investorensitzen im fünfköpfigen Beirat der Management GmbH. Zukünftig soll dies schon bei einem Anteil von zehn Prozent gelten. Das bedeutet, dass die Saar-Pfalz-Invest GmbH (SPI) zwei Vertreter in den Beirat senden kann.

Dem liegt laut Keßler die Überlegung zugrunde, dass die regionale Investorengruppe bereits 33 Prozent der Anteile hält, ihr Engagement ohnehin „perspektivisch in Richtung 40 Prozent" geht sowie einige der Unternehmer außerdem Sponsoren und wichtige Darlehensgeber sind. Für den FCK sei die SPI überlebensnotwendig, und es sei „wichtig, diesen Partner eng an uns zu binden", erklärt Keßler. „Wir erwarten uns einen Mehrwert durch diese Veränderung." Manches Mitglied fühlt sich dennoch vor den Kopf gestoßen. Immer wieder ist von einer „Entmündigung" die Rede, weil die Entscheidung der Bosse zur Senkung der Einstiegshürde in den Beirat eine Veränderung der „klaren Rahmenbedingungen" des von der Mitgliederversammlung verabschiedeten Vier-Säulen-Modells sei.

Die Nachwirkungen des Falls Ehrmann

Doch nicht nur deswegen ist das Klima beim FCK in diesen Wochen unverändert gereizt. Für Skepsis gegenüber den Klubbossen sorgen auch andere Baustellen, beispielsweise die Nachwirkungen des Falls Gerald Ehrmann. Noch Anfang Januar 2021, fast ein Jahr nach dem Streit zwischen dem Ex-Torwarttrainer und dem mittlerweile längst ebenfalls entlassenen Coach Boris Schommers, gibt es in dieser Sache keine Einigung.

Zwischenzeitlich hatte der FCK einen Schlichtungstermin beim Südwestdeutschen Fußballverband beantragt. Dem am 28. Mai 2020 unterbreiteten Vergleichsvorschlag hätte Ehrmann zwar zugestimmt, der FCK verwarf ihn aber. Daraufhin legte der Klub erst einen eigenen Lösungsvorschlag vor, dem wiederum Ehrmann nicht folgte, und beantragte dann aufgrund seines Insolvenzverfahrens eine Unterbrechung des Arbeitsgerichtsprozesses. So zieht sich der Rechtsstreit über Monate hin – und von der Ehrmann-Seite wird der Vorwurf laut, Verschleppung gehöre zur FCK-Taktik.

Die Darstellung der FCK-Bosse ist freilich eine andere. Man sei an einem Konsens mit Gerry Ehrmann „sehr interessiert", sagt Aufsichtsratsvorsitzender Keßler im August 2020 bei einem Mitgliederforum. Lediglich das Insolvenzverfahren verzögere die Auseinandersetzung. Und der Beiratsvorsitzende Merk behauptet, man wisse selbstverständlich um die großen Verdienste Ehrmanns und habe alles dafür getan, „um so einen Feuerherd im Keim zu ersticken". Aber zu einem Kompromiss gehörten eben „immer zwei Parteien".

Erst für den 26. Januar 2021 setzt das Arbeitsgericht schließlich die entscheidende Verhandlung an. Und vier Tage vor dem Termin zeichnet sich endlich eine pragmatische Einigung ab, wie man es bei der Trennung von einer verdienten Vereinsikone von vornherein erwartet hätte. Die damit verbundene Abfindung für Ehrmann liegt angeblich im sechsstelligen Bereich. Was die Sache pikant macht, ist, dass es den Klubmanagern aber offenbar überhaupt nicht gelungen ist, diese Einigung allein aus eigener Kraft herbeizuführen. Dafür setzten sich wohl die regionalen Investoren ein, von denen einige mit Ehrmann befreundet sind. Für die Klubführung, ihre arbeitsrechtliche Expertise und ihre Performance als Problemlöser ergibt dies ein schwaches Zeugnis.

Nach offizieller FCK-Lesart haben „der 1. FC Kaiserslautern und Gerry Ehrmann in den letzten Wochen intensive und konstruktive Gespräche geführt, in denen die in den vergangenen Monaten entstandenen Unstimmigkeiten und Missverständnisse vollständig ausgeräumt werden konnten". Man sei „zum damaligen Zeitpunkt übers Ziel hinausgeschossen". Der Beiratsvorsitzende Merk bescheinigt Ehrmann, für den Verein „schier Unglaubliches geleistet" zu haben: „Er war eine der Legenden dieses Klubs, und er wird dies auch immer bleiben."

Am 31. Oktober 2021, dem symbolträchtigen 101. Geburtstag Fritz Walters, wird Ehrmann beim Heimspiel gegen die Würzburger Kickers mit der Goldenen Verdienstnadel des Vereins ausgezeichnet. Dafür reist sogar der ehemalige Nationaltorhüter und Ehrmann-Schützling Roman Weidenfeller an. Der Kontrast zwischen der Ehrung und den Vorwürfen, denen sich der Torwarttrainer anderthalb Jahre zuvor ausgesetzt sah – „Beleidigungen, Arbeitsverweigerungen und Drohungen" –, könnte größer kaum sein.

Der Notzon-Brief

Sportlich gibt der FCK derweil ebenfalls ein miserables Bild ab. Dass er Anfang 2021 weiter im Abstiegskampf taumelt, offenbart Missgriffe in der Kaderplanung. Gründe dafür, dass das personelle Gefüge einfach nicht passen will, könnten in den Entscheidungsstrukturen und der Führungskultur beim FCK liegen. Darauf deutet zumindest ein interner Brandbrief von Boris Notzon hin. Das siebenseitige Schreiben schickt der Sportdirektor mit Datum vom 23. Februar 2021 an die Führungsgremien der 1. FC Kaiserslautern GmbH & Co. KGaA, der 1. FC Kaiserslautern Management GmbH und des 1. FC Kaiserslautern e. V.

Darin rechnet Notzon mit dem System Merk ab und erhebt schwere Vorwürfe – insbesondere den, Merk und andere Gremienmitglieder überschritten die Grenzen ihrer Kompetenzen und mischten sich massiv ins operative Geschäft ein. Notzon zählt auf: In den vergangenen sechs Jahren habe es zehn Cheftrainer beim FCK gegeben, über 120 Profifußballer sowie diverse Geschäftsführer, Sportdirektoren, Aufsichtsräte, Vorstände, Sponsoren, Investoren und „wortgewichtige Ehemalige". Jeder wolle mitreden, und es herrsche ein teils unrealistisch hoher Erwartungsdruck. Mit der Wahl des Teams Merk habe er die Hoffnung auf andere „Mechanismen" verbunden. Doch stattdessen zeigten sich Abstiegskampf, anhaltende wirtschaftliche Probleme und öffentlich ausgetragener Zwist innerhalb der Gremien.

„Es fehlt insgesamt an einer klaren, zielführenden Struktur, in der vereinbarte Entscheidungs- und Kommunikationswege auch tatsächlich eingehalten werden." Vor diesem Hintergrund will Notzon in seinem Brief „in aller Deutlichkeit Dinge ansprechen, die ich in dieser Form als vollkommen inakzeptabel, respektlos und beschämend empfinde". Beispielsweise sei er als sportlicher Leiter „vom Sprecher des Beirats der Management GmbH öffentlich demontiert" worden – gemeint ist Merk. Dabei geht es um die Einstellung des neuen Trainers Marco Antwerpen: „Wenn man sich dazu entschließt, den Sportdirektor von der Auswahl des Cheftrainers auszuschließen, hätte man das vorher mit mir kommunizieren müssen. So etwas ohne Absprache in der Öffentlichkeit zu kommunizieren, kann nicht der Weg der Wahl in der Außendarstellung des FCK sein."

Der Hintergrund: Da nach Schommers auch Jeff Saibene die Abstiegsgefahr nicht abwenden konnte, hat der FCK in dieser Runde inzwischen abermals den Trainer gewechselt. Bei der offiziellen Vorstellung von Antwerpen am 3. Februar 2021 stellten Journalisten verwundert fest, dass weder Notzon noch FCK-Geschäftsführer Soeren Oliver Voigt auf dem Podium saßen, sondern die Beirats- und Aufsichtsratsmitglieder Merk und Fritz Fuchs. Man wolle die sportliche Führung neu strukturieren, und in diesem Zusammenhang müsse man Menschen in der Öffentlichkeit eben „vor bestimmten Situationen schützen", erklärte

Merk kryptisch die Situation. Im Grunde war das eine Absage an die Fähigkeiten der sportlich-operativ Verantwortlichen.

Spätestens als Merk behauptete, er selbst habe mit Antwerpen das entscheidende Telefonat geführt, war klar, dass Notzon und Voigt bei der Trainerentscheidung nur eine untergeordnete Rolle spielten. An ihrer Stelle trat bei der Präsentation des neuen Coachs dann auch noch Fuchs auf. 1999 hatte der als Trainer den Spieler Antwerpen von Preußen Münster zu Rot-Weiss Essen gelotst. Daher wisse er einiges über Antwerpen zu berichten und sei in den jetzigen „Entscheidungsprozess stark involviert" gewesen, meinte Fuchs. Nicht nur die Journalisten fragten sich an dieser Stelle, wer beim FCK eigentlich die Fäden in der Hand hält.

Zurück zum Notzon-Brief: Grundsätzlich sei es „nicht akzeptabel, dass aus den Aufsichts- und Beratungsgremien immer wieder in Einzelfällen sowohl direkt als auch indirekt auf das operative, sportliche Tagesgeschäft eingewirkt wird", schreibt der Sportdirektor. Neben der Posse um die Trainerverpflichtung fügt er weitere Beispiele an. Etwa seien jüngst nach Vorgabe von „Vertretern der Aufsichts- und Beratungsgremien sowie der Investoren" an Voigt und ihn zwei neue Spieler zum FCK transferiert worden. Außerdem habe sich Merk hinsichtlich des Spielerabgangs von Janik Bachmann in Transferverhandlungen mit dem SV Sandhausen eingemischt und dadurch zumindest aus der Sicht Notzons für einen „unglücklichen Ablauf" der Gespräche gesorgt.

„In einigen Fällen ist eine klare Abgrenzung zwischen der operativen Geschäftsleitung und den Aufsichts- und Beratungsgremien nicht mehr erkennbar. Es fehlen klare Linien und Selbstdisziplin bei allen Beteiligten", kritisiert Notzon. Dabei spricht er aus eigenem Erleben. Dass sein Vertrag nicht verlängert werden soll, gehe laut Merk auf einen einstimmigen Beiratsbeschluss zurück, berichtet der Sportdirektor. Aber: „Dabei ist das operative Geschäft gar nicht die originäre Aufgabe des Beirats. Dafür gibt es eine Geschäftsführung." Dass überdies öffentlich eine Umstrukturierung der sportlichen Führung in Aussicht gestellt worden sei, habe nicht nur ein „kommunikatives Desaster" versursacht, sondern auch seine Rolle „kurz vor Beginn einer wichtigen Transferphase" untergraben.

Zudem fühlt sich Notzon als „Alles-Schuldiger" für den sportlichen Misserfolg gebrandmarkt und wehrt sich dagegen. Schließlich seien „sowohl die Investoren als auch die Aufsichts- und Beratungsgremien" in wichtige Entscheidungen etwa über Spielertransfers einbezogen gewesen, hätten diese teils sogar mitbestimmt. Sie könnten sich also nicht aus der Verantwortung stehlen. Gleichwohl habe es für die Transferpolitik vor Saisonstart viel Lob aus der Branche gegeben. „Wir haben die Spieler Kenny Redondo, Marlon Ritter, Tim Rieder, Adam Hlousek, Marvin Pourie, Daniel Hanslik, Alexander Winkler, Nicolas Sessa, Marius Kleinsorge, Anas Ouahim und Jean Zimmer verpflichtet. Dies für circa 125.000 Euro Transferausgaben. Dazu Spieler für 3,7 Millionen Euro veräußert und ein Insolvenzverfahren durchlaufen."

Notzons Fazit: „Wir können uns nicht jahrelang immer wieder aufs Neue verschulden, unsere sportlichen Leistungsträger verkaufen, die daraus erzielten Erlöse nicht ansatzweise reinvestieren, eine Insolvenz durchziehen, im Durchschnitt zwei Cheftrainer im Jahr verschleißen, permanent unser sportliches Konzept in den Wind schießen, das operative Tagesgeschäft nach den Wünschen ständig wechselnder Entscheidungsträger ausrichten, Differenzen in und zwischen den Vereinsgremien nach außen tragen, uns deutschlandweit als Chaosklub präsentieren und uns dann ernsthaft wundern, dass wir sportlich nicht erfolgreich werden."

„Compliance – das ist ein Gen bei uns"

Zwar spielgelt der Brief nur die einseitige Sicht eines Mitarbeiters, dessen Vertrag nicht verlängert wurde, wider. Offenbar hat Notzon allen Grund dazu, frustriert zu sein. Es sind also Abstriche zu machen. Dennoch deutet er auf strukturelle Unzulänglichkeiten hin und wirft Fragen nach der Rolle Merks, der Amtsführung Voigts und der Verteilung von Zuständigkeiten im Klub auf. Das Schreiben Notzons ist eine wuchtige Anklage, deren Inhalte dann auch auf der Mitgliederversammlung am 26. Februar für Widerhall sorgen. Zwar kennen nur die wenigsten Anwesenden das Schreiben, doch seine Themen kommen zur Sprache.

Es ist bezeichnend, dass die Mitglieder bei der Klubversammlung mehrfach die Frage nach den Machtverhältnissen stellen und auch den Einfluss der Investoren hinterfragen. Dabei gerät vor allem Merk in die Defensive. „Unsere Aufgabe ist es, die Geschäftsführung mit unserer Kompetenz zu stärken, und nur dieser Pflicht sind wir, bin ich, nachgekommen", sagt er. In besonders herausfordernden Zeiten bringe man sich möglicherweise etwas intensiver ins Geschehen ein. Aber: „Das operative Geschäft war, ist und bleibt einzig und allein die Aufgabe der Geschäftsführung", weist Merk die Anwürfe zurück.

Doch als die Rede auf die Compliance-Erklärung kommt, die das ausgeschiedene Aufsichtsratsmitglied Wilhelm unterschrieben und plakativ via Twitter präsentiert hatte, wirkt die Riege der Aufsichtsräte wie Schuljungen mit schlechtem Gewissen, die ihre Hausaufgaben vergessen haben. Denn auf Nachfrage müssen sie kleinlaut einräumen, kein derartiges Dokument hinterlegt zu haben. Es hört sich an wie eine Ausrede: Zwar habe man es nicht auf Papier, aber darauf komme es ja nicht an, sondern es gehe darum, dass man korrekt handele. Das sei beim FCK selbstverständlich der Fall, meint Keßler. Und Merk sagt: „Compliance – das ist ein Gen bei uns." Auch wenn die Mitgliederversammlung sie letztendlich in ihren Ämtern bestätigt, wächst die Kritik am Führungsstil der FCK-Bosse um Merk.

„Tabula rasa, alle weg!"

Nach der Mitgliederversammlung richtet der Beirat wie angekündigt die Geschäftsführung neu aus. Thomas Hengen tritt neben Voigt das Amt als gleichberechtigter, für den Sport zuständiger Geschäftsführer der 1. FC Kaiserslautern Management GmbH an. Die damit verbundene „Aufwertung des sportlichen Bereichs" soll nach offizieller Lesart dazu beitragen, den Traditionsverein wieder in die Erfolgsspur zu bringen. Hengen soll auf Geschäftsführerebene die Fokussierung auf den Profibereich stärken – eigentlich die Kernaufgabe eines Fußballunternehmens. Für Merk ist es das Eingeständnis, dass seine ursprüngliche Idee, die sportliche und kaufmännische Kompetenz in der Person Voigt zu bündeln, nicht nachhaltig funktioniert hat.

Mit dieser Personalie ist klar, dass der bis Saisonende laufende Vertrag mit dem bisherigen Sportdirektor nicht verlängert wird. Am 10. März vermeldet der FCK die Freistellung Notzons. Mit Hengen kommt ein ehemaliger Defensivspieler nach 17 Jahren zurück auf den Betzenberg. 1996 wurde er mit dem FCK Pokalsieger, zuletzt war er Sportdirektor bei Alemannia Aachen. Die Voraussetzungen für seinen Amtsantritt sind dornig, die Mannschaft steckt im Abstiegskampf der 3. Liga. „Jeder weiß, worum es geht: die Existenz des Vereins", erklärt Hengen.

Nach einer 0:1-Niederlage am 29. Spieltag in Magdeburg rangiert der FCK mit nur 26 Punkten auf dem 18. Tabellenrang. Sieben Punkte Abstand sind es zu einem Nichtabstiegsplatz. Die Roten Teufel haben noch zehn Spiele vor der Brust – und es erscheint unwahrscheinlich, dass sie die nötigen Punkte für den Klassenerhalt einfahren. Derweil bietet die missliche Lage wieder einmal einem ehemaligen FCK-Profi die Kulisse, sich scheltend zu Wort zu melden. In einer SWR-Sendung nach der Niederlage gegen Magdeburg erhält Ex-Nationalspieler Mario Basler, schillerndes Enfant terrible des deutschen Fußballs, den Raum für einen verbalen Rundumschlag.

Und an alle teilt er aus: Mannschaft, Trainer, Management. „Der Mannschaft hättest du vor sechs Wochen, vor acht Wochen schon in den

Arsch treten sollen", kritisiert er Antwerpen als zu lasch. „Diese Mannschaft ist zum Scheitern verurteilt", geht es weiter. „Die können nicht mal einen Ball auf drei Meter spielen, die gewinnen keine Zweikämpfe. Wie willst du im Abstiegskampf bestehen, wenn du keine Zweikämpfe gewinnst?" Genauso müsse sich das Management um Merk hinterfragen. „Die müssen Tabula rasa machen, alle weg! Der ganze Verein muss aussortiert werden", poltert Basler. „In dieser Mannschaft ist kein Leben, ist kein Funken drin. Für mich kann die Mannschaft in der Konstellation nicht den Klassenerhalt schaffen." Die Amtszeit Hengens beginnt lebhaft.

„Unangenehme und unappetitliche" Vorwürfe

Was Zankereien betrifft, knüpfen die neu- und wiedergewählten Funktionäre nahtlos an die vergangenen Monate an. Es ist vor allem das Schreiben Notzons, an dem sich Streit entzündet. Das neue Aufsichtsratsmitglied Koblischeck drängt, wie er später bei einer Mitgliederversammlung noch einmal ausführlich darlegt, die Gremien auf eine Aufklärung der sich aus dem Brief ergebenden Vorwürfe. Die wird aber zumindest nicht in der Geschwindigkeit vorangetrieben, wie er sich das vorstellt.

Der Aufsichtsrat fasst im Einvernehmen mit dem Vorstand am 13. März 2021 einstimmig – also mit dem Votum Koblischecks – den Beschluss, eine externe Prüfung der Sachverhalte zu beauftragen. Angesichts der prekären fußballerischen Lage habe man den Fokus in diesen Tagen allerdings zunächst auf „das sportliche Überleben in der 3. Liga" gerichtet, wie Gremienmitglieder aus Ehrenrat, Aufsichtsrat und Vorstand später erklären. Das habe durchaus zum Zeitverzug geführt. Koblischeck beschreibt den Vorgang aber anders: Aus seiner Sicht brauche die Untersuchung nicht nur zu viel Zeit, sondern gehe auch grundsätzlich nicht konsequent genug vonstatten. Den Gremien fehle „jegliche Kraft, einen ordentlich getroffenen Beschluss zur Umsetzung zu bringen".

Die Differenzen spitzen sich zu. Schon einen Monat nach seiner Wahl, am 26. März 2021, tritt Koblischeck von seinem Amt als Aufsichtsratsmitglied zurück. „Vor allem wegen angetroffener und fortgeführter Verhaltensmechanismen diverser Gremien im Verein sehe ich mich zu diesem Schritt gezwungen", erklärt er in einem öffentlichen Statement. Er habe nicht das Gefühl, dass die Gremien Missstände verändern wollten, und so könne er seiner Aufsichtsfunktion nicht gerecht werden.

Überdies kritisiert Koblischeck, dass der Notzon-Brief vor der letzten Jahreshauptversammlung intern zwar vorgelegen habe, aber den Mitgliedern die darin dargelegten Sachverhalte „vorenthalten" worden seien, „obwohl sie möglicherweise Einfluss auf die Wahl und die Entlastung der zur Wiederwahl angetretenen Organe hätten haben können". Diese Sachverhalte ließen sich nicht mit seinem „Verständnis von Recht und Gesetz in Einklang bringen".

Koblischeck ist nicht der einzige Aufsichtsrat, der nach kurzer Zeit das Gremium verlässt. Fünf Tage später, am 31. März 2021, gibt auch Martin Weimer den Rückzug von seinen Ämtern beim FCK bekannt. Der Banker, den die Mitglieder bei der Klubversammlung vor einem Monat noch mit rund 95 Prozent der Stimmen entlasteten und dem sie bei der Aufsichtsratswahl von allen Kandidaten die meisten Stimmen gaben, steht plötzlich selbst im Zentrum von Compliance-Vorwürfen.

Die kursieren spätestens seit einem Onlineinterview seines ehemaligen Aufsichtsratskollegen Jörg Wilhelm vom 8. März 2021. Darin behauptet Wilhelm, dass „die Bank, bei der das Aufsichtsratsmitglied Weimer arbeitet", zu ihren Kernkompetenzen den „Ankauf von Forderungen des nationalen und internationalen Fußballmarkts aus Transfer-, Sponsoring- und Zentralvermarktungsverträgen" zähle. Insofern arbeite sie mit „kurz- bis mittelfristigen Forderungen gegenüber Spitzenklubs aus den bedeutendsten Fußballverbänden Europas". Eine solche Geschäftstätigkeit berge Interessenskonflikte in der Fußballbranche und könne folglich mit der Satzung des Vereins nicht vereinbar sein. Der Rechtsprofessor Wilhelm sieht darin einen „ganz klaren Complianceverstoß".

Nachdem derartige Vorwürfe an ihn herangetragen worden seien, habe er unverzüglich gehandelt und diese ausgeräumt, erklärt Weimer nun. Dafür habe er sich hinsichtlich möglicher Interessenskonflikte mit den relevanten Gremien – dem Vereinsvorstand, dem Aufsichtsrat und der Geschäftsführung – abgestimmt. Sowohl FCK-Geschäftsführer Voigt als auch der Ehrenratsvorsitzende Michael Koll hätten bestätigt, „dass derzeit keine Konflikte im Hinblick auf Inkompatibilität zur Satzung des 1. FC Kaiserslautern e.V. zu sehen sind". Beim DFB, der im Rahmen der Lizenzierung eine Inkompatibilitätsprüfung vornehme und dabei ebenfalls keine Anhaltspunkte dafür festgestellt habe, habe man sich abermals rückversichert.

„Ich sah und sehe bis heute keine Interessenskonflikte zwischen meiner beruflichen Tätigkeit und meiner Amtsausübung beim FCK", unterstreicht Weimer. Dennoch steht er unter Druck. Persönlich sei er von niemandem konkret angesprochen und mit den Vorhaltungen konfrontiert worden. Doch anonym habe es immer neue „unangenehme und unappetitliche" Anwürfe gegen ihn gegeben, die selbst seinen Arbeitgeber einbezogen hätten. Es sei sogar eine Anzeige erstattet worden. Daher bleibe ihm keine andere Möglichkeit als der Rücktritt. „Mit anonymen Attacken gegen meine Person hat das nun leider eine Dimension erlangt, die es mir unmöglich macht, dieses Ehrenamt mit Energie und Überzeugung weiterhin zu bekleiden."

Weimers Rücktritt lässt seine Gremienkollegen schockiert zurück. „Unser Alltag besteht seit der letzten Mitgliederversammlung verstärkt aus Anschuldigen, Diffamierungen, Beleidigungen und Bedrohungen jeglicher Form", sagt der Beiratsvorsitzende Merk. „Dies widerspricht jeglichem Fair Play, den Basiswerten unserer Gesellschaft und dem Ehrenamt. Gezielt werden Gremienmitglieder persönlich diskreditiert, ohne Rücksicht auf einzelne Personen und auf unseren Verein." Insofern könne er den Rücktritt Weimers „sehr gut verstehen". In Merks Worten schwingt Frust mit: Diese „Form der Denunzierung" destabilisiere den Klub in einer ohnehin kritischen Phase zusätzlich.

„Betze ist Kampf bis zum Schluss"

Als Nachfolger von Koblischeck und Weimer ziehen die gewählten Nachrücker Remy und Helou in den Aufsichtsrat ein. Die Aufsichtsräte Keßler, Merk und Fuchs bleiben im Beirat der Management GmbH gemeinsam mit Giuseppe Nardi und Klaus Dienes als Vertreter der SPI. Die von Fans durchaus skeptisch beäugte Investorengruppe erweist sich während der Querelen und der anhaltenden sportlichen Talfahrt als eine der wenigen hoffnungsvollen Konstanten im Überlebenskampf des FCK. „Wir werden auf jeden Fall den 1. FC Kaiserslautern in jede Liga begleiten, auch wenn's dann die Regionalliga ist", bekennt sich Nardi zum Klub. „Wir sind beim 1. FCK eingestiegen, um mittelfristige und langfristige Ziele zu erreichen." Daran halte man fest.

Und plötzlich bahnt sich eine ungeahnte Wende an: Die Roten Teufel punkten wieder. Das Heimspiel gegen Halle am 30. Spieltag, dem 3. April 2021, gewinnen sie trotz Unterzahl 3:1. Es folgt ein 1:1 in Lübeck, und vor allem der symbolträchtige 2:1-Heimsieg im Regionalderby gegen Saarbrücken sorgt für einen neuen Schulterschluss zwischen Mannschaft und Fans. Der „Knackpunkt" für die erstaunliche Trendwende sei das Magdeburg-Spiel gewesen, meint Sport-Geschäftsführer Hengen. „Danach haben die Jungs Charakter gezeigt, sie haben gebissen. Alle haben gemerkt, dass es so nicht mehr weitergehen kann." Trainer Antwerpen habe die Trainingsintensität erhöht, und die Mannschaft sei zusammengerückt. „Betze ist Kampf bis zum Schluss", sagt Hengen.

Im letzten Viertel der Saison herrscht mit einem Mal so etwas wie eine unverhoffte Aufbruchsstimmung im Team. Die überträgt sich aufs

Publikum. Es ist, als springe ein Funke über und entfache ein Feuer. Am vorletzten Spieltag schafft der FCK, getragen von einer neuen Euphorie, den rettenden Klassenerhalt in der 3. Liga. Man habe jetzt nach der Insolvenz und all den Turbulenzen mit dem neuen sportlichen Lichtblick „ein kleines Pflänzchen", das es zu pflegen gelte, meint Hengen. Nur so könne der Verein zur Geschlossenheit zurückfinden und sportlich wie wirtschaftlich erfolgreich bleiben. Auch die Mitgliederzahlen ziehen wieder an. Es ist wie eine Reanimation.

Erstaunlicherweise – und für den FCK in diesen Zeiten ungewohnt – hält die positive Stimmung sogar an, als die Mannschaft mit nur schwachen Ergebnissen in die neue Saison startet. Nach der anfänglichen Schwäche arbeitet sich der FCK in die obere Tabellenhälfte vor. „Ich kann es kaum glauben, dass es so überzeugend eine Wende gab im sportlichen Bereich", sagt Investor Nardi erleichtert. „Wir investieren ja, weil wir an die Zukunft des 1. FCK glauben." Management und Team hätten wohl etwas Zeit gebraucht, um zueinanderzufinden, meint er. Der Geldgeber steckt die Ziele hoch. „Ich bin zuversichtlich, dass wir jetzt den Aufstieg auch zügig schaffen können" – wenn nicht in dieser, dann eben in der nächsten Saison. Nicht zuletzt aus kaufmännischen Gründen wolle man die Rückkehr in die 2. Bundesliga „anpacken".

Sogar im Außenbild des FCK kehrt eine lange vermisste Ruhe ein. Der Fußball rückt anstelle der teils insolvenzbedingten Querelen wieder in den Vordergrund. Doch in den Gremien setzen sich die Umwälzungen fort. So gibt der Klub am 10. November 2021 die Trennung von Geschäftsführer Voigt zum Ende des Monats „im besten beiderseitigen Einvernehmen" bekannt. Sein Vertrag wäre noch bis Juni 2022 gelaufen. Wochen vorher schon hatte sich Voigt zurückgezogen, war laut Vorstand Tobias Frey „gesundheitlich angeschlagen". Und auch Merk macht sich rar. Sowohl bei einem Mitgliederforum im Sommer als auch bei der am 15. Dezember 2021 abermals digital stattfindenden Jahreshauptversammlung ist er – laut Aufsichtsratskollege Helou aus „privaten Gründen" – nicht persönlich anwesend.

Zermürbend muss auf Merk die hartnäckige Kritik an seiner Amtsführung wirken, die sich bei der Mitgliederversammlung im Dezember in hitzigen Wortgefechten abermals entlädt. Da entzündet sie sich am Ergebnis der mithilfe einer externen Kanzlei durchgeführten Prüfung der Vorwürfe aus dem Notzon-Brief – vor allem dem der Kompetenzüberschreitung. Der Ehrenratsvorsitzende Koll informiert die Mitglieder darüber. Sein Fazit: „Der Vorgang Boris Notzon ist abgeschlossen." In Bezug auf Merk oder sonstige Gremienmitglieder hätten sich bei der

Untersuchung weder die Vorwürfe erhärten noch gar strafrechtliche Verstöße feststellen lassen.

Dabei ging es unter anderem um das Einwirken Merks aus dem Beirat der Management GmbH auf das sportliche Geschehen und den Sportdirektor Notzon als im Organigramm unterhalb der Geschäftsführung angesiedelter Instanz. „Die Beratung des Sportdirektors Notzon als Entscheidungsträger unterhalb der Geschäftsführung ist zwar gesellschaftsvertraglich nicht vorgesehen, erfolgte aber nach Angaben von Herrn Dr. Merk mit Zustimmung, auf Vermittlung und oftmals im Beisein des Geschäftsführers Herrn Voigt und damit kompetenzgemäß“, referiert Koll. Eine verbotene direkte Einwirkung nach eigenen Entscheidungen oder die Erteilung von Weisungen ergebe sich aus den pauschalen Vorwürfen Notzons nicht.

Zu berücksichtigen sei auch die besondere Situation beim FCK: Es habe nach der Einstellung Voigts und der – vielleicht durchaus „unglücklichen“ – Straffung der Geschäftsführerebene keinen ausschließlich für den Sport zuständigen Manager mehr gegeben, erklärt Koll. „Infolgedessen erscheint es auch sachgerecht, dass der Beirat seine diesbezügliche Beratungs- und Überwachungsaufgabe im Dialog mit dem für den sportlichen Bereich Verantwortlichen auf nächster Ebene ausübte.“ Möglicherweise bestünden unterschiedliche Wahrnehmungen von Einzelfällen. Doch im Sinne der im Raum stehenden Vorwürfe gebe es weder belastbare Aufzeichnungen noch Hinweise auf ein strukturelles Versagen der Führungsorgane. Ohne Beweis des Gegenteils „gilt die Unschuldsvermutung“, meint der Jurist Koll.

Ex-Aufsichtsrat Koblischeck hingegen, der sich bei der Mitgliederversammlung per Video zuschaltet, zweifelt die Methodik der Untersuchung an. Nur den betroffenen Merk zu befragen, reiche nicht aus. Es hätten außerdem Gespräche mit allen Aufsichtsräten, Vorständen, Investoren, Trainern und Geschäftsführer Voigt für die Untersuchung geführt werden müssen. „Dann hätte man sich ein Bild machen können, ob das wirklich eine Systematik ist, die sich über Jahre hinweg vollzogen hat, oder ob der Boris Notzon an der Stelle schlecht geträumt hat.“ Auch hätte sich die Untersuchung nicht vorwiegend auf Merk konzentrieren dürfen, sondern zudem die Amtsführung etwa von Keßler, Erfurt oder Koll durchleuchten müssen.

Koblischeck wirkt aufgebracht. Das Wortgefecht, das er sich mit Koll und dem Aufsichtsratsmitglied Helou liefert, droht vor versammelter Mitgliederschar auf die persönliche Ebene abzugleiten. Am Ende sagt Helou über die Untersuchung des Notzon-Briefs: „Es gibt strafrechtlich und satzungsrechtlich keine relevanten Punkte." Man müsse die Vorgänge um Notzon nicht mögen und könne auch Kritik daran üben, doch unterm Strich seien sie „rechtlich einwandfrei". Dazu weist Koll darauf hin, dass der Fall Notzon formal eine Personalie der Management GmbH und daher „nicht e. V.-Sache" für die Mitgliederversammlung sei. Helou: „Wir haben das Thema sauber abgearbeitet."

Bei der Versammlung erteilen die Mitglieder dem Vorstand und dem Aufsichtsrat trotz der spannungsgeladenen Atmosphäre die Entlastung. Nur Koblischeck und dem Ex-Aufsichtsrat Wilhelm, wohl bedingt durch deren aufwühlende Performances, wird das Vertrauen verwehrt. Die beiden Funktionäre verpassen knapp die nötigen 50 Prozent der Stimmen für ihre Entlastung. Und obwohl die Mitglieder ihn in der Abstimmung abermals mit 72 Prozent bestätigen, ist die Kritik an Merk unüberhörbar. Daraus zieht er die Konsequenz: Eine Woche nach der Jahreshauptversammlung, am 21. Dezember 2021, erklärt er seine Rücktritte aus dem Aufsichtsrat des Vereins und dem Beirat der Management GmbH. Im Aufsichtsrat der KGaA bleibt er zunächst.

In einem öffentlichen Statement wendet sich Merk an die FCK-Anhänger. Wichtige „Etappenziele" für „die Stabilisierung des Vereins und das Schaffen eines Fundaments für eine sportlich positive Entwicklung" habe der Klub während seiner Amtszeit trotz Coronakrise erreicht. „Sportlich stehen wir nach 20 Spieltagen besser da als in den letzten Jahren, und auch wirtschaftlich und strukturell haben wir gemeinsam die Basis für eine erfolgreiche Zukunft gelegt", konstatiert Merk. Der FCK strahle wieder eine Identifikationskraft aus und gebe ein positives Bild ab. Die Erwartungen, die er, Merk, 2019 mit seinem Amtsantritt geweckt habe, seien erfüllt. Für ihn komme also nun die Zeit, seine ehrenamtliche Tätigkeit „schweren Herzens, aber ohne Zweifel" abzugeben.

Doch ohne Durcheinander geht nicht einmal der Rückzug des wohl prominentesten Gesichts unter den Klubfunktionären vonstatten. Denn der als dritter Nachrücker gewählte Aufsichtsratskandidat Krick, der nun eigentlich satzungsgemäß Merks Platz einnehmen sollte, fällt durch einen Social-Media-Account mit verstörenden Posts auf, die von ihm stammen sollen. Unter anderem handelt es sich um homophob-sexualisierte Darstellungen mit Bezug auf den Fußballrivalen 1. FC Saarbrücken. Um einen „Reputationsschaden vom 1. FC Kaiserslautern" abzuwenden, spricht sich Krick schließlich für einen Verzicht auf sein Nachrückermandat aus. So endet die Ära Merk, wie sie begann: mit Rückzügen gewählter Aufsichtsräte. Diesmal sind es zwei – seiner und der Kricks. Der Platz im Aufsichtsrat, den Merk freimacht, bleibt vorerst unbesetzt.

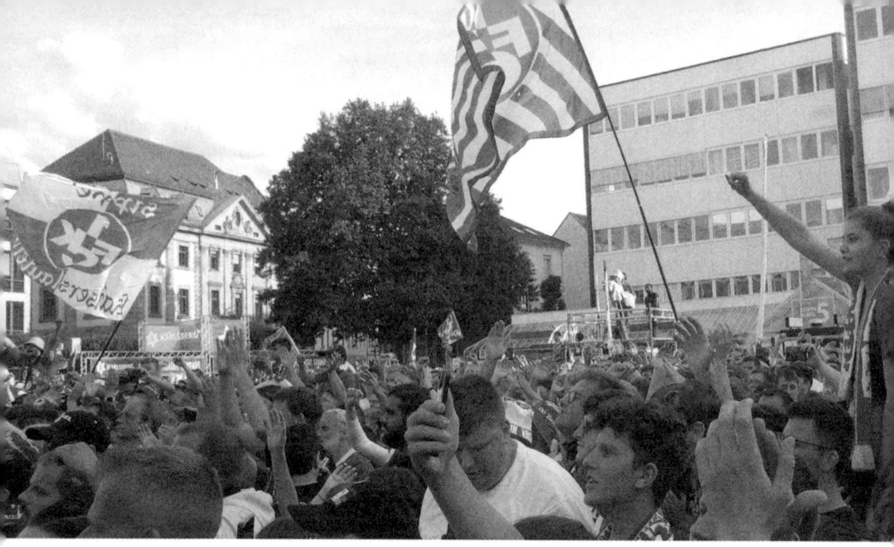

Eine ganze Stadt jubelt mit: Der 1. FC Kaiserslautern kehrt in die 2. Liga zurück. Impression von der Aufstiegsfeier am 25. Mai 2022 auf dem Stiftsplatz.

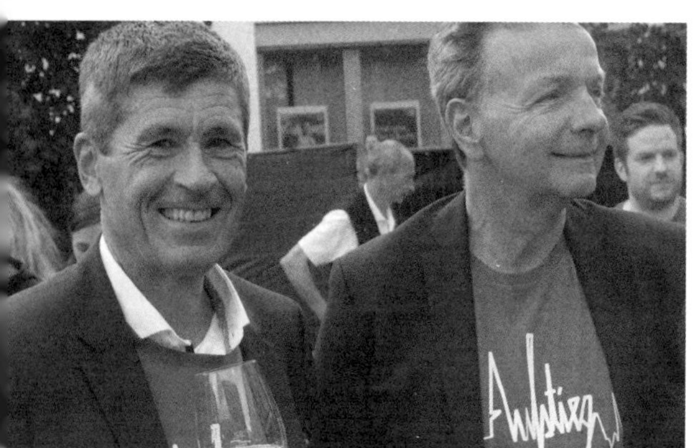

Geschafft: Markus Merk (l.) und Rainer Keßler stoßen auf die 2. Liga an.

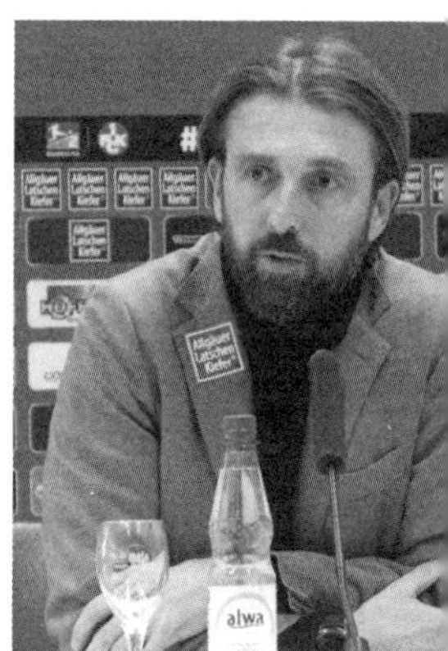

Zum Trainerwechsel: Thomas Hengen am 30. November 2023.

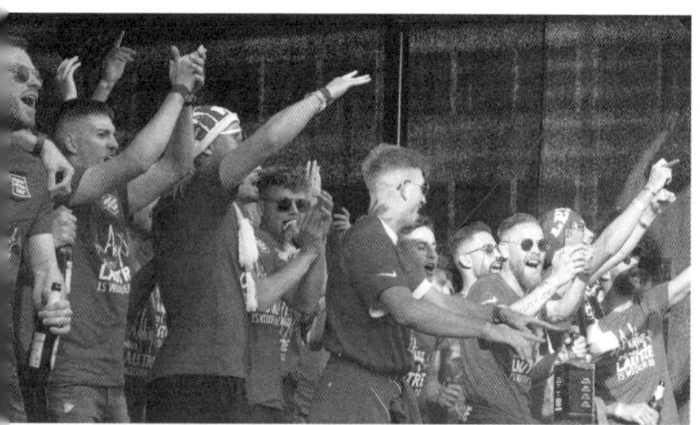

Bejubeln den Aufstieg: Die Roten Teufel feiern nach den Relegationsspielen auf dem Stiftsplatz.

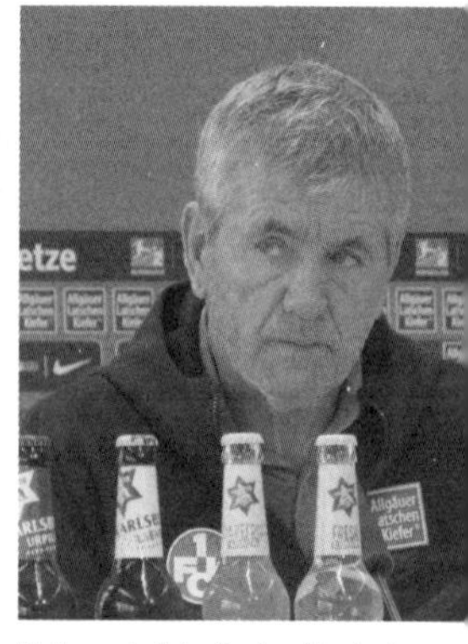

Ruhepol: Friedhelm Funkel am 4. April 2024.

NACH-
SPIELZEIT

SZENE 13

De Fußball kummt häm!

Befreit vom Rucksack der Betze-Anleihe

„Ich liebe den 1. FC Kaiserslautern! Schon als Kind sang ich die Lieder und bekam Gänsehaut beim Torjubel." Mark Forster bekennt sich zum FCK. „Es war immer ein Wunsch von mir, die Atmosphäre auf dem Rasen zu spüren", schwärmt der Popsänger. Heute wird dieser Traum wahr – zumindest fast. Im stilecht roten Otto-Rehhagel-Trainingsanzug widmet der Musiker am 11. Januar 2022 den Roten Teufeln eine ganze Abendshow zur besten Sendezeit. Es ist wie ein spektakulärer Einmarsch aus dem Spielertunnel ins Fritz-Walter-Stadion unter frenetischem Jubel der Fans: Eingehüllt in eine FCK-Flagge läuft Forster mit der Fußballhymne „You'll never walk alone" auf, vorbei an den staunenden Entertainern Anke Engelke und Joko Winterscheidt. In der ProSieben-Unterhaltungssendung „Wer stiehlt mir die Show?" übertrumpfen sich Promis mit Showeinlagen, und der aus der Region Kaiserslautern stammende Forster setzt bei seinem epischen Entree auf die große Wucht des FCK.

Es sind ungewohnt positive Ereignisse wie diese, mit denen der FCK nach durchlaufener Insolvenz plötzlich von sich reden macht. Das hat auch mit dem aufkeimenden sportlichen Erfolg zu tun. Die Mannschaft von Trainer Marco Antwerpen stabilisiert sich in der Liga und hält sogar Anschluss an die Spitze. Mit einem 4:0-Sieg gegen Meppen am 15. Januar 2022, dem 21. Spieltag, klettern die Roten Teufel auf den zweiten Tabellenrang. Zum ersten Mal seit dem Abstieg in die 3. Liga ist der Aufstieg realistisch. Der Fokus richtet sich endlich wieder auf den Fußball.

Die damit verbundene Aufbruchsstimmung wollen die FCK-Vorstände nutzen. Nicht zuletzt getrieben von dem Umstand, dass sich der e. V. vorwiegend aus Mitgliedsbeiträgen finanziert und jedes Neumitglied die wirtschaftliche Basis verbreitert, startet der FCK am 26. Februar zum Heimspiel gegen Verl eine entsprechende Kampagne. „Mitglied schafft Zukunft" lautet das Motto. 2019 lag die Zahl der Mitglieder bei 17.513, im Insolvenzjahr 2020 ist sie auf 16.404 eingebrochen, 2021 sind es 16.970. Die Beiträge machen in der Bilanz des Vereins zum 30. Juni 2021 rund 1,4 Millionen Euro am Gesamtumsatz von rund 1,9 Millionen Euro aus. Nun peilen die Vorstände 20.000 Mitglieder als Ziel an.

Dass die Roten Teufel ihr Heimspiel gegen Verl mit 2:1 gewinnen und damit am 28. Spieltag den zweiten Tabellenplatz festigen, passt zum Start der Kampagne. Die Aussicht auf eine Rückkehr in die 2. Liga entfacht eine neue Euphorie, die die gesamte Stadt beseelt. Als der Stadtrat am 7. März 2022 darüber diskutiert, die Stadionpacht für die nächsten zwei Spielzeiten abermals zu senken, ist die Debatte in exakt 20 Minuten erledigt. Eine so schnelle Entscheidung hat es in der Sache zuvor kaum gegeben. Das Lokalparlament stimmt dafür, die bisherige Regelung mit reduzierter Pacht für die Spielzeiten 2022/23 und 2023/24 beizubehalten. Ein Stadtpolitiker begründet sein positives Votum damit, kein „Stimmungskiller" für den FCK sein zu wollen.

Auf der Investorenseite verzeichnet der Klub derweil ebenfalls Zuspruch: Am 29. März vermeldet der FCK den Einstieg der Pacific Media Group (PMG), später Platin 2180 GmbH, als neben der Saar-Pfalz-Invest GmbH (SPI) zweiten Investor. Die PMG investiert rund 3,3 Millionen Euro für einen Anteil von knapp zehn Prozent an der 1. FC Kaiserslautern GmbH & Co. KGaA. Mit dem Einstieg der US-Investoren sei es in Abstimmung mit der SPI gelungen, „einen weiteren wichtigen, strategischen, internationalen Partner für den 1. FC Kaiserslautern zu gewinnen", teilt der Klub mit. Das Investment ist für die PMG der Eintritt in den deutschen Fußballmarkt. Bislang hat sie Beteiligungen an den Vereinen FC Barnsley (England), KV Oostende (Belgien), FC Den Bosch (Niederlande), Esbjerg fB (Dänemark), AS Nancy (Frankreich) und FC Thun (Schweiz) sowie früher am OGC Nizza (Frankreich).

Der große Ankerinvestor ist das noch nicht, und die PMG spielt im Klubgeschehen keine erkennbar relevante Rolle. Gleichwohl zeigt sich Bewegung in der Investorensuche. Auch die SPI baut ihr Engagement aus: Zwei Unternehmer aus dem SPI-Kreis legen neues Eigenkapital in Höhe von insgesamt 2,4 Millionen Euro ein. Damit lösen sie die Finanzprobleme des Vereins, denn das Geld fließt zwar in die KGaA, wird von dort aber per Darlehen an den e. V. weitergereicht. So sichern die Investoren indirekt den Verein ab. Bei den 2,4 Millionen Euro handelt es sich um die Summe, die der e. V. braucht, um existenziell bedrohliche Schulden zu bedienen. Dazu gehören die Rückzahlung der Betze-Anleihe II samt Zinsen in Höhe von zusammen rund zwei Millionen Euro zum 1. August 2022 sowie die Ablösung von Verbindlichkeiten gegenüber der Firma Quattrex in Höhe von 400.000 Euro zum 30. Juni 2022.

Für den Verein ist das ein bedeutender Schritt. „Das Thema Quattrex ist beim FCK erledigt“, verkündet FCK-Vereinsvorstand Tobias Frey dazu bei einem Mitgliederforum am 10. Juli 2022. An den Finanzdienstleister fließt die letzte Rate bezüglich der Verpflichtungen, die aus der Mithaftung des Vereins im Zusammenhang mit der Insolvenz der KGaA resultieren. Zudem kann sich der e. V. „vom Rucksack Betze-Anleihe endlich befreien“, sagt Frey. Wer hätte gedacht, dass das gelingt? Aber: „Wir bedienen Fremdkapital mit Fremdkapital“, gibt er zu bedenken.

Denn die 2,4 Millionen Euro müssen zum 30. August 2028 vom Verein an die KGaA zurückgezahlt werden. Zudem steht eine Summe von 2,472 Millionen Euro offen, bestehend aus einem Darlehen in Höhe von einer Million Euro, fällig am 30. Juni 2026, und Forderungen aus wechselseitigen Leistungsverrechnungen der Geschäftsjahre 2019/20 und 2020/21, gestundet bis 30. Juni 2025. Der e. V. hat also rund fünf Millionen Euro Schulden bei der KGaA. Darüber hinaus besteht noch das Darlehen in Höhe von 1,05 Millionen Euro, fällig am 30. Juni 2026, mit dem die SPI nach der Insolvenz kurzfristige Zahlungsverpflichtungen des Vereins absicherte. „Wir haben nach wie vor hohe Verbindlichkeiten“, sagt Frey.

Allerdings: „Die Vermögenslage ist stabil, wir können unser Kerngeschäft völlig unproblematisch bedienen.“ Vor allem die Mitgliedsbeiträge sind die Stütze. Die Finanzstrategie der FCK-Bosse zum Abbau der Verbindlichkeiten des Vereins ist offensichtlich: Zum einen schulden sie um und bündeln die Schulden konzernintern bei der KGaA. Das hat den Vorteil, dass sie flexiblere Verabredungen über Tilgungspläne treffen und bessere Konditionen erzielen können als gegenüber Dritten. Zum anderen strecken sie kurzfristig fällige Verbindlichkeiten in die Zeit, in denen es dem Verein möglich ist, Aktien der KGaA aus seinem Besitz nach der siebenjährigen Haltefrist steuerneutral zu veräußern. So kann dann der Aktienverkauf zur Entschuldung beitragen. Darüber hinaus schaffen die steigenden Mitgliedsbeiträge neue, bescheidene Tilgungsspielräume.

Derweil übernimmt die SPI, die eigentlich zunächst als stabilisierende Kraft beim FCK eingestiegen war, zunehmend die Rolle eines strategischen Partners und Ankerinvestors. Die Gruppe regionaler Unternehmer gibt ein „nachhaltiges Commitment zur finanziellen Unterstützung unseres FCK“, wie es der Beiratsvorsitzende Rainer Keßler einmal sagt. „Ohne das Investment der Gesellschafter der SPI gäbe es sicherlich keinen Profifußball in dieser Form und vor allen Dingen nicht mit dieser Perspektive in Kaiserslautern.“

Bei allen nach wie vor bestehenden wirtschaftlichen Herausforderungen scheint die existenzielle Bedrohung überwunden zu sein. Es ist im ganzen Klub ein Aufatmen spürbar. Das spiegelt sich im Frühjahr 2022 sportlich wider. Die Roten Teufel gewinnen ihre Spiele. Die ersehnte Rückkehr in die 2. Liga ist nach vier Jahren greifbar.

„Au revoir 3. Liga"

Doch die letzten drei Spieltage bringen den Einbruch. Der FCK verliert 1:3 gegen die zweite Mannschaft von Borussia Dortmund, sodass Eintracht Braunschweig in der Tabelle vorbeizieht. Auch das Spiel am 37. Spieltag gegen Viktoria Köln geht verloren. Und da Türkgücü München den Spielbetrieb im Laufe der Runde einstellt, fällt die Begegnung mit den Roten Teufeln am letzten Spieltag aus. Dadurch bleibt der FCK auf dem dritten Rang, dem Relegationsplatz. In den beiden Entscheidungsspielen steht er nun dem Zweitligaverein Dynamo Dresden gegenüber.

Davor zeigt sich der neue FCK-Manager Thomas Hengen entscheidungsstark und risikobereit. Trotz des Erreichens der Relegation zieht er die Konsequenz aus dem plötzlichen Leistungsabfall: Am 10. Mai stellt der FCK Trainer Antwerpen frei und holt Dirk Schuster auf den Betzenberg. Schuster hat zehn Tage Zeit, die Mannschaft auf das erste Relegationsspiel vorzubereiten. Die Entscheidung kommt nicht nur für Beobachter überraschend, sondern führt auch zu einem Zerwürfnis in der Führungsriege. Offenbar stimmt Fritz Fuchs mit ihr nicht überein: Er tritt von seinen Ämtern als Mitglied des Aufsichtsrats im Verein und des Beirats der Management GmbH zurück. Wieder brodelt es auf dem Betzenberg – ausgerechnet vor den wichtigen Endspielen.

Allerdings richten sich spätestens mit dem Anpfiff am 20. Mai alle Augen aufs Sportliche. Die ganze Region ist im Fußballfieber, und der Betzenberg entfaltet seine unbeschreibliche Kraft. Rund 50.000 Zuschauer kommen ins Fritz-Walter-Stadion – sie sehen aber keine Tore, 0:0 endet die Partie. Alles kommt nun auf das Rückspiel am 24. Mai an. Das findet vor ebenso imposanter Kulisse statt. Das Dresdner Rudolf-Harbig-Stadion ist mit über 30.000 Zuschauern ausverkauft. Es ist eine rassige Partie mit Chancen auf beiden Seiten.

Zwar bringt Daniel Hanslik den FCK in der 59. Spielminute mit 1:0 in Führung, aber das Ergebnis ist wackelig. Immer wieder rennen die Dresdner an, und immer wieder stemmen sich die Lauterer dagegen. Es braucht wieder einen dieser erlösenden Momente in der Schlussphase, in denen sich der Mythos FCK offenbart: 92. Minute, Nachspielzeit. Philipp Hercher läuft auf der rechten Seite an, schickt Simon Stehle tief in den Strafraum, Stehle legt ab, und der an die Torraumgrenze mitgezogene Hercher schießt den Ball ins Netz. 2:0. Ekstatischer Jubel. „Nie mehr 3. Liga!" tönt es von den Rängen.

Als die Mannschaft nach Kaiserslautern zurückkehrt, ist die ganze Region auf den Beinen. Am Mittwoch, 25. Mai, gibt es eine Feier auf dem Stiftsplatz in der City. Der Oberbürgermeister begrüßt das Team in einem Hotel und lässt es sich nicht nehmen, seine Erleichterung auszudrücken. Denn der Aufstieg entlastet die Stadtkasse in Millionenhöhe: Für die kommende Spielzeit zahlt der FCK nicht mehr 625.000 Euro an Stadionpacht, wie es für die 3. Liga gilt, sondern wieder die Zweitligapacht von 2,4 Millionen Euro. Das bedeutet für die Stadt, dass der Pachtzinsausfall nicht mehr 2,575 Millionen Euro beträgt, sondern „nur" noch 800.000 Euro.

Derweil warten draußen auf dem Stiftsplatz Tausende Fans auf die Mannschaft. Und Mark Forster widmet den Roten Teufeln eine Hymne: Er dichtet seinen Song „Au revoir" um – „Au revoir 3. Liga" heißt er nun. Forster feiert an diesem Abend auf der Bühne mit.

Wieder beseelt vom FCK

Endlich dreht sich das Geschehen auf dem Betzenberg wieder um den Fußball! Getreu dem Motto, als Kaiserslautern 2006 kleinste WM-Stadt war: „Football is coming home! Der Fußball kommt nach Hause! De Fußball kummt häm!" Die Vorfreude ist groß. Saisoneröffnung am 15. Juli 2022 im Fritz-Walter-Stadion: Es geht gegen Hannover 96, das als Aufstiegsaspirant gilt. Doch Trainer Schuster führt seine Mannschaft zum Sieg. 2:1 gewinnen die Roten Teufel. Und natürlich fällt der Siegtreffer von Kevin Kraus in der Nachspielzeit. Es ist die 92. Minute. Wann auch sonst?

Die Strahlkraft des kultigen Fritz-Walter-Klubs lodert auf. Die Mannschaft landet 2023 auf einem sicheren neunten Platz. „Eine Saison ohne Stress am Ende, ohne Nervenkitzel", wie Hengen sagt. Das gab es so schon lange nicht mehr. Angesichts der Querelen und Machtkämpfe der vergangenen Jahre, an die man sich bereits leidvoll gewöhnt hat, ist es fast befremdlich, welch solides Bild der Klub plötzlich abgibt. Die Fußballfans in der Pfalz sind wieder beseelt von ihrem FCK. Die Mitgliederzahl wächst kontinuierlich, und zu den Heimspielen pilgern durchschnittlich über 40.000 Fans auf den Betzenberg.

Nach den Rücktritten von Markus Merk und Fritz Fuchs aus dem Aufsichtsrat des Vereins und dem Beirat der Management GmbH (Merk behält aber seinen Posten im Aufsichtsrat der KGaA) beruft der Aufsichtsrat des Vereins für die offenen Posten zwei neue Kandidaten. Es handelt sich um den ehemaligen FCK-Spieler und Europameister von 1980 Hans-Peter Briegel, eine Klubikone, sowie den aus Kaiserslautern stammenden SPD-Landespolitiker Daniel Stich, Ministerialdirektor im rheinland-pfälzischen Gesundheitsministerium. Damit ist der Aufsichtsrat wieder komplett. Die nächste Mitgliederversammlung am 4. Dezember 2022 bestätigt nicht nur die beiden bestellten Amtsträger formal, sondern spricht auch den amtierenden Funktionären mit einer überragenden Entlastung von über 90 Prozent das Vertrauen aus.

So besteht der Aufsichtsrat des Vereins weiterhin aus Rainer Keßler, Johannes Remy, Valentin Helou sowie Stich und Briegel. In den Beirat der Management GmbH rücken davon Keßler, Helou und Briegel. Seitens der Investoren sitzen Giuseppe Nardi und Klaus Dienes in dem Gremium. Der Vereinsvorstand setzt sich aus Wolfgang Erfurt, Tobias Frey und Gero Scira zusammen. Bei der turnusgemäßen Wahl am 3. Dezember 2023 bestätigt die Mitgliederversammlung mit ähnlich hohen Zustimmungswerten diese Konstellation für die nächsten drei Jahre.

Dass die Funktionäre nun reibungsloser zusammenarbeiten, als es in der Vergangenheit der Fall war, ist ein wesentliches Merkmal des Umschwungs. Das gemeinsame Durchstehen der krisenhaften Insolvenzzeit habe „enorm zusammengeschweißt“, sagt mir einmal Scira. „Es ist gelungen, wieder Ruhe in die Gremienarbeit zu bekommen. Ich glaube, das ist eines der höchsten Güter, die wir hinbekommen haben“, meint Keßler. „Wir haben es geschafft, dass wir uns intern konstruktiv-kritisch auseinandersetzen, aber nach außen geschlossen und entschlossen auftreten.“

Die Investoren halten den FCK am Leben

Derweil ist es Hengens Mission, den FCK in der 2. Liga zu etablieren. Das hat auch wirtschaftliche Gründe. Die KGaA schreibt im Geschäftsjahr 2022/23 einen Umsatz von 43,5 Millionen Euro – nach 16 Millionen Euro im vorherigen Drittligajahr. Am Ende steht eine „schwarze Null“ in Form eines Gewinns von 160.000 Euro. Zwar gibt es in der 2. Liga mehr TV-Geld aus der Zentralvermarktung der DFL als in der 3. Liga vom DFB. Doch die Ausschüttung geht nicht zu gleichen Teilen an die Klubs, sondern orientiert sich in einer Fünfjahreswertung an der sportlichen Platzierung. Aufgrund der Jahre in der Drittklassigkeit befindet sich der FCK am unteren Ende der TV-Geldtabelle. Für ihn ergeben sich rund 7,5 Millionen Euro, während die Topteams in einer Größenordnung von 15 Millionen Euro an den TV-Geldern partizipieren.

„Um in der 2. Liga nicht defizitär zu arbeiten, müssten wir in den kommenden Spielzeiten konstant in der oberen Tabellenhälfte landen, um in der Fünfjahreswertung weiter nach oben zu rutschen", erklärt Hengen. Bis dahin sind die Investoren der SPI entscheidend, um den Kapitalbedarf des FCK zu decken. Mit einer Kapitalerhöhung von rund 3,3 Millionen Euro stützen sie den Klub abermals. „Ohne Investoren wären wir im Moment nicht konkurrenzfähig", meint der Geschäftsführer. „Sie halten den FCK am Leben."

Die Investoren sind aber nicht nur in finanzieller Hinsicht eines der Rädchen, die für den neuen Erfolg ineinandergreifen, sondern sie bringen auch ihre unternehmerische Expertise für die strukturelle Weiterentwicklung des Klubs ein. „Unser Ziel ist es, zusammen mit den Gremien professionelle Strukturen zu formen", sagt Nardi im Oktober 2023. Die Investorengruppe lege Wert auf Professionalität etwa hinsichtlich des Berichtswesens und des Controllings. Fußballerischer Erfolg lasse sich nicht garantieren, aber die unternehmerischen Rahmenbedingungen ließen sich dafür setzen: mit einer betriebswirtschaftlich soliden Aufstellung, einer klaren Aufgabenverteilung sowie sportlicher Kompetenz in der Geschäftsführung mit Hengen als Leitfigur.

Dabei ist sich Nardi des Kapitalbedarfs des FCK bewusst. Die SPI wisse, „dass wir gegebenenfalls Geld nachschießen müssen, um die sportliche Qualität zu steigern", sagt er. Was das genau bedeutet, erklärt Keßler bei der Mitgliederversammlung 2023. Demnach sei eine weitere Kapitalerhöhung in einer Größenordnung von 7,5 Millionen Euro als Rahmen im Frühjahr 2024 vorgesehen: „Je besser das Geschäftsergebnis im laufenden Jahr ausfällt, desto geringer ist natürlich der Kapitalbedarf, desto geringer wird dann der Umfang der Kapitalerhöhung sein." Gleichwohl sichere dieser Rahmenvertrag die Lizenz für die nächste Saison 2024/25 sowohl in der 2. als auch in der 3. Liga ab.

So erweisen sich die anfangs bei manchen Fans umstrittenen Geldgeber als verlässlicher und in den Gremien hochgeschätzter Partner. Sie sind Teil des Klubgeschehens. „Es ist wichtig, dass der FCK seine Aktien nicht irgendwohin einfach nur des Geldes willen veräußert, das wäre fatal", sagt Nardi. Hinsichtlich des Einstiegs neuer Investoren sehe er „eine gewisse Bindung zur Region und zum Verein als eine der Voraussetzungen" an.

Vielleicht trägt diese Passgenauigkeit der Investoren zu dem Zuspruch bei, den der Klub nach der Insolvenz erfährt. Denn mit ihnen zeigt der FCK, wie Fußballtradition und die zunehmende Kommerzialisierung des Profisports zusammengehen können. Dieser Brückenschlag ist für viele Fußballmarken die Quadratur des Kreises. Hinzu kommt, dass die Vereinskampagne „Mitglied schafft Zukunft" den existenziellen Wert der Mitgliederbasis hervorhebt. Das untermauert das glaubhafte Bild eines basisorientierten Traditionsvereins: Was die Investoren für die Kapitalgesellschaft sind, sind die Mitglieder für das wirtschaftliche Fundament des Vereins.

Die Mitgliederbasis als Zukunftsfaktor

Die Mitgliederkampagne erfährt eine überwältigende Resonanz. Zum Bilanzstichtag 30. Juni 2023 ist die Mitgliederzahl bereits auf 24.831 gewachsen. Für den Verein stehen in der Bilanz Mitgliedsbeiträge in Höhe von rund 1,9 Millionen Euro – ein Plus von 354.000 Euro gegenüber dem Vorjahr. Vorstandsmitglied Scira verkündet bei der Klubversammlung im Dezember 2023 sogar einen Zuwachs auf über 27.600 Mitglieder. In den vergangenen Monaten verzeichnete der FCK damit über 10.000 Neuanmeldungen. Nun sei das Ziel, den „Verein in den nächsten drei Jahren auf 45.000 Mitglieder zu vergrößern", sagt Scira.

Diese Zuwendung zu den Mitgliedern dürfte auch die Kritik daran mildern, dass die versprochene Beteiligung der Fans an der Finanzarchitektur des FCK im sogenannten Vier-Säulen-Modell, das die Funktionäre nach wie vor als ihre „Verpflichtung" bezeichnen, noch immer nicht realisiert ist. Denn die ersten entlastenden finanziellen Effekte durch die Mitgliedergewinnung sind in der Bilanz ablesbar. Von den Verbindlichkeiten, die der e. V. gegenüber der KGaA hat, kann er bis Ende 2023 über Sondertilgungen 500.000 Euro zurückführen. Wenn auch „in kleinen Schritten", seien die steigenden Mitgliedsbeiträge ein „Gamechanger", sagt Vorstand Frey. Die wachsende Mitgliederbasis ist ein Zukunftsfaktor für den FCK.

Der Abbau von Verbindlichkeiten habe für den Verein „höchste Priorität", meint Keßler. Sei er schuldenfrei, könne er perspektivisch daran denken, Aktien an der KGaA wieder zurückzukaufen. Denn aufgrund der Kapitalerhöhungen durch die SPI ist zwar nicht die absolute Aktienanzahl, die der Verein hält, wohl aber sein relativer Anteil an der Kapitalgesellschaft schon jetzt abgeschmolzen. Der liegt 2023 bei 45,85 Prozent. Die Platin 2180 GmbH (PMG) hat 9,94 Prozent, und die SPI sowie die regionalen Investoren mit Einzeleinlagen halten 44,21 Prozent der Aktien. Als „Untergrenze" für die Beteiligung des Vereins an der KGaA gibt Keßler „25 Prozent plus eine Aktie" an. Idealerweise baut der Verein seine Beteiligung an der Fußballkapitalgesellschaft aber wieder aus.

Für die Stabilität des FCK sei – neben dem Abbau von Verbindlichkeiten des Vereins – spiegelbildlich entscheidend, dass der Geschäftsbetrieb in der Kapitalgesellschaft auskömmlich und ohne zusätzlichen Kapitalbedarf läuft. Dann brauche es keine Kapitalerhöhungen mehr, die die Anteile des Vereins an der KGaA relativ sinken lassen. „Das strategische Ziel in der KGaA ist ein ausgeglichener Geschäftsbetrieb", sagt Keßler. Dafür ist eine solide Platzierung in der TV-Geldtabelle ausschlaggebend. Hier schließt sich der Kreis zu Hengens Mission. Keßler: „Letztendlich steht und fällt alles mit der sportlichen Performance unserer ersten Mannschaft."

Längst nicht übern Berg

Doch die erweist sich als fragil. Die Saison 2022/23 endet zwar mit dem respektablen neunten Tabellenplatz, aber bei genauerer Betrachtung auch mit einer erschreckend schwachen Rückrunde. Aus den letzten fünf Saisonspielen holen die Roten Teufel nur einen Punkt. In der neuen Runde 2023/24 scheint sich die Mannschaft nach holprigem Start zu fangen. Der FCK steht nach neun Spieltagen mit 17 Zählern sogar auf dem Relegationsplatz für den Aufstieg. Manche Fans träumen schon von der Bundesliga.

Im DFB-Pokal begeistert das Team ebenfalls. Sein Heimspiel gegen den Bundesligaklub 1. FC Köln am 31. Oktober 2023, dem 103. Geburtstag Fritz Walters, gewinnt es mit 3:2 und zieht ins Achtelfinale des Wettbewerbs ein. „Die Stimmung ist aktuell sehr gut, der FCK ist wieder von allen Seiten gefragt, die Unterstützung ist überragend", sagt Hengen. „Die Lust am FCK ist überall spürbar." Doch dann der Einbruch: Nach einer 3:0-Führung gehen die Roten Teufel am zehnten Spieltag in Düsseldorf mit 3:4 unter. Das Spiel ist wie ein Kipppunkt. Es folgt der Fall auf den elften Tabellenplatz.

Nach der 0:3-Pleite im Heimspiel gegen Holstein Kiel am 26. November überrascht Manager Hengen wie schon bei der Einstellung Schusters mit Entscheidungsstärke: Der FCK gibt die Trennung vom Trainer bekannt. Inklusive der schwachen Rückrunde der Vorsaison stehen trotz des zwischenzeitlichen Aufschwungs bis dahin im Kalenderjahr 2023 durchschnittlich nur etwa ein Punkt und zwei Gegentore pro Spiel zu Buche. Zudem bescheinigt die Ligastatistik den Roten Teufeln die schwächste Laufleistung. „Betze-Tugenden" wie „Kampfbereitschaft, Laufbereitschaft, Aggressivität und Siegeswillen" seien abhandengekommen, meint Hengen. Es gelte, diesen „Stillstand zu beenden und die Weiterentwicklung des FCK voranzutreiben". Im Führungszirkel herrscht Einigkeit: Der Beirat stimmt geschlossen für die Demission des Trainers.

Neuer Coach wird der ehemalige FCK-Spieler Dimitrios Grammozis. Allerdings bleibt er von Beginn an erfolglos und blass. Zwar bringt er den FCK mit einem 2:0 gegen den 1. FC Nürnberg und einem 3:1 gegen Hertha BSC, beides Zweitligakonkurrenten, ins Halbfinale des DFB-Pokals. Doch in der Liga gelingt es ihm nicht, die Kraft der Mannschaft zu entfesseln. Lediglich drei Punkte beim 4:1-Sieg gegen Schalke 04 fährt Grammozis in sechs Spielen ein. Am 21. Spieltag rutschen die Roten Teufel mit 21 Punkten und einer 1:2-Niederlage gegen Paderborn auf den Relegationsplatz ab. So ist auch für Grammozis Schluss. „Der FCK reagiert mit der Freistellung auf die jüngsten sportlichen Ergebnisse in der Liga, die nicht die erhoffte positive Wendung genommen haben", verlautbart der Klub am 14. Februar 2024.

Ein hoher Verschleiß an Trainern, fünf neue Feldspieler in der Winterpause, ein personeller Umbruch in kritischer Situation, nicht erreichte sportliche Ambitionen und offensichtliche Defizite in der Kaderplanung: Der FCK ist längst nicht übern Berg. Es scheint, als träten überwunden geglaubte Zustände wieder hervor. Dass die Mannschaft in den Abstiegskampf taumelt, lässt Kritik an Hengen als Verantwortlichem aufkommen. In Internetforen schlagen die Wellen in bekannter Manier hoch. Der Manager wehrt sich gegen „Störgeräusche", „Gerüchte und falsche Behauptungen" in Bezug auf angeblichen Unfrieden im Team und vermeintliche mysteriöse Geheimtreffen zur personellen Zukunftsausrichtung des Trainerstabs. „Im Moment zählt, alles andere dem Klassenerhalt unterzuordnen", sagt Hengen. Doch um im Abstiegskampf bestehen zu können, braucht es Zusammenhalt. Wer könnte der Kitt sein?

Friedhelm Funkel gibt neue Hoffnung

„Vom Heiland sind wir alle ganz schön weit entfernt", sagt Friedhelm Funkel zwar. Doch als er am 14. Februar sein Amt als Cheftrainer antritt, ist er für viele die Lichtgestalt, die neue Hoffnung auf den Betzenberg bringt. Über 1.000 Kiebitze verfolgen sein erstes Training mit der Mannschaft bei Nieselregen – Fritz-Walter-Wetter. Für den 70-jährigen Trainerroutinier ist es eine Heimkehr. Gemeinsam mit dem heutigen Beiratsmitglied Briegel und dem späteren Weltmeister Andreas Brehme stand er als Spieler nicht nur in der FCK-Elf, die am 17. März 1982 das übermächtige Real Madrid mit 5:0 besiegte, sondern schoss dabei auch zwei Tore. Funkel ist im FCK-Kosmos unantastbar.

Dieser Nimbus und seine langjährige Trainererfahrung lassen ihn glaubwürdig den Kitt personifizieren, den es in der kritischen Phase braucht. „Es ist alles möglich, mit der notwendigen Kontrolle und Einstellung auf dem Platz", sagt er. Dann könne man „auch in den letzten Minuten noch einen knappen Rückstand aufholen" – in der Nachspielzeit, wie es beim FCK so oft geschehen ist. Sein Auftreten passt zum Klub: Funkel wirkt bodenständig, konzentriert und professionell, strahlt Souveränität, Ruhe und Gelassenheit aus. Seine Aufgabe ist klar: „Wir alle wollen in der 2. Liga bleiben." Vielleicht glücke dies erst am letzten Spieltag, vielleicht gar in der Relegation – doch Funkel glaubt an die Mannschaft.

Unter seiner Führung zeigen sich spielerische Fortschritte, dennoch kann sich das Team nicht aus dem Abstiegskampf lösen. Gleichzeitig schwingt es sich allerdings im DFB-Pokal zu neuen Höhen auf: Im Halbfinale muss der FCK zum Drittligaklub 1. FC Saarbrücken. Das Saar-Pfalz-Derby am 2. April 2024 birgt eine besondere Brisanz und elektrisiert die gesamte Region. Das Ludwigsparkstadion ist mit 16.000 Zuschauern innerhalb von drei Stunden ausverkauft, und zur Liveübertragung des Spiels erwartet der FCK sogar 20.000 Fans im Fritz-Walter-Stadion. Ganz Fußballdeutschland schaut auf die Partie – auch weil der „Pokalschreck" Saarbrücken zuvor den Zweitligisten Karlsruher SC und die Bundesligisten Bayern München, Eintracht Frankfurt und Borussia Mönchengladbach besiegte.

Aber Funkels Matchplan geht auf. Mit einer konsequenten Defensive gewinnen die Roten Teufel souverän 2:0 und ziehen zum achten Mal ins Finale ein. Zweimal schon gewannen sie den Pokal, 1990 und 1996. Zuletzt standen sie 2003 im Endspiel, das sie 1:3 gegen den FC Bayern verloren. Miroslav Klose schoss damals den Treffer für Lautern. Wenn es nun am 25. Mai 2024 in Berlin gegen Bayer Leverkusen geht, sind sie der Außenseiter. Denn die Mannschaft von Xabi Alonso hat gerade das Kunststück fertiggebracht, den FC Bayern München nach über einer Dekade und elf Titeln als Deutscher Meister abzulösen. Zuletzt war Leverkusen mehr als 45 Spiele ungeschlagen.

Mit dem Finaleinzug fliegen dem kultigen Fritz-Walter-Klub die Sympathien aller Fußballromantiker zu, die den Underdog gegen den Favoriten gewinnen sehen wollen. Das verleiht ihm zusätzlichen Auftrieb. Zwei Tage nach dem Pokalspiel gegen Saarbrücken vermeldet der Verein, dass die Mitgliederzahl auf 29.000 gestiegen ist. Außerdem gibt es durch das Vordringen bis ins Pokalfinale allein aus dem Prämientopf des DFB zusammengerechnet mehr als 9,5 Millionen Euro.

Daran partizipiert auch die Stadt Kaiserslautern: Aufgrund der Zusatzpachten fürs Stadion, die beim Finaleinzug vereinbart sind, zahlt der Verein 500.000 Euro extra. Außerdem fließen aus den verabredeten Erlösbeteiligungen am Erreichen der zweiten Pokalrunde und des Achtelfinals, wie aus einer aktualisierten Rechnung in einer Beschlussvorlage des Stadtrats hervorgeht, zusätzlich 294.000 Euro an die Stadiongesellschaft. Und da der Zweitligazuschauerschnitt über 34.000 liegt – es sind sogar deutlich über 40.000 pro Heimspiel –, werden noch einmal 200.000 Euro fällig. Mit diesen Zusatzzahlungen in Höhe von 994.000 Euro ist die Stadionpacht aus Sicht der Stadt gemessen an der Pachtreduzierung von 800.000 Euro für die Saison 2023/24 zum ersten Mal seit Jahren auskömmlich.

Für Hengen geht mit dem Erreichen des Endspiels der „Traum von Berlin" in Erfüllung. Doch der FCK-Manager mahnt: Die Liga habe „höchste Priorität". Denn so prestigeträchtig das Duell mit dem Meister aus Leverkusen und die Aussicht auf einen fulminanten Fußballcoup im Finale auch sind – für eine nachhaltige wirtschaftliche Stabilisierung des FCK ist der Verbleib in der 2. Liga unabdingbar.

Doch der ist ungewiss: Nach einer 1:2-Niederlage beim Hamburger SV am 28. Spieltag rutscht der FCK auf den 17. Platz ab, einen direkten Abstiegsrang. Derweil ist es einzig Funkel, der Zuversicht und Souveränität ausstrahlt. „Wir werden die Ruhe bewahren", sagt er und bekennt sich zum Team. Demgegenüber wirkt Hengen ungewohnt ratlos. Der Manager korrigiert das Saisonziel aufs Erreichen der Relegation. Dass er das Spiel der Roten Teufel als „Hosenscheißerfußball" anprangert, kratzt auch am Trainer. Als der FCK am 31. Spieltag den Tabellenführer Holstein Kiel mit 3:1 besiegt und die Abstiegszone verlässt, lobt Funkel ausschweifend die Geschlossenheit, mit der Kiel erfolgreich sei. Mit dem Sieg habe seine Mannschaft auf die nervöse Weltuntergangsstimmung in Kaiserslautern geantwortet. Die FCK-Führung kann wohl beides als diplomatischen Fingerzeig auf sich lesen.

Im Kampf um den Klassenerhalt geht es für den FCK um Existenzielles. Rettung und Niedergang liegen faszinierend eng beieinander. Gleichzeitig tut sich die große Chance auf, in der Nation neue Spuren zu legen. Schafft der 1. FC Kaiserslautern mit einem Sieg im Pokalfinale gegen das übermächtige Bayer Leverkusen die Sensation, indem er seinen nächsten nationalen Titel erringt und sich für die Europa League qualifiziert? Aus dem Zauber des Unvorhersehbaren wachsen neue Legenden und Erzählungen: übern Fußball, übern FCK und übern Berg.

Ein Klub der Extreme: In der Saison 2023/24 greift der 1. FC Kaiserslautern als DFB-Pokalfinalist nach den Sternen und kämpft gleichzeitig in der 2. Liga gegen den Abstieg und um finanzielle Stabilität. Mit „Betze extrem“ skizziert der Journalist Andreas Erb das spektakuläre Auf und Ab des FCK seit dem Abstieg in die 3. Liga 2018. Es geht um sportlichen Zerfall und wirtschaftlichen Niedergang, um Querelen, Skandale, eine Insolvenz – und um das Streben nach neuem Glanz.

Erb wirft einen Blick hinter die Kulissen des Kultklubs und zeichnet packend dessen turbulenten Überlebenskampf nach. „Betze extrem“ zeigt den FCK als besonders schillerndes Beispiel für die zunehmende Relevanz von Investoren im Profisport und die mit der Kapitalisierung einhergehenden Reibungen zwischen Fans und Funktionären.

ISBN 978-3-7307-0689-3